中国共产党与大革命丛书

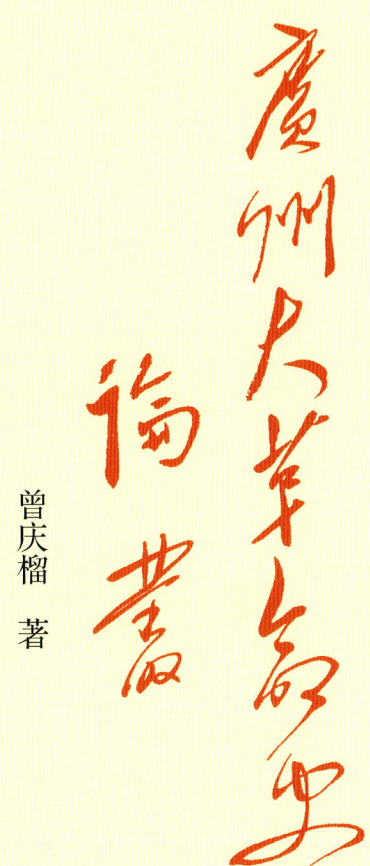

广州大革命史论丛

曾庆榴 著

中央文献出版社

序　一

云山珠水，英雄花开。被誉为"千年商都"的广州，是一座富有革命传统的英雄城市。三元里人民抗英揭开了近代中国人民反帝爱国斗争的序幕，康有为创办万木草堂推动维新变法，孙中山先后三次在广州建立革命政权，中国近代史上一系列具有重大影响的历史事件都与广州密不可分。第一、二、三次全国劳动大会旧址、中国社会主义青年团第一次全国代表大会旧址、中华全国总工会旧址、中共三大旧址、农民运动讲习所旧址、黄埔军校旧址、中共广东区委旧址、省港罢工委员会旧址、广州起义旧址等红色遗迹遗址，遍布广州各个角落。大革命时期，随着国共合作统一战线的建立，广州成为大革命的策源地和中心，发挥了举足轻重的作用，在党的历史和中国近现代历史上留下了浓墨重彩的一笔，成为近代以来中国历史舞台上的璀璨明珠。

广州成为大革命的策源地和中心不是偶然的，有着深厚的历史背景。近代以来，广州作为中西文化交流的重要津梁，是中国与东西方文化交流的重要窗口，多种文化在广州交流融合，织成绚丽多彩的画面，使广州"得风气之先"，富有敢为天下先的革命精神。由于孙中山长期以广州作为革命基地，广州的思想氛围和政治环境比较宽松，成为各种进步势力集聚之地，成为中国近代政治、思想、文化的先导之区。鸦片战争后，随着资本主义经济的发展，广州出现了现代意义上的工人阶级和工会组织，工人阶级的力量不断发展增长，并积极参与政治活动与抗争。

1919年，五四运动席卷全国。广州的五四运动不仅响应时间早、持续时间长，而且得到了学生、商人、工人、党政军人士等社会各界的广泛参与和支持，举行了声势浩大的集会、游行示威活动和大规模的抵制日货运动。五四新文化运动推动了思想解放，一大批先进知识分子在运动中崭露头角，开始探求救国救民的道路，为马克思主义在广州的传播创造了有利条件。《新青年》南迁广州和《广东群报》的创办，有力地推动了马克思主义在广东的传播。随着马克思主义的传播和反对无政府主义论战的展开，特别是在陈独秀的推动下，以谭平山、谭植棠等为代表的一批具有初步共产主义思想的知识分子，开始在广州建立党组织，广州也成为全国最早成立党组织的六个地区之一。在他们的努力下，广东以多种形式培训革命骨干，积极组织工人运动，参与指导香港海员大罢工，并协助召开中国社会主义青年团第一次全国代表大会，为广州成为大革命策源地和中心奠定了重要基础。

统一战线局面的形成是广州成为大革命策源地和中心的重要前提。1923年6月，中共中央机关南迁广州，中共三大也随之在广州召开。这是中国共产党在广州召开的唯一一次党的全国代表大会。这次会议上，中国共产党正式确立以党内合作形式同国民党建立统一战线的策略，开启了统一战线的先河。同时，中共三大对中国革命相关理论、党的建设等问题进行了积极探索，取得了积极的理论成果，为大革命的顺利进行奠定了理论基础。而孙中山在经历多次失败之后，也认识到与中国共产党合作的必要性。在孙中山的推动下，在广州召开的国民党一大，重新解释三民主义，确定了联俄、联共、扶助农工三大政策，标志着第一次国共合作的正式形成，掀开了国民革命新的一页，推动了大革命高潮的到来。国共合作建立后，中国共产党内一大批革命家和理论家纷纷聚集广州从事革命活动，共产国际也专门派遣工作人员到广州开展工作。国际国内进步力量的汇聚，造就了广州大革命策源地和中心的历史地位。

中国共产党的坚强领导是广州成为大革命策源地和中心的重要保障。随着广州逐步成为大革命的中心，中国共产党派遣了一大批优秀共产党员到广州开展革命工作。陈独秀、李大钊、瞿秋白、毛泽东、恽代英、萧楚女等都在这一时期来到广州进行革命活动。周恩来、陈延年先后担任中共广东区委委员长（后改称书记）。张太雷、熊雄、张伯简、邓颖超等也先后来到广东工作。在中共广东区委的领导下，广东党组织自身建设不断加强，党员人数一直名列全国前茅，并建立了监察委员会，在党的建设史上具有开创性意义。中共广东区委致力于推动广东各方面的工作，大力发展工人运动、农民运动、学生运动、妇女运动，使广州作为大革命策源地和中心的地位日益巩固。同时，中共广东区委十分重视军事斗争，成立军事委员会，建立党直接领导的第一支正规武装——叶挺独立团。中共广东区委积极发动工农群众，支持东征、南讨和北伐战争，促进了广东革命根据地的巩固和统一。中共广东区委还积极维护国共合作，与国民党新老右派进行积极斗争，保证了革命形势的向前发展。

随着广州作为大革命策源地和中心地位的确立，广州成为马克思主义在中国传播的重要基地和阵地。平民书社、国光书店等发行了一大批马克思主义理论著作，如《共产党宣言》《帝国主义浅说》《唯物史观浅说》等，有力推动了马克思主义在广东的传播。中共广东区委机关刊物《人民周刊》和团广东区委机关刊物《青年周刊》《少年先锋》，在推动马克思主义传播过程中发挥了重要作用。《新青年》《中国青年》《向导》等一度迁到广州进行编辑和出版发行，发表了大量传播马克思主义的理论文章。农民运动讲习所、劳动学院、黄埔军校等也在推动马克思主义传播方面发挥了积极作用。广州还举行了规模盛大的纪念马克思、列宁、巴黎公社、十月革命等活动，以此为契机，发行纪念特号，进行公开演讲，有力推动了马克思主义在广州的传播和马克思主义的大众化。

随着广州大革命中心地位的确立，广州成为中国工人运动的指挥中心。广州作为产业工人阶级和现代工人团体出现较早的地方，工人运动一直走在全国前列。中国共产党成立后，也将工人运动作为自己的重要工作，成立中国劳动组合书记部，领导全国工人运动，并在广州设立中国劳动组合书记部南方分部，以领导华南地区的工人运动。得益于广州日益高涨的革命形势和相对稳定的政治环境，在中国共产党的领导下，第一、二、三次全国劳动大会均在广州召开，全国工人运动的领导机关——中华全国总工会也设立在广州。三次劳动大会的召开，确立了中国共产党在工人运动中的领导地位，明确了工人阶级在国民革命中的主力军作用，制定了一系列指导工人运动的方针与策略，指明了大革命时期工人运动的方向，推动了工人运动走向高潮。

随着广州革命形势的不断发展，先后爆发了香港海员大罢工、沙面工人大罢工、省港大罢工等与广州密切相关的三次工人大罢工。在中国共产党领导下，这三次大罢工都取得了最后胜利，沉重打击了帝国主义的嚣张气焰，推动了革命形势的不断发展。三次大罢工具有明显的反帝爱国主义性质，有力推动了国民革命的不断深入。特别是坚持了16个月之久的省港大罢工，如果不是发生在大革命中心的广州，是难以坚持下去的。同时，在中华全国总工会省港罢工委员会的坚强领导下，罢工工人为东征、南讨、北伐的胜利进军提供了坚实保障，也为广州成为大革命的策源地提供了重要保证。

大革命时期，广州还是农民运动的指挥中心和摇篮，推动了广东和全国农民运动的蓬勃发展。国共合作统一战线形成后，在广州成立了农民运动的领导机构，设立了农民部作为负责农民运动的领导机构，并在其下成立农民运动委员会，广州也因此成为农民运动的指挥中心，积极引导农民参加国民革命运动。随着对农民问题重要性的认识不断加深，在彭湃倡议下，创办了农民运动讲习所，培养了大批农民运动干部。农民运动讲习所将政治学习和军事训练纳入教学之中，使学员真正掌握农民运动技巧。毕业后，这些学员被派往全国各地，农民协会纷纷建立，推动了全国农民运动的迅速发展，也推动了大革命的影响遍及全国。毛泽东在主办第六届农民运动讲习所时，不断深入研究中国农民问题，发表了《中国社会各阶级的分析》《国民革命与农民运动》等文章，并主持出版《农民问题丛刊》，积极探讨农民运动理论，对农民武装、土地革命、农民同盟军等理论进行了积极探讨，为毛泽东思想的形成奠定了基础。

在国共合作的推动下，黄埔军校在广州正式创办，成为国共两党将帅的摇篮。黄埔军校的创办有力推动了大革命形势不断高涨，并从广州一隅推向全国。中国共产党选派了一批党内的优秀人才如周恩来、熊雄等担任军校教师，并选派了一批党员、团员到军校学习。为加强在军校中的工作，中国共产党在黄埔军校内设立党组织，并建立了中国青年军人联合会等组织。以共产党人为主体的政治部的形成，使黄埔军校成为大革命时期传播马克思主义的重要机构之一，发行了一批与马克思主义相关的刊物和教材，推动了一批军校学员接受马克思主义，进而加入中国共产党。随着军校的创办，以黄埔军校学生军为主力的革命军队开始形成，并在两次东征、南讨乃至北伐战争中发挥了重要作用，巩固了广州作为大革命策源地的地位。同时，黄埔军校也为中国共产党培养了一批军事人才，在随后党领导的反抗国民党反动统治的革命战争中发挥了举足轻重的作用。

广州还是武装反抗国民党反动派的起义重地。四一五反革命政变后，中国共产党人积极发动武装起义。经过精心策划，1927年12月11日，广州起义爆发，建立了中国第一个城市苏维埃政权，公开打出了"工农红军"的旗号，开创了城乡配合、工农兵联合举行武装起义的先例，具有重要历史意义。广州起义和南昌起义、秋收起义一道，是我党独立领导革命战争和创建人民军队的伟大开端，在中国革命历史上谱写了光辉而悲壮的一页。

2021年是中国共产党百年华诞。为深入学习贯彻习近平总书记关于中国共产党历史的重要论述和在党史学习教育动员大会上的重要讲话精神，从党的百年伟大奋斗历程中汲取继续前进的智慧和力量，做到学史明理、学史增信、学史崇德、学史力行，中共广州市委宣传部、广州市社科联组织广州地区党史专家编写《中国共产党与大革命丛书》。本套丛书由10本构成，对中共三大与大革命时期的广州革命历史进行了系统研究，既拓展了广州革命历史研究的空间和视野，也弥补了中共党史研究的薄弱环节，彰显了广州在中国近现代历史上的地位，具有重要学术价值和现实意义。但广州作为大革命的策源地和中心，这段历史仍有进一步深化研究的必要。部分与广州早期党组织、广州和大革命关系密切的相关史料未能得到有效利用，需要研究者进一步挖掘整理，为相关研究提供文献支撑。同时，需要打造一支相对稳定的研究队伍，形成研究合力，将广州与大革命历史研究打造成具有全国影响力的研究领域，为繁荣中共党史研究作出有益贡献。

是为序。

原中共中央党史研究室主任

欧阳淞

2020 年 12 月

序　二

一

中国早期共产主义运动起源于北方。北京大学蕴含"民主与科学"历史底蕴，经历新文化运动大潮激荡，掀起五四运动震撼中国。"十月革命一声炮响，给我们送来了马克思列宁主义。"时代潮流，浩浩荡荡，民众觉醒，惊雷滚滚。于是，李大钊振臂高呼"试看将来的环球，必是赤旗的世界"，率先高举传播和实践马克思主义的旗帜，大旗一举，应者云集，就此开始中国共产主义运动的壮丽征程。

中国共产党诞生于华东的上海和嘉兴。中国共产党第一次全国代表大会在上海的惊涛骇浪中开幕，因为会议期间密探闯入，法租界巡捕搜查，不得不转移嘉兴，在南湖红船完成全部议程。百年大党扬帆起航，红船精神乘风破浪，百年历程千磨万击，百年奋斗造就百年辉煌。

中国共产党百年历史与南方广州密不可分。从大革命洪流滚滚惊涛拍岸到改革开放把握先机再造辉煌，从国共合作的北伐战争到解放战争中国人民解放军南下广东，从广州起义高举义旗与国民党反动派生死搏杀、中国共产党第一次公开打出"红军"和"苏维埃"旗帜，到起义部队奔向海陆丰建立农村革命根据地、探索中国革命新路，从中国共产主义运动蓬勃兴起到中国特色社会主义进入新时代，广州与中国革命、建设和改革开放血肉相连，息息相关。广州既经历大江东去、千回百转，又经历九曲连环、苦难辉煌，中国革命赢得胜利，新中国广州魅力无限，改革开放广州创新发展，新时代广州续写新篇。

中国社会主义建设时期，一年一度在广州举办的"中国进出口商品交易会"（简称"广交会"）是中国历史最长、层次最高、规模最大、商品种类最全、到会客商最多、成交效果最好的综合性国际贸易盛会。各种"中国制造"琳琅满目，闻名遐迩，羡煞世界，代表着中国经济发展的最新水平。

改革开放新时期，中国共产党开辟中国特色社会主义道路，广州又成为中国面向现代化、面向世界、面向未来的重要前沿阵地之一。21世纪以来，广州在中国特色社会主义道路上高歌猛进，在中国特色社会主义新时代率先奔向小康，如今乘势而上，奋力开启社会主义现代化建设新征程。

"周虽旧邦，其命维新"，广州"苟日新，日日新，又日新"。

二

中国共产党是一个善于总结经验教训的革命政党，通过在革命实践中及时汲取经验教训，制定统一战线的战略策略。中国共产党建立后，深入开展工人运动，通过香港海员大罢工、安源路矿工人大罢工、京汉铁路工人大罢工等掀起第一次工人运动高潮。同时，广泛开展农民运动、青年运动、学生运动和妇女运动，革命形势快速发展。但是，在中国革命实践中，特别是京汉铁路工人大罢工失败、封建军阀屠杀工人领袖制造"二七惨案"，中国共产党认识到建立革命统一战线的重要性。于是，在共产国际帮助下，中国共产党西湖特别会议决定与孙中山领导的国民党实行国共合作。这次会议为中共三大确定全体党员加入国民党，建立国共合作统一战线奠定基础。会后，李大钊应孙中山邀请，率先以共产党员身份加入国民党，成为第一次国共合作第一人。随后，陈独秀、张太雷、蔡和森等中共负责人也陆续加入国民党，并帮助国民党进行改组。从此，中国革命中心开始转移到广州。

广州是中国共产党召开第三次全国代表大会正式决定实行国共合作的标志性城市。1923年6月，中国共产党第三次全国代表大会在广州举行。全国各地党组织代表及莫斯科的代表约四十人出席大会。共产国际代表马林参加会议。陈独秀主持会议并代表中央作报告。大会三项议程：一、讨论党纲草案；二、讨论同国民党建立革命统一战线问题；三、选举党的中央执行委员会。会议中心议题是讨论与国民党合作、建立革命统一战线问题。代表们就共产党员以个人身份加入国民党、建立革命统一战线问题进行了热烈讨论。大会决定接受共产国际关于中国共产党同国民党进行合作的指示，通过《中国共产党第三次全国代表大会宣言》等文件，组成新的中央执行委员会。中共三大根据马克思主义基本原则和共产国际指示，结合中国革命具体情况，在分析中国社会矛盾和明确中国革命性质基础上，统一全党认识，确定共产党员以个人身份加入国民党，与国民党进行党内合作，使党能够团结一切可能联合的力量，共同完成反帝反封建的民主革命任务。

广州是国民党召开第一次全国代表大会并决定实行国共合作的标志性城市。1923年10月，苏联代表鲍罗廷应孙中山邀请到达广州。国民党改组进入实质阶段。鲍罗廷同中共中央和青年团中央共同商议帮助国民党改组方法，决定力促孙中山召集改组会议。这项工作在鲍罗廷和中共广东组织直接推动下进行。在共产国际和中国共产党帮助下，孙中山排除重重障碍，强调学习俄国革命经验改组国民党，首先聘鲍罗廷任国民党组织教练员和政治顾问。他说：聘请鲍罗廷是为了"使之训练吾党同志。鲍君办党极有经验，望各同志牺牲自己的成见，诚意去学他的方法"。他任命廖仲恺和共产党员李大钊等五人为国民党改组委员。国民党临时中央执行委员会成立时，孙中山委任共产党人谭平山等九人为临时中央执行委员，李大钊等五人为候补中央执行委员。国民党一大召开前，中共中央和青年团中央制定党团员参加国民党一大的统一行动方针。在中国共产党推动下，孙中山对国民党进行改组，确定联俄、联共、扶助农工三大政策。国民党第一次全国代表大会在广州召开，标志着第一次国共合作正式形成。

广州是大革命风暴中心，革命大潮汹涌澎湃，洪流滚滚势不可挡，为中国共产党百年发展初步奠定基础。中共三大的召开和第一次国共合作的实现，广州以及广东和全国的工人运动逐渐恢复，风起云涌；农民运动日益兴起，轰轰烈烈；全国革命形势迅速高涨，形成以广州为中心的反对帝国主义和封建军阀的革命新局面，极大地促进了大革命高潮到来。通过第一次国共合作，建立革命统一战线，中国共产党掀起五卅运动，大革命风暴席卷全国。轰轰烈烈的工人运动和广大人民群众反帝反封建积极性空前高涨，以国共合作为基础的大革命高潮迅猛向前。中国共产党成为中国人民和中国革命坚强的领导力量。

广州是培养、锻炼、造就中国共产党重要领导人的重要基地，百年大党的重要党政军领导成员在广州奠定坚实基础。毛泽东在广州首次进入中国共产党中央领导核心，成为中国共产党中央执行委员会委员、中央局委员和中央局秘书、中央组织部部长。《中国共产党中央执行委员会组织法》规定："秘书员（负）本党内外文书及通信及开会记录之责任，并管理本党文件。""本党一切函件须由委员长及秘书签字。""执行委员会之一切会议，须由委员长与秘书召集之，附加会议之日程。"孙中山在国民党一大期间会见毛泽东，毛泽东在广州成为第一次国共合作的国民党候补中央执行委员和中央宣传部代理部长，从而成为第一次国共合作著名人物之一。毛泽东在广州撰写的《中国社会各阶级的分析》和在武汉撰写的《湖南农民运动考察报告》，标志着毛泽东思想的萌芽。刘少奇在广州奠定中国工人运动领袖地位。周恩来在广州任黄埔军校政治部主任、国民革命军第一军政治部主任和第一军副党代表等职，先后任中共广东区委员会委员长、常务委员兼军事部部长，在党的建设、统一战线、军队政治工作中崭露头角。叶剑英在广州与张太雷、叶挺等领导广州起义，任工农红军副总指挥。

中国共产党在广州通过国共合作的黄埔军校培养大批军事干部，人民军队在广州开始创建。1924年11月成立的孙中山广州陆海军大元帅府铁甲车队（简称"铁甲车队"），是中国共产党领导的最早的革命武装力量，是人民军队的"老根"所在，后来发展为叶挺独立团。

总之，以广州为中心的大革命风暴，蔓延全国，声势浩大，有力地唤起了中华民族的觉醒，极大地推动着轰轰烈烈的反帝反封建的革命群众运动持续发展，随着以广州为重要基地的国共合作的北伐战争胜利进军，促进了中国革命的高涨。

广州在中国共产党历史、中国革命史、中国近现代史、中国改革开放史、中国特色社会主义发展史上，功勋卓著，贡献巨大，永存史册。

三

习近平总书记强调，我们党历来重视党史学习教育，注重用党的奋斗历程和伟大成就鼓舞斗志、明确方向，用党的光荣传统和优良作风坚定信念、凝聚力量，用党的实践创造和历史经验启迪智慧、砥砺品格。在中国共产党百年华诞之际，中共广州市委宣传部、广州市社科联组织广州地区党史专家编写了《中国共产党与大革命丛书》。丛书共 10 册：《南国曙光：广东早期共产党组织》《中共中央在广州：中共三大研究》《共产党人在黄埔》《大革命中的中共广东区委》《广州召开的三次全国劳动大会》《工运凯歌：广州三次工人大罢工》《农民运动的摇篮：广州农民运动讲习所》《英雄壮举：1927 年的广州起义》《大革命运动的中心：1921—1927 年的广州》《广州大革命史论丛》。这套丛书涵盖广州在大革命时期的重要事件、重要人物、重要组织、重要机构，体现了政治性、思想性、科学性与普及性的高度统一，以深入的发掘、深厚的资料、深邃的研究、深刻的阐述，再现广州作为大革命中心的历史画卷，为实现中华民族伟大复兴提供精神动力。

是为序。

原中共中央党史研究室宣传教育局副局长
薛庆超
2020 年 12 月

序　三

广州百年史上，20 世纪 20 年代是一个风云激荡的年代。

近代广东风气开通，新事物易于输入，新思潮易于传播，精英辈出，革命运动代有赓续。20 世纪 20 年代初，在省港工人阶级诞生和工人运动开展的基础上，在五四运动的影响、推动下，在中国共产党上海发起组和共产国际代表的指导、帮助下，广州成立了共产党的早期组织。中共创始人陈独秀亲来广州，指导并主持了广东共产党早期组织的组建工作。广州是继上海、北京之后全国最早建立共产党组织的城市。"中国产生了共产党，这是开天辟地的大事变"。在马克思主义的指导下，在中共中央的领导下，广东共产党组织积极肩负起改造社会、拯救中华民族的大任，在华南地区发动、组织和领导了一系列英勇的、波澜壮阔的革命斗争。

当时，在共产国际指导下，中国共产党重视利用广州较为宽松的政治环境及有利的地缘条件开展革命运动。1922 年 4 月，党在广州召开了创党以来第一次有较多领导干部参加的党、团干部会议。接着，1922 年 5 月和 1923 年 6 月，先后在广州召开中国社会主义青年团第一次全国代表大会和中国共产党第三次全国代表大会。以上几次会议，涉及、讨论了关于建立革命统一战线、与孙中山领导的国民党合作的问题。按照共产国际的决定，中共中央机关迁至广州。1924 年 1 月，中国国民党第一次全国代表大会在广州召开，正式形成了国共两党的第一次合作。轰轰烈烈的中国大革命由此掀起。

中国大革命是反帝反封建的国民革命。广州是这场百年史上影响深远的革命运动的策源地，是全国革命运动的中心。

——工人运动蓬勃开展。中国共产党成立后，致力于开展工人运动。1922 年春，香港海员发起罢工运动，是中国共产党成立后兴起的第一个工运高潮的起点；1924 年 8 月，沙面洋务工人举行反对租界当局歧视华人的"新警律"的罢工，被称为二七大罢工失败后全国工运复苏的标志；1925 年 6 月，广州、香港工人为声援上海五卅运动，举行规模空前的省港大罢工，坚持 16 个月，威震中外。以上三次以广州为主阵地的波澜壮阔的工人运动，是在中国共产党早期著名工运领袖亲自策划、组织和领导下开展起来的，是具有鲜明的反帝爱国性质和较高的政策策略水平的革命运动，工人阶级表现出高昂的斗志，体现了省港一体、两地民众紧密团结的特色。三次工运高潮期间，1922 年 5 月、1925 年 5 月和 1926 年 5 月，在广州先后召开了三次全国劳动大会，成立了工人阶级战斗的司令部——中华全国总工会。工人运动在广州的兴起和蓬勃开展，奠定了广州作为大革命运动中心的基础。

——农民运动迅猛高涨。国共合作建立后，大力开展农民运动。大批革命知识分子纷纷到农村去，将农民组织起来，开展维护农民利益、解决农民土地问题的各种斗争，并吸引农民加入国民革命。广东农民运动发轫于东江，迅速扩展至广州四郊、西江、粤中、南路和海南岛地区。为培养农运干部，在广州先后举办了六届农民运动讲习所，各届主任或所长，均由共产党员担任，毛泽东任第六届所长。广州农讲所是农运干部成长的摇篮，实际成为各地农民运动的指导中心。广东全省统一后，广东省农民协会在潮梅海陆丰、惠州、西江、北江、南路、琼崖，先后设立了六个办事处，至 1926 年 5 月，全省农会会员六十二万多人，占全国农会会员的近 64%。农民是工人阶级天然可靠的同盟军，农民运动在广东各地的迅猛开展，大大增强了大革命运动的实力与声威。

——各界民众运动风起云涌。在工运、农运节节高涨的形势下，广东学生运动、妇女运动、商民运动接踵而起。共青团广东区委领导的"新学生社"、中共广东区委领导的"妇女解放协会"，从广州发展至全省各地。中共广东区委发起成立"农工商联合会"，参加者不但有工农团体，还有省、市商会。随着民众运动的勃兴，广州形成四大革命基地，即农讲所、黄埔军校、东园（省港罢工委员会）和广东大学（1926 年改名中山大学）。这些地方，发生了许许多多具有重大意义和深远影响的事件，留下了大量革命活动的印痕，是广州作为大革命中心的历史见证。

——武装斗争的探索与积极开拓。大革命时期，共产党人在广州开始了独立组建革命军队、开展武装斗争的尝试。党积极参加了黄埔军校和国民革命军的创建工作，周恩来任黄埔军校政治部主任，先后有上千名中共党员到黄埔军校工作或学习。更为重要的是，共产党人在参与黄埔军校创建、建军的过程中，对在军校、军队中推行"党代表制"和开展军队政治工作，作了大量积极而有意义的摸索和开拓，先行开展了军校政治教育、军队政治工作和战时政治工作的实践。中共广东区委通过统一战线，组建了大元帅府铁甲车队，后扩展为著名的叶挺独立团，这是中共独立组建并掌握革命军队的尝试。广东区委掌握的工农革命武装，还有"工团军"、"农民自卫军"、"省港罢工纠察队"等。广州无疑是中共最早的一批军事干部的诞生地，是共产党人从事革命武装斗争的始发点。

——革命精英荟萃南粤。创党初期，陈独秀三次到广州，在广州工作了一年多的时间。李大钊到广州出席中共三大和国民党一大。毛泽东三次到广州，出席中共三大、国民党一大，主办第六届农民运动讲习所。为适应大革命运动发展的需要，党从全国各地和旅欧、旅俄回归的人员中，选派大批干部到广东工作，主要有瞿秋白、蔡和森、张太雷、周恩来、刘少奇、邓中夏、李立三、陈延年、罗亦农、熊雄、恽代英、李富春、蔡畅、邓颖超等；广东著名的革命者有谭平山、苏兆征、彭湃、杨匏安、阮啸仙、刘尔崧等；越南革命志士胡志明，也在广州工作过。羊城的大街小巷，留下了他们战斗、奋进的足迹。这种情况，极大提升了广州在大革命运动中的地位和作用。

——党的组织发展壮大。广州早期共产党组织成立时，只有数名党员，党的一大后成立中共广东支部；1922年6月，广东党员32人，成立了中共广东区委；1924年初改称中共广州地委，是年10月重新称中共广东区委，亦称两广区委。党的组织从广州一隅向全省发展，随后又从广东一省，发展至闽南、广西、云南和南洋各地。区委领导机关逐步健全，设集体领导的主席团制，形成了由周恩来、陈延年、张太雷、彭湃、苏兆征、杨匏安等人组成的领导核心。中共广东区委之下，成立"军委"和"监委"，在党内率先开展军事工作和纪律检查工作。中共广东区委很早办党校，编印党刊（《人民周刊》《我们的生活》），大力传播马克思主义，加强党内教育。党的队伍不断发展，1926年夏广东党员人数发展至四千多人，1927年夏增至近万人，是当时全国辖区最广、党员人数最多的一个地方党组织。在风起云涌的工农运动中，特别是在省港大罢工、统一广东之役和北伐战争中，广东党组织和广大共产党员起着政治领导和先锋模范作用，为将大革命运动从广东推向全国作出了重大贡献。

1927年4月，国民党蒋介石集团发动反革命政变，大肆捕杀共产党员和革命群众。中共广东区委机关移至香港。为挽救中国革命，党组织相继发动了1927年夏季的讨蒋起义、以接应南昌起义军南下为中心的秋收起义和震动中外的广州起义。大大小小的武装起义，共有一百五十多次。虽然多次武装起义和广州起义遭到了失败，省委书记张太雷和数以千计的革命者在起义中牺牲，但是前仆后继的武装起义拉开了土地革命战争的序幕，具有深远的历史意义。

总之，20世纪20年代广州大革命运动，规模大，影响广，意义深远，是中共党史、中国革命史的重要组成部分，是一部绚丽多彩、可歌可泣的篇章。长期以来，党史、革命史工作者致力于研究这一段历史，征集、整理了许多相关的档案文献资料，对当事者、知情人作过广泛的访谈，并取得了丰硕的研究成果。在此基础上，为庆祝建党100周年，在中共广州市委宣传部、广州市社科联的策划、组织之下，广州地区高校、党史研究室、社科院、党校、方志及文博单位的教研人员参与研究写作了《中国共产党与大革命丛书》，这是贯彻落实习近平总书记在党史学习教育动员大会上重要讲话精神的实际行动，是学史明理、学史增信、学史崇德、学史力行，致力于将广州大革命史的学习、研究推向深入的一项重要举措。

《中国共产党与大革命丛书》共10本，以广东共产党组织的建立和发展壮大为主线，以团一大、中共三大、三次全国劳动大会、第一次国共合作、工农学商妇女运动和广州起义为骨架，穿插叙述有关的史事和有关人物的事迹。各书聚焦不同事件，独立成册，但互为表里，互相照应。本套丛书深入分析广州的政治环境及社会历史条件，客观评析广州这座城市在党史、革命史上的地位作用，特别是在建立革命统一战线、创建革命武装和加强党的建设等方面的先行作用，以期再现广州在百年党史上的辉煌，为广大读者了解那一段历史提供可信可读的本子，为广州实现老城市新活力和"四个出新出彩"，进一步推进改革开放提供历史经验和精神动力。这是本套丛书编撰者们的立意所在，也是丛书创新点所在。

20世纪20年代广州大革命运动，是红色文化的"富矿"，资源丰富，思想、政治、文化蕴涵深厚，历史意义、现实意义重大。《中国共产党与大革命丛书》虽写出来了，但不等于对这段历史的研究已告终结。随着科技的进步，搜寻史料、走进历史现场、加深认识历史之路将越来越通畅，历史研究的空间将越来越宽广。愿丛书编撰者们和党史、革命史工作者们继续努力，专心致志，争取多出成果，出好成果，为深化中共党史、中国革命史的研究作出更多、更大的贡献。

是为序。

中共广东省委党史研究室原主任

曾庆榴

2020年12月

目　　录

广州早期共产党组织溯源

广州早期共产党组织与中共创始人陈独秀有十分密切的关系，实际是在陈独秀的指导并亲自参与下组建起来的，而广州早期共产党组织与无政府主义亦有若干历史因缘，但目前的中共党史著述，对这两个问题的阐述均语焉未详，有进一步理清的必要。

关于"社会主义者同盟"

安那其主义（Anarchism）即无政府主义，是先于马克思主义而传入中国的一种思潮。陈独秀、李大钊分别在沪、在京进行的创建中国共产党的活动，在开始的时候，是有不少无政府主义者介入过的。

师复（刘思复，广东香山人）的追随者、广东无政府主义"元生代"人物梁冰弦，1951 年以"海隅孤客"的署名在香港发表《解放别录》一文，提到 20 世纪 20 年代初安那其主义者、马克思主义者与俄人交往的一些情况，文中说：

"晦鸣学社被迫迁移到上海后两年，刘师复积劳病逝，长眠杭州烟霞洞，《民声》周刊亦或作或辍，惟国内外同志通信讨论种种，邮简往返络绎。1920 年春间，接到一封用世界语写的信，署名是布鲁威，信则发自天津。布氏自我介绍，说他是布尔什维克党人而久居华北。他又说由阅读《民声》世界语版，知道自1911紧跟辛亥革命后即有自由社会主义者一群，在华南恣力宣传，结果则现代最健全的思想体系，深入人心，实为五四学生运动的原动力。数年来中国的社会运动，没有其他派别的人领导着。他相信中国的自由社会主义者对苏联的革命领导者布尔什维克党人不会生疏，或许会乐于携手，这是他发这封来信的缘故。"

"那时留守学社的郑佩刚，把布氏的信寄于北大黄超海，让他就近接洽。黄氏约同陈独秀、李大钊与布氏在津、在京叙话几回，结果产生一个'社会主义者同盟'……"

梁冰弦又说："是年5月，莫斯科派出另一党员到上海。那人名字叫斯脱洛米斯基，并一华人杨明斋。……其时陈独秀刚离开北大，南下上海，住在法界渔阳里2号。……一个晚上，陈寓召集会议，让斯脱洛米斯基与同盟分子会面，并商谈一些展开工作的计划。除陈和斯氏外，那晚与会的为沈定一（不久之后在萧山被暗杀）、李汉俊（不久之后在汉口与詹大悲同遭枪毙）、尉克水、袁震瀛、俞秀松、郑佩刚，还有朝鲜独立党魁后遭暗杀的金九。"[1]

梁冰弦以上的叙述，可以与郑佩刚1964年和广东党史工作者的谈话对照起来读。郑佩刚自谓：当年他随师复辗转于广东、上海各地，是"晦鸣学舍"留守上海的人物，在沪与吴玉章、陈延年（陈独秀长子）等结识，出版《进化》杂志。1919年5月，

---

① 海隅孤客（梁冰弦）：《解放别录》，台湾文海出版社1968年版，第8、第9页。按：1920年10月袁振英致罗素信，署名"阁下的手足般同志袁振英（中国无政府——社会主义同盟秘书）"，可推知袁参加过该同盟，并为"秘书"。《袁振英研究史料》，中共党史出版社2014年版，第309页。

郑佩刚在上海被捕，入狱 6 个月，《进化》事务由陈延年负责。出狱之后，郑佩刚于 1920 年 2 月返广州。3 月间，郑接到北京黄凌霜来信，"说他到天津与俄国朋友 Broway 接洽，并约同陈独秀、李大钊等开会，成立'社会主义者同盟'，推举陈独秀为领导。并说陈独秀将到沪活动，要我返沪相助。"郑佩刚于是在 3 月底由广州赴沪。是年 5 月间，陈独秀在上海组织"社会主义者同盟"，以陈独秀为领导人。"某日夜晚，在陈独秀的家里（渔阳里 2 号）召开'社会主义者同盟'会议，传达共产国际精神，讨论积极开展社会革命工作的问题。出席会议者有 Stromisky、杨明斋、陈独秀、李汉俊、尉克水、袁振英、俞秀松、金某（朝鲜人，金九？）、一个印度人和我。"①

梁冰弦的文章 1951 年 11 月至次年 1 月连载香港《自由人报》（后编为沈云龙主编"近代中国史料丛刊"第 19 辑），梁文中的布鲁威，与郑佩刚说的 Broway 是同一个人；梁文中的黄超海，就是郑说到的黄凌霜。郑佩刚说到在上海陈独秀的家中参加"社会主义者同盟"会议的，是"俄人 Stromisky"。郑佩刚的这篇谈话记录在几经转录的过程中走了样：被收进《"一大"前后广东的党组织》（中共广东省委党史研究委员会办公室、广东省档案馆编，1985 年印）一书时，被写成"俄人 Slvomisky"；在《无政府主义思想资料》下册（北京大学出版社 1980 年版）中被写成"俄人 Stumisky"；而收进《"一大"前后（二）》（人民出版社 1980 年版）一书时，则被改写成"俄人维经斯基"。经过与钟宁羽整理、郑佩刚审阅过的《访问郑佩刚先生的记录》（1964

---

① 《访问郑佩刚先生的记录》（1964 年 2 月至 5 月），陈登才、钟宁羽访问，钟宁羽整理，《中共广东党史访问资料》之 27，油印本，存中共广东省委党史研究室。

年油印本）核对，原本的写法是"俄人 Stromisky"。而梁冰弦文中的斯脱洛米斯基，就是 Stromisky 的中文音译。故梁、郑二人所述的情况是大致吻合的。目前，关于"社会主义者同盟"和斯脱洛米斯基的情况已经很少人被人提起，有关的史料亦未显现于共产国际和联共（布）的解密档案，但"同盟"的存在及斯氏来华的史实，则是不应轻易否定的。

"社会主义者同盟"是一个在俄国人的推动下成立的、以陈独秀为领导人的松散联盟。郑佩刚回忆："同盟"的活动中心在北方是北京，主要人物有李大钊、黄凌霜、华林、Broway 等，出版《劳动音》；在华东是上海，有陈独秀、李汉俊、郑佩刚等，出版《劳动界》；在华南是广州，有梁冰弦、刘石心、W君等，出版《劳动者》。郑氏指出，《劳动音》《劳动界》和《劳动者》都是周刊，是无政府主义者、马克思主义者共同参与编辑的推动劳工运动的姐妹刊物。"社会主义者同盟"并委托郑佩刚负责，借用"晦鸣学社"的印刷器材，办了个"又新印刷所"。陈望道译《共产党宣言》，陈独秀主编的《新青年》《共产党》月刊及无政府主义者梅景九主编的《自由》，都是在这家印刷所印刷的。

我们所要关注的，主要是华南区"社会主义者同盟"的情况。

梁冰弦在《解放别录》中提到广州"社会主义者同盟"的主要人物，有梁冰弦、区声白、李少陵、黎昌仁等。当时，有"社会主义将军"之称的陈炯明正率兵驻扎于福建漳州，悉心整顿部队，拆城修路，筑堤治河，禁烟禁赌，有意将闽南"护法区"搞成社会主义的"试验区"。陈炯明为开辟闽南工作局面，引进大批新派人物，不但将朱执信等作为他的重要助手而安排在身边，而且要将"晦鸣学社"时的"旧人"梁冰弦等，招至漳州工作。陈炯明曾追随刘思复（废姓后改称师复），并且是师复暗杀团的成员之一。陈与梁冰弦的"旧人"关系，根源于此。梁冰弦写道："其时梁氏在穗垣方与军政府的司法部长徐谦，参谋本部次长戴立夫，四川督军熊克武代表吴玉章及好些直鲁豫滇桂籍之非常国会议员，积极谋'社会主义者同盟'的发展。经向同人协议，无妨将华南中心移于漳州，梁遂于秋后携同一批印刷器材，一批文字工作者、教育工作者，排印技工，热烘烘地向那小王国去。"①梁冰弦等人在漳州创办《闽星报》和《闽星》半周刊，陈炯明亲为《闽星》撰发刊词。梁并参与接待由黄凌霜陪同到漳州考察的俄国人 V 氏（即波达波夫，化名路博）。稍后，梁向陈炯明建议增设闽南护法区教育局，陈即据以实施，请梁担任局长，而梁冰弦却转荐"社会主义者同盟"的发起者陈独秀出任局长。陈独秀虽然未能应邀而来，但是这一提议，却成为陈独秀后来入粤任职的先声。

1920 年秋，陈炯明率粤军由闽返粤，于 10 月 29 日攻克广州。漳州的"社会主义者同盟"的成员先后返回广州。《民声》在广州复刊。

"广东共产党"（"共产党广州部"）

1920 年 8 月，上海成立"中国共产党"，陈独秀为书记。陈独秀函约各地成立共产党和社会主义青年团的组织，谭平山（陈独秀在北京大学的学生）等因之在广州起而响应，于当年 8 月间

---

① 海隅孤客（梁冰弦）：《解放别录》，台湾文海出版社 1968 年版，第 12 页。谨按：梁冰弦等人入闽在 1919 年间。吴玉章后来是著名的共产党员，早年信仰过无政府主义；徐谦在上海参与过"社会主义者同盟"的一些活动；戴立夫，又名戴任，1922 年 5 月参加中国社会主义青年团第一次代表大会，后加入过中国共产党，并在黄埔军校工作过。这几个人与华南区"社会主义者同盟"的关系，尚须进一步查证。

成立了广州社会主义青年团。①《广州晨报》刊登了《社会主义青年团简章》，以"研究社会主义，并实行社会改造"为宗旨，方法是：一、帮助劳工组织和教育，二、调查劳动状况，三、文字宣传，四、演讲。

与此同时，俄共（布）中央西伯利亚局东方民族处负责人维经斯基派米诺尔和别斯林，到广州组织"革命局"。

维经斯基在上海致俄共（布）中央西伯利亚局东方民族处的信说：我在这里逗留期间的工作成果，是在上海成立了革命局。现在的任务是在中国各工业城市建立与上海革命局相类似的局，目前还只建立了一个北京局，该局与米诺尔和柏烈伟（布鲁威）合作。"现在我把米诺尔同志从天津派往广州，他要在那里组建一个革命局"。②

米诺尔原名 K·A·斯托扬诺维奇，别斯林又称佩尔林或波林，两人均为俄共（布）党员。他们在北京大学粤籍学生黄凌霜的引荐下，于 8 月下旬或 9 月间抵达广州，在东山恤孤院路 15 号建立俄罗斯电讯社（罗斯塔）。③黄凌霜这时是北京共产党早期组织的成员，是一位无政府主义者，被梁冰弦誉称为"始终笃信自由社会主义"的"佼佼者"，曾陪同俄人路博访问过漳州。在广州，黄凌霜将米诺尔、别斯林引荐给梁冰弦（梁于粤军回粤之前返回广州，任职于广三铁路局）、区声白、黄尊生、刘石心等。

---

① 谭平山：《在广东社会主义青年团成立会上致答词》（1922 年 3 月 14 日）。文中说："广州区在前年 8 月亦经成立。"《谭平山文集》，人民出版社 1986 年版，第 243 页。

② 《维经斯基给俄共（布）中央西伯利亚局东方民族处的信》（1920 年 8 月 17 日），《共产国际、联共（布）与中国革命档案资料丛书》第 1 辑，北京图书馆出版社 1997 年版，第 31 页。

③ 《斯托扬诺维奇给某人的信》（1920 年 9 月 29 日），《共产国际、联共（布）与中国革命档案资料丛书》第 1 辑，北京图书馆出版社 1997 年版，第 43 页。

经过一段时间接触之后，他们共同成立了"广东共产党"，由米诺尔、别斯林和 7 名无政府主义者"担任党的执行委员"。① "广东共产党"租用广州永汉北路光光眼镜店二楼作为活动的地点。

此时，"广东共产党"与华南区"社会主义者同盟"应当是一而二、二而一的组织。被认为是"同盟"刊物的《劳动者》，由米诺尔、别斯林出资，主要的撰稿人有黄凌霜（兼生）、梁冰弦、黄尊生、刘石心、薛剑耘、傅无闷、梁一余等。梁冰弦的文章还写道：

> 敏诺（米诺尔）于华南区"同盟"工作大感兴趣，尤其是粤中的劳动运动。在他眼中，机器工会为领袖工会，其规模在欧洲也不多见。波尔西（别斯林）兴奋地搜求这一工人组织的由来变革，著为纪录报告材料。……敏诺顺带有一宗使命：那时苏俄特设塔斯通讯社，向世界传播新苏维埃国家政情。可是自唱自听，就在中国自北向南便设[没]有一家报纸采用他无条件赠与的电讯。敏诺再三请求华南同人设法。当时陈公博、谭平山、谭植棠三人皆由北大毕业归，企图竞选省参议员，办一"群报"来自我介绍。公博愿以"群报"作为华南区同盟准机关报，条件为由冰弦向竞存取得每月津贴二千元，同时"群报"选登塔斯电讯，喜得敏诺每周将报纸，汇寄莫斯科来充实他的工作报告。②

1920 年 10 月当驻闽粤军回粤时，《劳动者》第 2 号以《共产党的粤人治粤主张》（10 月 10 日出版）为题，刊登了一篇"广东共产党警告粤人"的传单，标题是《苦的是平民！怎样才是快乐呢？》。文中说："根本的解决办法，只有平民振起，由农夫

---

① 《广州共产党的报告》（1921 年），中央档案馆编：《中共中央文件选集》第 1 册，中共中央党校出版社 1989 年版，第 20—29 页。

② 海隅孤客（梁冰弦）：《解放别录》，台湾文海出版社 1968 年版，第 30—31 页。

劳动者的组合，把一切政治机关推翻，把一切金钱组织推倒，实行共产主义去！""根本的改革不是做争回粤人政治支配权而止，是要做到老百姓争回生活支配权而止。我们从速组合农夫劳动者的团体呵！争回衣的、食的、住的、用的支配权，生活自由、使用自由，这才是我们的根本办法呵！""你想登天国吗？想过极乐世界的快活生涯吗？想免除一切生活的痛苦吗？你快准备着你快准备共产革命的运动！"①

"广东共产党"的名称，在这里首次出现，其治粤主张在此公诸于世，可见这个"党"的历史存在，在广州的报刊中，乃是有文可证的。

1920年12月24日，《广州晨报》以《共产党广州部的传单》为题，登出了一篇在"本城各马路"散发的印刷品，全文如下：

却说过去不甚久的时候，在欧洲出了几位学者，如巴枯宁，如浦鲁东，和现在还在的克鲁泡特金，世人都认为"无政府共产主义"的元祖。除了这一派最纯全、最圆满、最正大的之外，还有奥文（欧文）的乌托邦派、有符利亚（傅立叶）的协社主义派，有马格斯（马克思）的集产主义派。各派的学说固然其繁重，就单讲第一派，也千万句话不能尽。用至单简的话说，举其大要是：（一）个人在社会里的平等，男女智愚都一样；（二）个人的身心，都要完全的自由；（三）贫富贵贱的阶级消灭尽净；（四）年幼少年的，没一人不要受过教育，壮年的没一个不要工作，老年的没一个不受社会的公养；（五）那时候世界上只有许多自由组合的团体，处理生产分配的事，再没有政府，没有军队，没有不工作白吃饭的富人，没有各样的头目，也没有国家，没有家族。

---

① 《劳动者》第2号，1920年10月10日出版。

综合这些主张，就叫做"无政府共产主义"。这主义确立以来，赞同的人一天一天多，于是由理想进到实行，首先把政府与资本家扑灭，这种行为，就叫做"社会革命"。自从"无政府共产主义"输入中国以来，早已有许多人大表欢迎了，再加西洋人社会革命运动的消息和胜利的佳音，不绝的传来，于是中国里不少的同志者，也奋起来一致的进行了。所以我说世界不久有大变动，诸君准备着。且把我们的社会革命进行的方法，也略说说。第一，我们的敌人是——政府、官吏、军人、资本家、一切和我们反对的顽固者；第二，我们要破坏的是——政治制度、资本制度、家族制度、一切旧社会的恶劣制度；第三，我们要求多数平民的同情，先要求他们觉悟，所以传播的法子是——演讲、传单、书籍、教育；第四，我们破敌的方法有两种：（一）单独进行的是暗杀，各方面的运动；（二）共同进行的是罢工、抗税、齐起革命。我们经过十多年的运动，时机今到了，赞同的、协进的人多了，各行省、各都会乃至各村镇都播满种子了。诸君的迷网见解如果破除了，受现社会的痛苦受够了，想望幸福想得切极了，请研究社会革命的理论，请加入社会革命党。　共产党广州部印。①

《广州晨报》是广州无政府主义派的新闻堡垒，这张传单所宣示的显然是"无政府共产主义"及其"社会革命"的主张，可见"共产党广州部"的人员也是一批无政府主义者。

迄今为止，关于华南区"社会主义者同盟"、"广东共产党"以及"共产党广州部"能见到的史料并不多，有关情况尚不明晰，但从迹象上看，这几个差不多同时出现在同一座城市的团体，其

---

① 《广州晨报》1920年12月24日。原文断句只用顿号（、），标点符号为笔者所加。此文和上面提到的《社会主义青年团简章》的复印件是日本学者石川祯浩1999年11月提供笔者的。

名称虽然不同，但当事者可能都是同一拨人，是步师复后尘的无政府主义者，或者是他们的同情者。

笔者谨按："广东共产党"（"共产党广州部"）是继师复使用"无政府共产党"（1914年）的名称以后，于1920年秋在广州成立的、以"共产党"命名的组织。值得注意的是，参加这个"党"的广州人士虽然多是些无政府主义者，这个"党"虽然已经被人批评为"与其称作共产党，不如称作无政府主义的共产党"（《广州共产党的报告》），但是这个"党"是俄共（布）中央西伯利亚局东方民族处（1921年1月在此基础上成立共产国际执委会远东书记处）派出的代表（米诺尔和别斯林）在穗发起组织的，他们亲自参加了这个"党"，并且担任了"党的执行委员"，因此这个"党"与后来广州共产党早期组织的联系，是不应切割开来的。

"安"、"马"分流

1920年12月，在上海从事共产党创建活动的陈独秀，应广东省长陈炯明的邀请来粤，出任广东教育委员会委员长，同时指导和参加建立广州共产党组织。陈独秀一到广州，就碰上如何处理与无政府主义者，即与"广东共产党"的关系这一难题。

有的中共党史学者认为，斯脱洛米斯基即维经斯基，如人民出版社1980年版的《"一大"前后（二）》一书，在郑佩刚的访问记录上，将郑氏所说的"俄人 Stromisky"直接改写为"俄人维经斯基"，这是值得商榷的。据梁冰弦说，斯脱洛米斯基早于维经斯基来华，梁氏明确写道："代表第三国际留在上海的斯脱洛米斯基奉召回去，莫斯科改派倭挺斯基（维经斯基）来沪"。

维经斯基提出无政府主义者必须放弃他们的主张，然后才能与之合作，他并且决定要解散"社会主义者同盟"，径行组织共产党。维经斯基到达上海后，华北、华中各地的"社会主义者同盟"随被解散，上海共产党组织也成立起来了。

然而在广州，解散"同盟"和直接组党却遇到了困难和阻力，主要是因为广州无政府主义者人数比较多，影响较大。"独秀以力量在华南，华南分子向不同意，有待于说服。"然而，维经斯基却急于将他的计划付诸实施。梁冰弦写道：

> 倭挺斯基（维经斯基）也更恼了，非御驾亲征不可。于是一口气由上海奔来，费了一周的工夫，在他的"行辕"里听取报告，检讨一切，然后发下一度命令给他的"属员"，着通知同人某日举行会议。到那一天，华南区同盟半公开的办事处作为会议厅，负有任务的各人都齐集，惟陈独秀预日托故离开广州作短程旅行，避不出席。敏诺和波尔西陪同倭挺斯基到会。入座后，倭打开公文包，捡出一帙14张纸用英文打字的讲稿，抑扬顿挫地宣读，读了50分钟，住了声，坐下来听候大家辩论。倭的讲词，前半是马克斯哲学，列宁的革命方法。照他说是放之六合而皆准的。后半谴责中国自由社会主义者，既与苏俄革命工作者表面合作，骨子里却百分之百安那其，故思想、言论和行动无往而不相抵触。结论提出两点：自由社会主义者放弃成见，绝对从同马列主义者，不然则解散组织，各行其是。……（无政府主义者表示）就此分手吧，再会。①

梁冰弦以上所写的维经斯基在广州主持、有米诺尔和别斯林及一些无政府主义者参加的会议，有的党史学者称之为"安"（安那其主义）、"马"（马克思主义）从合作到分流的会议。在这

---

① 海隅孤客（梁冰弦）：《解放别录》，台湾文海出版社1968年版，第35—36页。

一段文章中，梁冰弦写了一条很值得重视的史料："惟陈独秀预日托故离开广州作短程旅行，避不出席。"按梁氏说法，"安"、"马"分流是俄人维经斯基自个儿拿定主意，亲自来广州，亲手操盘、督办的结果。在广州时，维经斯基曾与陈独秀"一起拜访了陈炯明将军"，次年 1 月 12 日才返回上海①。维经斯基当时来过广州，那是确切无疑的。

至于陈独秀，来到广州后他曾希图与无政府主义者继续合作，曾与梁冰弦、刘石心（师复之弟）等人联系过，并将他草拟的共产党"党纲"交给他们讨论。梁冰弦、刘石心等人认为"无产阶级专政"同他们的基本理论相悖，因而反对在"党纲"中写上有关"无产阶级专政"的条文。理论观点的分歧，加速了分道扬镳的进程。据刘石心回忆：

有一次，陈独秀对梁冰弦说，全国的"社会主义者同盟"解散了，叫梁冰弦向我们转达，叫我们加入共产党。我当时少年气盛，觉得这种奉命加入是一种压力，不服气。而且，当时《民声》杂志就不同意"无产阶级专政"这个提法，主张个人绝对自由，所以后来陈独秀组织广东共产党，仍主张"无产阶级专政"，我们不同意这个观点，因此，我们没有加入共产党，各走各的路。②

1921 年 1 月 15 日，陈独秀在广东省公立法政学校作《社会主义批评》的演讲，对各种"社会主义"作了剖析，着重批评了无政府主义，指出"无政府主义在政治、经济两方面，都是行不

---

① 《索科洛夫－斯特拉霍夫关于广州政府的报告》说"1921 年 1 月 12 日，格里高里·扎尔欣（即维经斯基）同志从广州回来（他是奉优林之命同柏烈伟一起去那里的）"。《共产国际、联共（布）与中国革命档案资料丛书》第 1 辑，北京图书馆出版社 1997 年版，第 60 页。

② 《访问刘石心先生记录》（1981 年），谭康、沙东迅记录。《劳动者》，广东人民出版社 1984 年版，第 143 页。

通的路。"22 日，无政府主义者区声白发表反驳陈独秀的文章，
一场论战遂在《广东群报》展开。①陈独秀三次回答区声白所阐
述的问题，用他自己的话来说，"大半是远的将来社会组织问题
和终极的法律存废问题"，即纯学术问题。陈独秀当时"避不出席"
决定与无政府主义者分流的会议，他对无政府主义所作的学术批
评，看来也是有一定分寸的。虽然是这样，但是"安"、"马"分
流已成定局，双方短暂的合作已经成为历史。

读各种中共党史著述，可知过去许多人都对"安"、"马"
分流作过肯定的评述，认为与无政府主义的决裂对共产党的建立
和健康发展，起了重要的作用。然而揆诸史乘，我们却发现分流
也对中共产生了一些不利的影响。师复一代安那其主义者对引进
自由社会主义所作的努力，对理想社会的追求以及他们的品行操
守，都有值得肯定之处。师复死后的无政府主义者中，虽然也有
陈独秀在《下品的无政府党》中所贬斥的那一类人，但并非全属
"下品"，其中不乏有志于社会改造、多年来热心于劳动运动（工
人运动）的人士。对于他们从事劳动运动的情况，梁冰弦有过如
下的夫子自道：

还在第一次世界大战中，苏俄十月革命前数年，只七八个觉
悟的机器工匠和机器厂员司，赁一幢小屋，设一小小俱乐部，每
晚工余集合，由梁冰弦、刘石心、区声白、黄尊生等，轮流出席，
讲解克鲁泡特金所著《面包略取》《工厂与田庄》《告少年》诸书，
又系统地讲授社会主义史，欧美劳动运动史，各国采行劳动立法、
劳动保险等社会政策概况，孙先生的民生主义真谛等。这七八个

---

① 陈独秀：《讨论无政府主义》（1921 年 8 月 1 日），《中共党史参考资料》（一），
人民出版社 1979 年版，第 281 页。

人，渐渐号召群工，领导进行组织工会。始而数十人，瞬而数百人。经过一年后，达数万人，支、分会遍东、西江以至南洋群岛，为一有灵魂、有生命的组织体。[1]

梁冰弦所述，或许有夸大之词，但他们在工人中从事的宣传、组织工作及"广东机器工会"的活动和影响，并非全出于虚构。俄人维经斯基一手策划，并由他亲自操盘、督办的广州"安"、"马"分流，显然将一批虽然思想信仰不同但却是热心于工人运动的人"分"了出去，受他们影响的那批机器工人，跟着也分离出去了，成立时间较长的"广东机器工会"，从此脱离共产党的影响，并且越走越远。共产党是工人阶级政党，刚成立时却未能完全掌握那批现代产业工人，其损失是不言而喻的，这对后来广州工人运动产生了极为不利的影响。

"开始成立真正的共产党"

陈独秀到广州之后，约谭平山、陈公博、谭植棠商谈组建广州共产党组织的问题。谭、陈三人均为北京大学学生，在北京受过新文化运动熏陶。谭平山在《政衡》曾发表《中国政党问题及今后组织政党的方针》，认为政党是达到政治目的的工具，组织政党应以一定的主义为中心，党内应注重政治问题的研究，应针对我国情势提出明确的政纲等。[2] 可见他对组建政党的问题，曾作过一定的思考研究。北大毕业返粤后，谭平山、陈公博分别任教于广东高等师范学校和公立法政学校，谭植棠任教于广东法政

---

① 海隅孤客（梁冰弦）：《解放别录》，台湾文海出版社 1968 年版，第 30 页。

② 谭平山：《中国政党问题及今后组织政党的方针》（1920 年 3 月），原载《政衡》第 1 卷第 2 号，见《谭平山文集》，人民出版社 1986 年版，第 88 页。

学校。他们于 1920 年 8 月间应陈独秀之函约发起成立了"广东社会主义青年团"，10 月间创办了《广东群报》。由于上文所述"安"、"马"分流已成定局，无政府主义者退出，陈独秀遂考虑主要以《广东群报》的编辑人员为主要对象，组建广州共产党。

《广东群报》创刊于 1920 年 10 月。创刊之日，正是粤军回粤，越过惠州之时。由陈公博任总编，谭平山编新闻，谭植棠编副刊。"群报"初创时，热衷于宣传"群性"之说，认为"群性"即互助互济是人类的一种"本能"，主张"发展群的本能，划除群的障碍，巩固群的壁垒，增进群的乐利"。"群报"的命名即来源于此。该报不但连载克鲁泡特金所著《互助论》（区声白译），还刊登了不少无政府主义者的文章。陈独秀来粤后，该报版面发生重大的变化：1921 年的元旦增刊在最重要位置登出列宁的照片，随后大量转载上海《共产党》月刊的文章。《共产党》第一期出版于 1920 年 11 月 7 日，第二期出版于 12 月 7 日，而"群报"直至 12 月末才开始转载《共产党》第一期的文章，说明与陈独秀的到来是有关系的。

1921 年春，在陈独秀的主持下，在广州"开始成立真正的共产党"。党组织的名称，最初称"广州共产党"①，最早成员中的谭平山、陈公博、谭植棠是《广东群报》的编辑。曾与无政府主义者成立"广东共产党"的米诺尔和别斯林，转而成为"广州共产党"的成员。此时，上海共产党早期组织成员沈玄庐、袁振英、李季正随陈独秀到粤工作，武汉早期党组织书记包惠僧受上海党组织派遣到穗见陈独秀，这几个人也参加了广州党组织的活动。

---

① 陈公博提交党的一大的报告，称广州早期党组织为"广州共产党"。此外陈公博在《寒风集》写道"由我们三人成立广州共产党"。

在五四运动中脱颖而出的广州学生周其鉴、阮啸仙、冯菊坡等，此后陆续加入了共产党。"广州共产党"先由陈独秀、后由谭平山任书记，陈公博负责组织工作，谭植棠负责宣传工作。

广州是中国工人阶级诞生最早、人数较集中的城市，1920 年前后有工人、手工业者、店员约二十万人。1920 年 5 月 1 日，广州工人在东园召开第一次五一国际劳动节纪念大会，参加游行人数达五万余人。1920 年冬至翌年春全市先后成立了三十多个工会。五四运动之前，广州"共和工党"成立，总部设永汉南路，郑苍生任"党长"，约有党员百人。《广东中华新报》报道过五四前后"共和工党"的一些活动。据参加过该党的梁复燃回忆：郑苍生曾参加辛亥革命，后留学日本，其组党的宗旨是"模仿苏俄"，在中国开展革命活动。该党党员中的陈俊生是陈公博幼年时的同学，当谭平山、陈公博在广州开展宣传和组织活动时，陈俊生任《广东群报》校对，引陈公博会见郑苍生。郑氏将该党成员梁复燃、刘觉非、陈卓生、陈俊生、梁铁志、郭植生、王寒烬介绍给陈公博。谭平山乃将这些人组成小组，指示他们到工人中开展活动。梁复燃、郭植生、王寒烬后来加入了共产党。①

1921 年 7 月 1 日，在中国共产党第一次全国代表大会就要召开、中国共产党即将宣告诞生的时候，陈独秀在《新青年》发表《政治改造与政党改造》，文中写道：

我以为共产党底基础建筑在无产阶级上面，在理论上，自然要好过基础建筑在有产阶级上面用金力造成的政党。但是天下事"无证不信，不信民弗从"，旧政党底腐败诚然是信而有证，新

---

① 《访问梁复燃先生记录》（1964 年 5 月），何锦洲整理，中共广东省委党史研究委员会办公室 1964 年印。

的共产党究竟如何，全靠自己做出证据来才能够使人相信呵！①

7月1日后来被定为中国共产党的诞生纪念日。陈独秀当时在广州写下的这篇短文，言简意深，对"新的共产党"寄予了殷切的期望。这可以看作是中国共产党的领导人在广州向世人发出的一篇简短的中国共产党成立的宣言，有深远的指导意义。

"广州共产党"参加党的一大的代表是陈公博，陈独秀也指派包惠僧由广州到上海参加会议。陈公博向大会报告广州党组织成立经过及主要工作，提出今后以发展党员、成立工会、举办工人学校、加强对农民的宣传、争取军队官兵为党的工作重点。陈公博回广州后，由谭平山主持召开广州党员会议，听取一大精神的传达，宣布吸收一批新党员。党组织的名称，这时称中共广东支部。

综合有关资料，广州早期共产党组织的成员约有谭平山、陈公博、谭植棠、阮啸仙、冯菊坡、梁复燃、林祖涵、杨匏安、杨章甫、谭天度、张善铭、周其鉴、郭植生、陈式熹、王寒烬、罗绮园、刘尔崧、黄裕谦、郭瘦真、施卜、黄学曾、杨殷、潘兆銮、赖玉润、张瑞成、沈厚培等。至1922年6月，广州党员共有32人，此时成立了中共广东区执行委员会。

陈独秀在党的一大当选为中共中央局书记，于1921年9月离开广州，返上海主持中共中央局工作。当中国共产党筹备、创建时，作为党的创始人，陈独秀在广州居留的时间达10个月之久，亲自主持、参加广东共产党组织的创建，并担任广东党组织的第一任书记，这种情况是别的地方所没有的。这是广东早期共产党组织的一个特点。

----

① 陈独秀：《政治改造与政党改造》，《新青年》第9卷第3号。

《广东群报》小札

"群报"缘起

　　《广东群报》创刊于 1920 年 10 月 19 日，是谭平山、陈公博、谭植棠由京返粤后，鉴于"所有社会组织的基柱，已呈锈蚀的现象，非向根本上重新改造，旦夕间就会发生栋折梁崩的危险"，基于"改造社会"和"宣传新文化"的目的而创办的。编者宣称"群报"的宗旨是：一是不谈现在无聊政治，专为宣传新文化的机关；二是不受任何政党援助，保持自动出版物的精神。

　　《广东群报》为什么要在广州创办？《筹办"群报"的缘起》一文说：

　　广东社会的平民思想，比较上实在发达，虽至厨夫走卒也知争自由，也知争平等，无龌龊卑屈底气象，证之近百年来的事实，广东一省，实无异中国革命的策源地。而性情活泼，勇于进取，民气强悍，轻于冒险，尤为广东的特征。但可惜从来没有真正的社会指导者，故往往暴露那进锐退速，倾轧排斥，和械斗豪赌，所有误入迷途种种弊病。因为这个缘故，我们这个"群报"，更不得不设在广东。①

---

　　①　《筹办"群报"的缘起》，中共广东党史研究委员会办公室：《广东群报选辑》，油印本，1964 年。

　　《广东群报》在《新青年》刊登广告称：《广东群报》是"中国南部文化运动的总枢纽，是绍介世界劳动消息的总机关，是广州资本制度下奋斗的一个孤独子，是广东十年来恶浊沉霾空气里面的一线曙光"。

　　1921年中国共产党第一次全国代表大会在上海召开时，广州共产党组织向大会提交的《广州共产党的报告》说："于是，我们开始成立真正的共产党，宣布《社会主义者》日报为从事党的宣传工作的正式机关报"。当时，广州并无以《社会主义者》命名的日报，报告中所说的党的"正式机关报"，应当是指《广东群报》。

传播新思潮

　　《广东群报》创刊号在头条位置、以大号字发表北京大学校长蔡元培的《栗丕斯美学上与伦理学上的感情移入说》一文。文章说：栗丕斯（Lilps）应用"感情移入说"的理论于伦理学，提出"利他的价值感情"和"同情的人格价值感情"的概念，"凡有幸灾乐祸残忍酷薄的人，与夫恶直正丑卑鄙陋劣的人，都是无情的缘故，都是少有同情心的缘故，都是感情移入的作用麻木了的缘故。"①这篇文章末尾，刊有吴康（北大学生）的一段"附识"："我们'群报'出版，请创刊号文于先生，先生遂把这篇文章给我，我读了之后，觉得有无限的感想……我们创办'群报'的目的，不是在努力文化运动的么？文化运动的通义，就是开拓人民智识，促引社会进化。……今蔡先生独以'感情移入说'

---

　　① 蔡元培：《栗丕斯美学上与伦理学上的感情移入说》，《广东群报》创刊号。

的名论介绍我们，做创刊号标旨，即是从根本上勉励做文化运动的办报，我们谨当努力，本先生的意思去奋斗。"①

《新青年》主编、上海共产党的发起人陈独秀在"群报"的创刊号上发表《敬告广州青年》，这篇文章说：

> 现在压迫湖南底暴力去了，湖南青年底奋斗一日千里，我料压迫广东人底暴力不久也要去，我希望广东青年万万不可错过了机会。我希望诸君讲求社会需要的科学，勿空废光阴于无用的浮夸的古典文学。我希望诸君多多结合读书会或科学实验所，勿多发言论。我希望诸君切切实实研究社会实际问题底解决方法，勿藏在空空的什么主义什么理想里面当造逋逃薮安乐窝。我希望诸君做贫苦劳动者底朋友，勿为官僚资本家佣奴。我希望诸君努力扫除广州坏到无所不至的部分，勿空谈什么国家世界的大问题。②

1915年《青年杂志》（后改为《新青年》）创刊时，陈独秀曾发表《敬告青年》一文，向青年"谨陈六义"：（一）自主的而非奴隶的；（二）进步的而非保守的；（三）进取的而非退隐的；（四）世界的而非锁国的；（五）实利的而非虚文的；（六）科学的而非想象的。1920年《广东群报》创刊时，陈独秀发表《敬告广州青年》，题目仅多了广州二字，提出上述五条"希望"和五个"勿要"。无论是"谨陈六义"，还是五"希望"、五"勿要"，均出于对青年的谆谆善诱，一字一句，真心寄希望于青年。《敬告广州青年》一文，是陈独秀来广州之前，未见其人，先传

---

① 谨按：一般认为《广东群报》的创办者主要是谭平山、陈公博、谭植棠三人，而从吴康的这篇"附识"看，吴也参与"群报"创办的工作。吴康，广东平远人，1920年毕业于北京大学，后任广东大学教授兼图书馆主任、文学院院长。

② 陈独秀：《敬告广州青年》，《广东群报》创刊号。按："群报"创刊号未署出报时间，现据有关资料推算为1920年10月19日。

其情的一篇作品。

《广东群报》创刊号发表谭平山（署名谭鸣谦）《对于文化宣传的我见》，提出要打破"因为先贤前哲讲过，不能不照这样讲，先贤前哲做过，不能不照这样做"的保守遗习，而主张"用科学的方法整理我国固有的古代文化，使之有条不紊，并且指出古代文化的缺点，求个补充和改革办法，使之成为一种新生的文化"。①体现了进取的精神和科学的态度。

谭夏声（谭天度）发表的《广东新文化事业之前途》，文中鲜明主张："最新之时代，应有最新之事业以支配之；最新之事业，应有最新之文化以孕育之"。谭天度认为新文化的内容包括：第一、"尊重个人意见"以讨论社会改革的办法；第二、"输入欧西学说"以借鉴外人的经验；第三、"阐明古书新义"以吸收前人的成果。其文还说："长夜漫漫梦已甜，雄鸡一声天下白，吾道不孤，豪杰之士，当有闻风兴起者，则广东文化之新事业，正如旭日初升，其前途固有无量之希望也。"②

《广东群报》创刊号还发表了胡适的三首诗《示威》《北京》《一笑》。

以上表明，《广东群报》志在传播新思潮，推动新文化运动，气魄宏大，出手不凡，令人耳目一新。

"群性"之说

《广东群报》初创阶段，一度将宣传"群性"之说，作为

---

① 谭鸣谦：《对于文化宣传的我见》，《广东群报》创刊号。

② 谭夏声：《广东新文化事业之前途》（1920 年 9 月 25 日，文中所署成文时间），《广东群报》创刊号。

宣传新文化运动的重要内容。《筹办"群报"的缘起》谓："我们筹办'群报'的主见，只有一个。就是因为人类得以岿然独立于今日，完全赖有群性的本能……想借言论机关，做那宣传的工具，以尽量发展人关群性的本能，这就是我们筹办这个'群报'的主见"。① 正是在这一意义上，编者将他们自己的报纸命名为"群报"。

谭平山《对于文化宣传的我见》一文认为：人类的本能不是竞争，而是互助。"人类得以岿然独立于今日，完全赖有群性的本能"；人类这种本能是"不学而知，不学而能，具于天性，非由外铄"的。谭平山指出要改造社会，推动社会的进步，根本的办法是要发展人类的"群性"，而不是鼓吹斗争和使用暴力。他说因斗争、暴力而演出种种伤心惨目的血剧，未免牺牲太大，往往将古人备尝艰苦所产下之良法善制，亦一并划除净尽，根本推翻。谭平山开出的救治社会的药方，就是四句话："发展群的本能，划除群的障碍，巩固群的壁垒，增进群的乐利"。这些言论，蕴涵有促进社会和谐，促进人类和平和各国、各民族共同发展的含义。

陈公博在《"群报"的新生命》中，引述无政府主义者克鲁泡特金的话说："动物的进化，是由于互助，决不是由于竞争"；而人类"苟非互助，社会决不能够进化"。他断言只有共同的进化，决没有个人单独进化，因此"还是向社会共同进化上着眼"。②

谭植棠的《怎样才能够发展人类的群性》，更是一篇阐述"群性"的力作。作者认为："人类能够进化，全靠相爱互助，不是用

---

① 《筹办"群报"的缘起》，中共广东党史研究委员会办公室：《广东群报选辑》，油印本，1964 年。

② 陈公博：《"群报"的新生命》，中共广东党史研究委员会办公室：《广东群报选辑》，油印本，1964 年。

野蛮手段，奸诡阴谋相凌竞、相杀戮而能进化。"他指出，催促人类群性发展的方法，"消极方面，是主张用破坏手段去打破种种阻碍进化的障碍物。积极方面，是主张用传播手段去引起种种催促进化的互助性。"作者并对"互助"二字作了发挥："那么人类想多得生存的机会，必须具有高远的同情心，想发展人类的同情心，互助是一种最好的工具。互助最大的意义就是：各尽所能，各取所需。而分开来说，就是'劳动'和'团结'"。①

总之，关于"群性"之说是"群报"编者的共识。这虽然表明他们这时与无政府主义有若干的思想因缘，但他们的言论是针对"强权"政治而发的，而"强权"的象征就是"资本家"和"军阀派"，在当时具有进步的意义。

宣传马克思主义

1920年12月陈独秀到广州后，"群报"版面出现重大变化。1921年元旦，《广东群报》出版"增刊"，第一页登出了列宁的照片，并刊发陈独秀的文章《欢迎新军人》，此文的警句是："我心中对于广东充满了我的希望"。第三页又有陈独秀的一幅照片，文字说明是"已到广州之陈独秀先生"。

《广东群报》专辟"马克斯研究"专栏；同时辟有"俄国研究"、"莫斯科通信"、"留法通讯"、"工人消息"以及译论、评论、论著等栏目，先后发表了《马克斯的一生及其事业》（陈公博译）、《列宁传》（[日]山川均著，张亮译）等长篇译作，

---

① 谭植棠：《怎样才能够发展人类的群性》，中共广东党史研究委员会办公室：《广东群报选辑》，油印本，1964年。

还登载了列宁的一些演说和著作，如《俄罗斯的新问题》（震瀛译）、列宁在俄共第十次代表大会的演说，列宁关于新经济政策、国家资本主义等问题的论述等。

在"群报"连载的《马克斯的一生及其事业》（美国 John. Spargo 著，陈公博译）是一本系统介绍马克思的生平及其思想的译作，其第六章即为"共产党宣言"，从 1921 年 1 月 31 日起连载，至 3 月 2 日登完。陈望道翻译的《共产党宣言》1920 年 8 月在上海又新印刷所出版，此为中国最早的《共产党宣言》全译本，陈公博称：陈望道的译本"很使我翻译上省力不少"。这是继《共产党宣言》全译本出版之后，在广东推出的介绍《共产党宣言》的重要之作。

1921 年 1 月 1 日，"群报"编者之一谭植棠在"元旦增刊"发表《最危险的——续出的顽固党》，鲜明表达了要"信仰社会主义"和"实行社会革命"的观点，其文写道：

我们更要知道，社会主义现在已成了人类的信仰，而这种信仰，已由空想地步，进到了实现的地步。自从俄国劳农政府成立之后，其他德、奥、英、法、美、比各国人民，受俄国的影响，都已有了根本的觉悟，"厉兵秣马"，与资本主义的政府宣战，而实行产业革命。风声所播，全国披靡，世运变迁，依自然而进化。所谓一鸡报晓，万方皆白，任你专制如尼古拉，结果上了断头台；任你强横如威廉第二，终须逃亡外国；可知自然趋势，不是强权所能抵挡的了。……既往不可及，未来犹可追，青年呵，快要跳出你们的奴隶圈，做个独立的自由民；快要信仰社会主义，去实行社会的革命。①

---

① 谭植棠：《最危险的——续出的顽固党》，《广东群报》1921 年元旦增刊。

　　《广东群报》大量刊登或转载陈独秀、李大钊、李达、谭平山、陈望道、沈雁冰、李季、瞿秋白等宣传马克思主义、介绍苏俄的历史和现状、分析中国实际问题的文章。1921年1月15日至31日，"群报"连载了《俄国共产政府成立三周年纪念》一文，其中说："共产党（多数派）主义，确是真正的马克斯主义"；"共产党（多数派）底方法，可以作为一种过渡的手段，运用于中国。"6月25日、28日、29日，"群报"还发表了题目极为鲜明的《我们为什么主张共产主义》一文。这些文章，多数转载于上海《共产党》月刊。

与无政府主义者的论战

　　《广东群报》初创时，发表过一些无政府主义者的文章，版面上有无政府主义的色彩。1920年12月底陈独秀到达广州后，"群报"大量转载上海《共产党》月刊的文章，其版面出现了重大的变化。

　　1921年1月15日，陈独秀在广东省公立法政学校作《社会主义批评》的演讲，剖析各种"社会主义"，着重批评无政府主义。1月22日，无政府主义者区声白（毕业于北京大学）在"群报"发表《致陈独秀先生书》，反对陈独秀的观点。1月27日和2月26日，陈独秀两次致书区声白，在革命道路、自由与民主、生产和分配等问题上，批驳区声白的无政府主义思想和政治观点。

　　当时，"群报"还转载或刊登了李达《社会革命之商榷》（署名江春）、包惠僧《讨论社会主义并批评无政府党》、无懈（周佛海）《共产主义与无政府主义及议会派之比较》等剖析、批判无政府主义的文章。

以"群报"为主阵地的马克思主义者与无政府主义者的这场论战，使马克思主义得到了进一步的传播。彭湃（广东农民运动领袖）后来说："我从前是很深信无政府共产主义的，两年前才对马氏（马克思）发生信仰，年来的经验，马氏我益深信。"①无政府主义者、曾在上海主持"世界语研究所"的叶纫芳，从汕头致书谭平山说："直到俄国革命成功，马氏学说大昌，我拿他们底学理事实，细心观察，才恍然明白要达到共产主义，非走这一条路不可，而且并无第二条路可走了。"1922 年 5 月，叶纫芳还参加了在广州召开的中国社会主义青年团第一次全国代表大会。

主张改造社会

《广东群报》发表过不少讨论社会问题的文章，如讨论改造报业、改造教育、整顿社会风气；批评广州的市政，批评广州戏剧；讨论废兵、废娼、女子解放问题；等等。

1921 年元旦，《广东群报》刊登陈独秀《欢迎新军人》，此文说：军人危害社会，招致人民的厌恶。"救济的方法，既不能够从根本上主张废兵，惟希望一班新军人挺身出来团结同志，将一班危害社会的旧军人渐次淘汰干净。"新军人与旧军人根本上绝对不同的是两条：一是做社会公有的军人，不做个人私有的军人；二是做有生产力的军人，不做单纯消费的军人。陈独秀说："我希望我广东的新军人随着新年思想一新，实行新军人两大信条，宣传新军人两大信条，好做全中华民国的新军人的模范。我心中对于广东充满了我的希望，我更希望广东军人能为中国军界

---

① 《彭湃致施复亮的信》，1923 年 9 月 7 日。

开一新纪元。"《欢迎新军人》一文，是初到广州的陈独秀的"亮相"之作，是一篇寓意深长的新年祝词。

陈独秀在关于女子解放的演说中指出：有社会主义才有女子的解放，无论男女都要努力于社会主义，都要"把社会主义作唯一的方针"。谭平山在时评《废娼问题》中说："想实行社会改造，必要自然扑灭私有财产制度始。""群报"发表的小说、诗歌多取材于家庭、婚姻、就业等问题，着重揭露封建专制压迫的痛苦和社会生活的黑暗，鼓吹必须改造社会，采取"直接行动"，实行社会革命。

1921年6月20日，"群报"刊登"宣讲员养成所定期开学"的消息。由教育行政委员会创办、陈独秀苦心经营的"广东省立宣讲员养成所"，由此宣告诞生。广东政府为办这所学校每年投入30万元，相当于办10所省立中学或3所专科学校的投入。这反映了陈独秀的教育改革应为社会改造服务的思想。在陈独秀看来，要改造社会就要大力开启民智，努力提高全社会的教育、文化水平，在当时来说，就急需培养大批能够面向社会，向广大民众作通俗讲演，做文化普及、推广工作，开启民智的宣讲人员。广东宣讲员养成所，实际上是广东早期共产党组织培养理论、宣传干部的一所学校。

1921年4月，国会非常会议选举孙中山为非常大总统。孙中山即于5月5日在广州成立中华民国政府，发布大总统就职宣言。"群报"对此作了报道，并配合刊载了孙中山在学、工、商各界的演说。

关注工人运动

1921 年 1 月 1 日，谭平山在"群报"发表《怎样可以使劳动教育发达》一文，指出劳动者没有受教育的机会，是今日"劳动界的大不幸"和"教育界的大缺憾"，"所以今日想改造社会，想解决劳动问题，应当先行注意劳动教育"。联系当时的实际，出于便于劳动者就读的考虑，谭平山主张多创办"半日半夜的学校"，同时组织"宣讲团"向工人演讲，激发劳动界向学的兴趣。[①]

1921 年 5 月 1 日，"群报"出版"劳动节增刊"，共发表了17 篇文章，其中有陈独秀的《五一节底意义》、谭平山的《万国庆祝声中我们中国劳动界的鏖战声》、谭植棠的《这是我们劳动界应当信守的》、冯菊坡的《工业联合与职业联合》、陈公博的《广州一年来之劳工运动》等。

陈公博的文章说，从 1920 年 10 月到第二年 4 月，广州市举行了 8 次罢工，成立工会 32 个。他认为广州工人已有"根本的觉悟"，已进入"真正劳工运动的时期"，希望工人今后要有"独立的政治训练"和"独立的自育组织"。冯菊坡的文章分析广州现有工会的缺点，提出应"由现在式的工会变为职业联合，由职业联合变为工业联合"，对工人运动和工会组织有指导的意义。

1922 年初香港海员罢工时，中共广东支部以广东宣讲员养成所作为罢工海员的通讯联络处，负责收转国内外"香港海员后援会"的捐款和信件。1922 年 4 月底和 5 月初，《广东群报》大量报道了关于第一次全国劳动大会和中国社会主义青年团第一次全

---

① 谭鸣谦：《怎样可以使劳动教育发达》，《广东群报》1921 年元旦增刊。

国代表大会的消息。

《广东群报》的第八版，为"世界要闻"版，以报道苏俄见闻、各国共产党的活动、世界各地革命运动为主。1921 年 1 月间，该版共登出国外消息 161 篇，其中关于苏俄的有 63 篇，关于第三国际和各国共产党的有 18 篇，关于各国革命运动的有 45 篇。1921 年 3 月俄共第十次代表大会在莫斯科召开时，瞿秋白以记者身份参加了会议，并写了三万多字的长篇通讯《共产主义之人间化——第十次全俄共产党大会》，对大会及苏俄的情况作了全面报道。《广东群报》于 1921 年 7 月 8 日至 16 日连载了这篇文章。

　　［本文主要依据中共广东省委党史研究委员会办公室 1964 年所辑《广东群报选辑》（油印本）而作。"选辑"本说明是从当时搜集到的 100 多份《广东群报》副刊中选印的。《广东群报》的详细资料在本文写作时尚未读到。］

关于杨匏安《马克斯主义》的考证

杨匏安，广东香山县南屏乡（今属珠海市）人，1918 年起任教于广州时敏中学，兼任《广东中华新报》记者，遇难于 1931 年，是中国革命史上一位著名的烈士。1919 年 11 月，杨匏安发表了《马克斯主义》一文。近三十年来，随着有关史料、文章的发掘和发表，杨匏安最早在华南传播马克思主义的史实，逐渐为人知悉，并为学术界所接受。许多学者及许多有影响的著作，都对此作过介绍和评论。

由于杨匏安的文章发表的时间比较早，因而引起很多人，包括研究马克思主义在中国传播史的专家的关注。他们常问：杨匏安的文章有无来源？如果有来源，则源于何处？带着这个问题，笔者作过一番考证。

杨匏安《马克斯主义》一文，从 1919 年 11 月 11 日起在《广东中华新报》连载，至同年 12 月 4 日登完。杨文发表之前，《新青年》第 6 卷第 5 号（马克思研究专号）发表了顾兆熊的《马克思学说》、李大钊的《我的马克思主义观》（上）、陈启修的《马克思的唯物史观与贞操问题》三篇文章。该号《新青年》原注明出版于 1919 年 5 月，据有人考证，由于出版拖期，实际出版的时间延至 9 月。① 经过对照和分析，杨匏安的文章与上述顾、李、陈三篇文章之间，在内容和字句上存在着明显的相对应的关系，故杨文可能来自顾、李、陈三文。兹将其中的相对应的关系，列表以说明之。

下表内杨匏安文"发表时间"，是指 1919 年在《广东中华新报》分日见报的时间，以一日为一段；相对应的文章指上述顾兆熊、李大钊、陈启修三篇文章，"页码"指《人民日报》1954 年影印《新青年》第 6 卷第 1 号至第 6 号的页码。

杨匏安《马克斯主义》原文与杨文相对应的文章

段序	发表时间	杨文字数（约）	页　码	作　者	与杨文对应的字数（约）
一	11 月 11 日	开头语 400 字			
二	11 月 13 日	330 字	453	顾兆熊	400 字
三	11 月 14 日	280 字	453—454	顾兆熊	520 字
四	11 月 15 日	460 字	454	顾兆熊	1100 字
五	11 月 17 日	310 字	455	顾兆熊	425 字
六	11 月 17 日	360 字	530	李大钊	460 字
七	11 月 19 日	500 字	500	陈启修	1250 字
八	11 月 20 日	310 字	501—502	陈启修	400 字
九	11 月 21 日	280 字	502	陈启修	350 字
十	11 月 22 日	340 字	502—503	陈启修	500 字
十一	缺				
十二	11 月 26 日	280 字	532	李大钊	310 字
十三	缺				
十四	11 月 28 日	450 字	458—459	顾兆熊	570 字
十五	11 月 29 日	310 字	459	顾兆熊	400 字

① 刘维：《一个必要的考证》，《光明日报》1960 年 8 月 4 日，引自彭明：《五四运动论文集》，广东人民出版社 1978 年版，第 387 页。

（续表）

段序	发表时间	杨文字数（约）	页 码	作 者	与杨文对应的字数（约）
十六	缺				
十七	缺				
十八	12月3日	280字	460—461	顾兆熊	520字
十九	12月4日	370字 结束语80字	461	顾兆熊	450字

　　由上表可知，杨匏安的《马克斯主义》一文，共分19天次（十九段）刊登于《广东中华新报》，现存文字十五段（其间缺4天次），约5400字；其中可以在顾兆熊、李大钊、陈启修的三篇文章中找到相对应的文字的，共有十四段，包括顾兆熊文八段、李大钊文两段、陈启修文四段，约5000字。仅第一段（开头语两自然段，约400字），未见有相对应的文字。杨文结束语中"马克斯之经济学说，其大旨不仅指斥资本家之贪婪，而在于揭破资本主义之不公"一语，在《新青年》第6卷第6号（1919年11月1日出版）李大钊《我的马克思主义观》（下）一文内，也可以找到相对应的文字："马氏的论旨，不在诉说资本家的贪婪，而在揭破资本主义的不公。"（见影印本第614页）因此，杨文与顾、李、陈三文之间有互相对应的关系，是客观存在的事实。

　　所谓"相对应的关系"，是指两段文章之间，文字雷同，文意相近。将杨文与其有对应关系的十四段文章相比较，大体的情况是文字相差不多，而文章的思想内容基本相同。试比较杨文的第二段与影印本第453页中顾文的文字：

　　（顾兆熊文）：一国的法律，也全看那一国的社会经济而定。社会经济，是社会生活的物质，是社会生活的实体。社会经济是基础，法律与政治，是这基础上头的建筑。社会经济的特性如有重大的变化，那节制这社会经济的形式，也必须随着转移。所以社会生活里头有一种规律。这种规律，是可以天然科学的方法赢得的。社会经济的现象是一种天然物。他的成立，变化，消灭，都是可以天然科学方法探得的。这社会经济现象的全部，就是社会生活的"物质"。这社会经济现象的生存，消灭，就是"物质的运动"。

（杨匏安文）：一国之法律，全视其国之社会经济而定。社会生活之实体，即经济是也。经济犹基础，法律政治犹建筑；若经济的特性有重大变化，则节制此经济之形式，必随之而转移。故社会生活之内，有一种规律，这种规律可以以天然科学的方法探得，盖社会经济的现象，原为一种天然物，其现象之全部，即是社会生活的物质，而其现象之生存毁灭，即物质的运动也。

这两段文字相比较，顾文中"社会经济，是社会生活的物质，是社会生活的实体。社会经济是基础，法律与政治，是这基础上头的建筑"一句，在杨文中作"社会生活之实体，即经济是也。经济犹基础，法律政治犹建筑"；顾文中"社会经济的现象是一种天然物。他的成立，变化，消灭，都是可以天然科学方法探得的。"在杨文中作"这种规律可以以天然科学的方法探得，盖社会经济的现象，原为一种天然物"；杨文比顾文少70字。除此之外，两段文章基本相同。

以上的情况，在杨文的其他段落中，还可以找出许多处。

影印本第530页，是李大钊阐述唯物史观"要领"的一段话：

唯物的历史观有二要点：其一是关于人类文化的经验的说明，其二即社会组织进化论。其一是说人类社会生产关系的总和，构成社会经济的构造。这是社会的基础构造。一切社会上政治的，法制的，伦理的，哲学的，简单说，凡是精神上的构造，都是随着经济的构造变化而变化。我们可以称这些精神的构造为表面构造。表面构造常视基础构造为转移。而基础构造的变动，乃以其内部促他自己进化的最高动因，就是生产力，为主动；属于人类意识的东西，丝毫不能加他以影响；他却可以决定人类的精神，意识，主义，思想，使他们必须适应他的行程。其二是说生产力与社会组织有密切的关系，生产力一有变动，社会组织必随着他变动。社会组织即社会关系，与布帛菽粟一样，是人类依生产力产出的产物。手臼产出封建诸侯的社会。蒸汽制粉机产出产业资本家的社会。生产力在那里发展的社会组织，当初虽然助长生产力的发展，后来发展的力是到那社会组织不能适应的程度，那社会组织不但不能助他，反到束缚他，妨碍他了。而这生产力虽在那束缚他，妨碍他的社会组织中，仍然向前发展不已。发展的力量愈大，与那不能适应他的社会组织间的冲突愈迫，结局这旧社会组织崩坏不可。这就是社会革命。

杨匏安的第六段，与李大钊这段话相近似，只是字数略有压缩，语句略有变化。杨文为：

唯物的历史观有二要点：其一乃关于人类文化的经验之说明，其二即社会组织进化论。第一说谓人类社会生产机关的总和，构成社会经济的构造；此实为社会之基础构造。一切社会上之政治法制，及种种精神上的构造，皆随经济的构造变化而变化。而基础构造，其内部亦有最高动因，以促其自己之进化，此最高动因，即生产力是也。第二说谓生产力与社会组织有密切的关系，生产力一有变动，社会组织必随之而变动。社会组织即社会关系，与布帛粟米无异，亦人类依生产力而产出者也。手臼产出封建诸侯的社会。蒸汽制粉机产出产业资本家的社会。社会组织即其始亦尝助长生产力的发展，然其发展的力若到社会组织不能适应之程度，则社会组织不独不能为之助长，势必加之以束缚妨碍矣。此时生产力虽受束缚妨碍，然仍发展无已，发展的力愈大，与社会组织之冲突愈迫，其结果非令旧社会组织崩坏不可，是则社会革命也。

比较上述李、杨二文，李文中"一切社会上政治的，法制的，伦理的，哲学的，简单说，凡是精神上的构造"一句，在杨文中作"一切社会上之政治法制，及种种精神上的构造"；杨文少了"我们可以称这些精神的构造为表面构造。表面构造常视基础构造为转移"，"属于人类意识的东西，丝毫不能加他以影响；他却可以决定人类的精神，意识，主义，思想，使他们必须适应他的行程"等语；李文"社会生产关系的总和"一语，在杨文中作"社会生产机关的总和"；在字数上，杨文比李文少100字，而其余的内容，基本上是一致的。

影印本第532页（李大钊文）与杨文的第十二段，均是讲阶级与阶级斗争问题。除文字略有差别（杨文少30字）之外，两段文章几乎相同：

（李大钊文）：而在马克思则谓阶级竞争之所由起，全因为土地共有制崩坏以后，经济的构造都建在阶级对立之上。马氏所说的阶级，就是经济上利害相反的阶级，就是有土地或资本等生产手段的有产阶级，与没有土地或资本等生产手段的无产阶级的区别：一方是压服他人掠夺他人的，一方是受人压服，被人掠夺的。这两种阶级，在种种时代，以种种形式表现出来。亚细亚的，古代的，封建者、现代资本家的，这些生产方法出现之次第，可作经济组织进化的阶段；而这资本家的生产方法，是社会的生产方法中采敌对形式的最后。阶级竞争也将与这资本家的生产方法同时告终。至于社会为什么呈出阶级对立的现象呢？马氏的意见以为全是因为一个社会团体，依生产方法的独占，掠夺他人的余工余值（余工余值说详后）的原故。

（杨匏安文）：马克斯谓阶级竞争之所由起，因土地共有制度既坏之后，经济的构造，皆建在阶级对立之上。所谓阶级，即经济上利害相反之阶级。其分别则一方为有土地或资本等生产之手段者；一方肆其压服掠夺，而一方则受压服掠夺者也。此两种阶级，在种种时代，以种种形式而表现，若亚细亚者、若欧洲古代者，若封建者、若现代资本家者。是等生产方法出现之次第，可作经济组织之进化阶段；而资本家的生产方法，在社会生产方法中，乃采对敌形式之最后者；阶级竞争，亦将随此资本家的生产方法同时告终矣。至于社会何故呈露阶级对立之现象，在马克斯意见，则谓全由一个之社会团体，依生产方法的独占，而掠夺他人之余工余值（详后）而已。

在杨的文章中，有的段落与其对应的段落相比较，在字数上有一些差别，或文句上有所变动。如杨文的第四段约460字，相对段落顾兆熊文，首尾相接约1100多字。这两段文章相对照，杨文的顺序稍有变动和调整，其文章中"其对于社会科学之意义，固在于批示社会生活的规则，此其所以为极有用之史学方法，又为空前的社会科学屿！"一句，在顾的文章中摆放的位置不同；顾文中有关于唯物史观在历史研究中的"应用"的一段话，在杨的文章中已被删去；其余部分的文句也略有改动。这两段文字虽然有些出入，但内容也相差不大。

杨匏安的文章的第七、第八、第九和第十段，内容是说明人类的精神、文化观念须随时代的变化而变化，并分析法律、道德观念在不同历史时期所发生的四种不同的变化。这四段文字共约1400字，是杨文介绍唯物史观的主要部分。这一内容，在影印本第500至503页陈启修的文章中，也有所对应。陈的文章题目为

《马克思的唯物史观与贞操问题》，其第一部分阐述精神、文化观念须因时而变的原理；第二部分运用唯物史观研究社会科学，分析法律观念、道德观念在四个历史时期所出现的四种变化。陈在文中说明：他讲法律、道德问题只是个"绪论"，目的是要说明他的"本题"，即女子贞操观念也要随时代的变化而变化。将杨文上述四个段落与陈文的第一、二部分相对照，可以看出它们的字数虽有差别，有的地方相差还比较多（如杨文的第七段约500字，其对应段落陈启修文约1200多字，在全文中是字数相差较大的一段），但是内容是大致相同的，都是阐述唯物史观及其在社会科学中的运用，特别明显的是彼此都有关于法律观念、道德观念的"四个时期"的说法，其中的对应关系也是很清楚的。

与上述情况相类似的，还有杨文的第三、第五、第十二、第十四、第十八、第十九段等。因文字过长，兹不作一一之对照分析。总而言之，杨文各段与其相对应的段落，文字雷同，思想内容相近。即使是在字数不等或文句略有出入的地方，其文意也是相同的。它们相互之间，确有内在的、十分清楚的因缘关系。

鉴于杨匏安的文章与顾、李、陈三文之间有着客观的、明显的对应关系，而杨文见报的时间迟于三文，由此可以推断：顾兆熊的《马克思学说》、李大钊的《我的马克思主义观》（上）、陈启修的《马克思的唯物史观与贞操问题》这三篇文章，就是杨匏安《马克斯主义》一文的参照之作，或者说是杨文的学术因源之所在。除此之外，杨文（除第一段外）是否还有其他的来源呢？笔者认为，在杨文与上述三文的对应关系已得到证实的前提下，这种可能性是极小的，因为很难出现杨与顾、李、陈三人共同参照某文，而采录的文字又如此相近的可能性。故杨文的主体部分，就是在分别摘自顾、李、陈三篇文章的有关段落的基础之上缩写、改写、加工和统编而成的。

读杨匏安的文章，我们还可以发现文中仍有若干用词不够统一、语句不够协调之处。如对现在译为"剩余价值"一词，杨在第十二段中写作"余工余值"，在第十四段中又写作"赢余价值"；对"阶级斗争"一词，杨在第三段中写作"阶级战争"，而在第十二段又写作"阶级竞争"；等等。在同一篇文章中，为什么会出现这种用语不统一的情况呢？就是因为其参照的文章对这些名词术语的用法是不统一的："余工余值"、"阶级竞争"是李大钊的用法；"赢余价值"、"阶级战争"是顾兆熊的用法。唯是之故，就相应出现了采自李文则从李，采自顾文则从顾的情况。所有这些，均是杨的文章统编尚未完善的痕迹，也是杨文的各段文章各有所本的明证。

尽管如此，杨匏安对《马克斯主义》一文的写作，还是倾注了许多的心血，付出了艰苦的劳动的。从现存的文字来看，杨的写作主要包括如下几点：

一、按唯物史观、阶级斗争原理和经济学三个部分，剪裁有关的资料，对采自顾、李、陈三文的十四段文字作了统一的编排，调整各个参照段落在原作中的顺序，并对原文着手改写、缩写、改编和文字的整理加工。

二、统一了一些提法，改动了一些用语。在参照文章中，对于时间概念的表述是"现代"、"近代"并用，杨文则统一称作"近代"，如将顾文"现代社会冲突"改为"近代社会冲突"等。在顾的文章中，屡次出现"工作力"一词，杨文将它统一改为"劳动力"，如将"工作力的价值"，改为"劳动力之价值"，将"资本家购买工作力"，改为"资本家购买劳动力"等。查《新青年》第6卷第5号几篇评介马克思主义的文章，均未见到有"劳动力"

的用法（该刊第6号李大钊《我的马克思主义观》（下），写作"工力"），杨当时对"劳动力"这一马克思主义政治经济学基本术语的用法，与今天的用法一致，这是十分难能可贵的。

三、以文言文的形式行文，文句简洁，全文语言风格归于统一，使之成为首尾一贯、独立成篇的宣传马克思主义基本原理的文章，等等。

杨匏安的文章虽有所本，也虽然还存在一些不足之处，但无论如何，这篇文章发表的时间比较早，是紧随着《新青年》的"马克思研究专号"而发表的，本身是对李大钊等人在北方传播马克思主义的迅速回应。作为广东地区第一篇宣传马克思主义的文章，杨匏安此文确有耕荒播漠的意义。杨匏安文的开头部分说："自马克斯氏出，从来之社会主义，于理论及实际上，皆顿失其光辉，所著《资本论》一书，劳动者奉为经典……马氏以唯物史观为经，加之以在英法观察经济状况之所得，遂构成一种以经济的内容为主之世界观，此其所以称科学的社会主义也。"在结尾部分说："马氏之言验矣，今日欧美诸国已悟 Bolsheviki 之不能以武力扫除矣！"这都鲜明表达了他对马克思主义的向往、信仰与尊崇。1922年春，杨匏安为广东社会主义青年团的刊物《青年周刊》撰写的"宣言"，更加明确地宣称："我们最服膺马克斯主义！"在这家刊物上，杨匏安又发表他的《马克斯主义浅说》。① 杨匏安无愧于广东最早的马克思主义传播者的称号，他走过了一条从学习、宣传马克思主义，到投身中国革命，最后为中国革命壮烈牺牲的人生之路，他的革命精神和英勇业绩是永远值得我们学习和纪念的。

---

① 《青年周刊》第4—7号，1922年3月22日、26日，4月2日、9日，《杨匏安文集》，广东人民出版社1986年版，第147—155页。

中共中央局迁粤与中共三大

关于 1923 年 4 至 9 月中共中央局南迁广州的问题，是中共党史学界广为人知的史实，不少党史著述都有所阐述。只是由于介绍不多等原因，社会上有的人对此缺乏了解，要求作进一步的说明。现将目前所能读到的共产国际、联共（布）档案资料的有关记载及其他方面的史料略加整理，对中共中央局迁粤及中共三大在广州召开的问题，作一简述，敬祈识者批评指正。

共产国际使者看好广州

中共中央党史研究室所著《中国共产党历史》（第 1 卷）写道："1922 年 7 月 18 日共产国际决定中共中央驻地由上海改为广州。马林将这一决定带到中国后，中央中央机关约于 1923 年 5 月由上海迁至广州。"[①] 这里明确指出中共中央局之所以迁粤，是根据共产国际的决定。而共产国际为何会作出这样的决定？其中的历史细节如何？

广州是孙中山从事革命活动的基地。1922 年夏，在广州连续

---

① 中共中央党史研究室：《中国共产党历史》第 1 卷，中共党史出版社 2002 年版，第 134 页。

召开了三个会议：中国共产党的干部会议（1922 年 4 月底）、第一次全国劳动大会（1922 年 5 月）、中国社会主义青年团第一次全国代表大会（1922 年 5 月）。这三次会议都讨论了或接触到要转向国民革命，要与孙中山领导的中国国民党建立民主联合战线、实行两党合作的问题。

当中共转向国民革命，开始谋求与国民党合作时，到过华南的共产国际代表或苏俄使者，许多人都认为广州有言论自由，政治环境较好，颇为看好广州。1922 年 4 月，俄罗斯联邦驻远东全权代表维连斯基在北京致信拉狄克："前几天，达林来到我这里，讨论因北方出现的局面而形成的新形势。我们决定把基地迁到南方广州，那里可以以半合法的形式开展工作。"①

5 月 20 日，共产国际在华工作的"全权代表"利金（1921年 10 月由共产国际执委会远东书记处派赴广州），就在华工作情况给共产国际远东书记部写出书面报告，对广州革命运动的状况作出了较好的评价："在广州，青年团已发展为一个很大的合法组织，约有团员 800 名。"该文的结论部分，明确提出："这次改革可归结为把工作重心转移广州。这样做有许多理由，最重要的理由是：1、现在在南方有广泛的合法条件；2、在广州有最先进的工人运动；3、最后，广州是国民党的活动中心。"为此，利金主张："需要从北方派一些能力强的同志到广州工作。在共产主义小组（笔者按：此时应称为'中国共产党'）中央局迁到广州和整个工作重心集中到广州的情况下，这是完全做得到的。"利金还说："南方是国民党的活动舞台，如果我们共产主义小组

---

① 《维连斯基 - 西比里亚科夫给拉狄克的信》(1922 年 4 月 6 日)，《共产国际、联共（布）与中国革命档案资料丛书》第 1 辑，北京图书馆出版社 1997 年版，第 80 页。

中央局迁到广州，这种情况有助于把国民革命运动的各种联系集中到中央局手中。"①

7月11日，参加过中共一大、到桂林会见过孙中山并在广州目睹了香港海员罢工状况的共产国际代表马林（亨德里克斯·斯内夫利特，1921年被共产国际派为驻中国的代表），致函共产国际执行委员会，建议"以办事处的形式，在广州建立一个共产国际与红色工会国际的代表机构。"马林在信中说：

在远东，广州是唯一勿无需打扰当局就可以建立常设代表处的城市，它通过香港同三个国家联系也十分有利。借助中国海员散发那里出版的书籍、文献也不困难。在年轻的中国，鉴于运动的形势，尤其是南方的形势，工会的发展，朝鲜运动的困难，日本工人运动的重要情况，都迫切需要共产国际与红色工会国际有一个代表驻节。②

鉴于利金、马林所说的原因，共产国际远东部遂于1922年7月18日命令中共中央："中国共产党中央委员会接短笺后，应据共产国际主席团7月18日决定，立即将驻地迁往广州并与菲力浦同志密切配合进行党的一切工作。"这个命令由共产国际远东支部维经斯基（格里高里耶夫，1920年4月由俄共（布）远东局海参崴分局派赴上海工作，此时在莫斯科）签署，文中的"菲力浦"即马林。这个文件当时用打印机打印在马林的丝衬衣上。荷兰阿姆斯特丹国际社会历史研究所保留着这一原件。③

---

① 《利金就在华工作情况给共产国际执委会远东部的报告》（1922年5月20日），《共产国际、联共（布）与中国革命档案资料丛书》第1辑，北京图书馆出版社1997年版，第95页。

② 马林：《致共产国际执行委员会》（1922年7月11日），《共产国际、联共（布）与中国革命档案资料丛书》第2辑，北京图书馆出版社1997年版，第319页。

③ 《共产国际给中国共产党中央委员会的命令》（1922年7月18日），该命令由共产国际远东支部维经斯基签署，文中的"菲力浦"即马林，《共产国际、联共（布）与中国革命档案资料丛书》第2辑，北京图书馆出版社1997年版，第321页。

1922年6月，广州发生"六一六"兵变，孙中山8月间离粤赴沪。因广州局势的变化，维经斯基于8月间致信中共中央：

在由季诺维也夫和我签署的写给你们的一封信中，我们曾向你们作出一些具体的和原则性的指示，顺便还建议你们把中央委员会迁至广州，那是更适合于广泛合法地开展工作的地方。在吴佩孚战胜张作霖之后发生的一些最近的事件，看来对广州政府的命运产生了影响，而孙逸仙和陈炯明之间的斗争使南方的政治局势很不稳定。因此，我们的工作中心向南方的转移，应该推迟到南方各种力量的对比更加明朗的时候。[①]

中共中央局迁穗的问题，因被推迟。

马林提出迁粤的主张

孙中山离粤赴沪后，共产国际和中共中央经过反复酝酿，逐步明确了与孙中山相关的两个重大问题：

（一）1922年8月29至30日，中共中央执行委员会在杭州举行全体会议（西湖会议），接受马林传达的共产国际的指示，决定共产党员以个人名义加入国民党。随后，陈独秀、李大钊等党的高层干部相继加入了国民党。这一形式史称"党内合作"。

（二）1922年8月，苏俄驻华全权代表越飞在马林陪同下到达北京，同孙中山通信和会谈。后越飞向莫斯科提出：必须全力支持国民党。1923年1月，《孙文越飞联合宣言》发表，苏俄公开表明对中国革命的同情和对孙中山的支持，孙中山公开表明国

---

① 《维经斯基给中共中央的信》（1922年8月），《共产国际、联共（布）与中国革命档案资料丛书》第1辑，北京图书馆出版社1997年版，第118页。

民党实行联俄。

1923 年初，陈炯明的势力被逐出广州。孙中山由沪返粤，成立大元帅大本营（大元帅府），重建广东革命基地，广东的形势逐步好转。孙中山先是于 1923 年 1 月 30 日任命谭平山（中共党员）为工界宣传员①，后又指派陈独秀等参与组建大元帅大本营的工作。广东共产党和社会主义青年团的组织也得到整顿和恢复。

鉴于共产国际、联共（布）支持孙中山的政策已经明确和广东革命形势的恢复和发展，马林于是再次提出中共中央局迁移的问题。1923 年 2 月或 3 月初，马林就向共产国际提出了这一主张。3 月 9 日，维经斯基（当时在海参崴）答复马林："接奉来函、来电，获悉最新消息。看来尊意在把中国共产党全部积极分子迁至南方。当然，你处于更合适的地位，知道在罢工（笔者按：指1923 年京汉铁路工人'二七'罢工）之后最宜做什么事。"②

若干年以后（1935 年 8 月 19 日），马林在与美国麻省理工学院政治教授伊罗生谈话时，谈到了他当时的想法。马林认为：

在北方，杭州会议带来的变化不大，因为国民党在那些地区没有多大影响。在吴佩孚所统治的整个长江流域国民党是非法的。在上海，只有几个领导人，不成其为一个党。只有在广州它才真正存在，而我们的领导人如陈独秀，在工人组织中开展了工作，出版小册子和报纸等等。

只有广州是我们共产党人能开展工作的唯一地方。③

---

① 孙中山：《给谭平山委任状》，《孙中山全集》第7卷，中华书局1981年版，第72页。

② 《维经斯基致斯内夫利特的信》（1923年3月9日），《共产国际、联共（布）与中国革命档案资料丛书》第2辑，北京图书馆出版社1997年版，第438、第439页。

③ 伊罗生：《与斯内夫利特谈话记录》（1935年8月19日），《共产国际、联共（布）与中国革命档案资料丛书》第2辑，北京图书馆出版社1997年版，第258页。

应当说明，在中央是否迁粤的问题上，维经斯基的意见与马林的意见是不相同的，维经斯基明确反对中共中央迁粤。1923 年 3 月 8 日，维经斯基致信萨法罗夫（共产国际执委会东方部主任），其中说："我觉得，中共中央作出的关于迁往广州的决定现在恰恰是不妥当的。"维经斯基在同年 3 月 9 日答复马林的信中，也表达了反对迁粤的意见，他说"很能设想你如何从广州"对华中、华北的罢工运动给予指导和安排联络。3 月 24 日，维经斯基报告共产国际东方部："我曾写信给您谈到我反对将中央迁往广州，正如我去年反对这一点一样，现在也反对在广州召开党代会。"①

维经斯基之所以反对中共中央局迁粤，是由于联共（布）党内在是否支持孙中山的问题上仍然存在着意见分歧。在莫斯科，"1923 年上半年还有另一种相当坚定的反对援助孙逸仙和国民党的倾向，即要求摆脱国民党，独立自主地开展工人和职工运动。"② 维经斯基的意见，应当是这一倾向的反映。维经斯基说："离国民党的中心很近也同样会对中央产生有害的影响；在广州可能造成我们党对孙逸仙党的过多的信赖性。"他还明确地说："中央委员会不应在广州孙逸仙的鼻子底下，而至少应在上海的某个地方。"③

尽管马林与维经斯基各持不同的意见，但从当时中国的实际情况来看，只有在广州才有利于筹备、召开党的第三次全国代表大会，因此马林仍然积极坚持他的主张。马林说："我们在广州

---

① 《维经斯基就中国形势给共产国际执委会东方部的报告》（1923 年 3 月 24 日），《共产国际、联共（布）与中国革命档案资料丛书》第 1 辑，北京图书馆出版社 1997 年版，第 234 页。

② 《共产国际、联共（布）与中国革命档案资料丛书》第 1 辑，北京图书馆出版社 1997 年版，第 174 页。

③ 《维经斯基给共产国际执委会东方部主任萨法罗夫的信》（1923 年 3 月 8 日），《共产国际、联共（布）与中国革命档案资料丛书》第 2 辑，北京图书馆出版社 1997 年版，第 228 页。

有充分的行动自由，而且只能在这里公开举行党的代表大会和劳动大会。曾问及湖南代表，是否可在长沙举行青年代表大会，也问及北京代表，回答是：只能召开一个秘密的小会。"① 在这种情况下，为召开党的三大，中共中央乃遵照共产国际的决定，将中央机关迁往广州。

中共中央局迁粤

中国共产党成立后，设中央局于上海。1922 年 10 月，中央局由上海迁至北京。1923 年，因"二七"罢工失败，中央局又于 4 月间由北京迁回上海。

1923 年初孙中山由沪返粤后，陈独秀第三次来到广州。陈独秀 4 月 7 日致胡适信中说："弟已前月二十六号到广州。"这里所谓"前月"，是指 3 月。任建树著《陈独秀传》说："这是他（指陈独秀）第三次，也是最后一次来广州。"② 4 月 10 日，孙中山委派陈独秀、谭平山为大本营宣传委员会委员。③ 陈独秀当年 4 月 25 日发表于《向导》第 22 期的那篇影响甚广的《资产阶级革命与革命的资产阶级》一文，应是在广州完成的。5 月 1 日，广东工会联合会（广东工团联合会）以及机器、土木建筑、油业、药材、钢铁、车务、机织等数十个团体在广州第一公园举行纪念五一国际劳动节大会，陈独秀、蔡和森、张太雷及苏俄代表白拉

---

① 马林：《致共产国际执行委员会、红色工会国际、共产国际执行委员会东方部和东方部远东局》（1923 年 5 月 31 日），《共产国际、联共（布）与中国革命档案资料丛书》第 2 辑，北京图书馆出版社 1997 年版，第 455 页。

② 任建树：《陈独秀传》，上海人民出版社 1995 年版，第 267 页。

③ 孙中山：《委派陈独秀等职务令》，《孙中山全集》第 7 卷，中华书局 1981 年版，第 304 页。

克发表演说。① 陈独秀在广州的住址，仍是前两次来粤时居住过的泰康路九曲巷"看云楼"。

陈独秀第一次来广州（1920 年 12 月至翌年 9 月）时，是陈炯明执政团队的一员（广东教育行政委员会委员长）；这次来穗，则以大本营宣传委员会委员长的身份，加入了孙中山的执政团队。5 月上旬，陈独秀发表了《陈家军及北洋派支配下之粤军团结》，文中说："陈炯明向来把持以陈家军为中心的粤军，垄断粤政，只知有广东，不知有中国，……这是我们反对他的最重要之点，别的事还在其次。"② 陈独秀不久后在中共三大所作的报告，指出"广州的同志在对待陈炯明的问题上犯了重大的错误，最近才纠正过来。"陈独秀、陈炯明已分道扬镳，走到不同的道路上去了。

"二七"罢工失败后，马林由北京到上海，在上海"停留很短一段时间"后，也到达广州。马林在《致布哈林的信》中说："（1923 年）4 月底我到广州一行。一来同孙中山建立联系，他控制着广东省的一部分地区；二来党的中央委员会已到广州。"③ 这则史料说明中共中央机关在 1923 年 4 月已经迁至广州。是时，马林住广州东山新河浦"春园"。出席中共三大的刘仁静说：那是"一幢漂亮房子"。张国焘说：马林住的是一幢较为华丽的房子，里面布置得"美仑美奂"。

在历史的当事者中，直接说到中共中央机关迁粤这个问题的，除马林之外，主要还有如下几位：（一）中共中央委员、中央局

①　《广州纪念五一劳动节盛况》，《工人周刊》，北京，第 64 期，1923 年 5 月 23 日。
②　陈独秀：《陈家军及北洋派支配下之粤军团结》，《向导》第 24 期，1923 年 5 月 9 日。
③　马林：《致布哈林的信》（1923 年 5 月 31 日），《共产国际、联共（布）与中国革命档案资料丛书》第 2 辑，北京图书馆出版社 1997 年版，第 458 页。

成员、委员长陈独秀，他在中共三大的报告中说："我们要准备召开党代表会议，所以我们把中央委员会迁到广州"。①（二）中共三大代表、中共中央委员、中央局成员、《向导》主编蔡和森，他在他的党史著作中写道："当第三次大会时，我党中央移广东。"②（三）出席党的三大的江浙区代表徐梅坤，他在解放后对采访他的广东党史工作者说："三大前夕，党中央机关由上海迁到广州。"③此外，当时担任全俄消费合作社中央联社驻上海办事处主任会计的维尔德，他在1923年5月22日发自上海的一封信中说："工作重心移到了广州，这里几乎一个中国工作人员也没有留下。"④

继陈独秀、马林之后，中共二届中央局成员张国焘、蔡和森、邓中夏以及李大钊、瞿秋白、向警予、张太雷、毛泽东等，也相继到达广州，广州遂成为中共中央所在地。

中共中央局设粤期间，陈独秀于6月1日就任孙中山大元帅大本营宣传委员会委员长，即日"启印视事"。⑤中共党员杨殷、刘尔崧、侯桂平等，参与了宣传委员会的工作。⑥

中共中央局迁广州后，设领导机关于东山"春园"（现广州市新河浦路22号至26号）。原为华侨住宅，由三幢并列别墅组成，

---

① 陈独秀：《在中国共产党第三次全国代表大会的报告》（1923年6月），《中共"三大"资料》，广东人民出版社1985年版，第57页。

② 蔡和森：《中国共产党史的发展》，《中共"三大"资料》，广东人民出版社1985年版，第150页。

③ 徐梅坤：《参加中共"三大"》，《谭平山研究史料》，广东人民出版社1989年版，第438页。

④ 《维尔德给某人的信》（1923年5月22日），《共产国际、联共（布）与中国革命档案资料丛书》第1辑，北京图书馆出版社1997年版，第249页。

⑤ 《大元帅令第240号》（1923年6月8日），《谭平山研究史料》，广东人民出版社1989年版，第138页。

⑥ 《广州民国日报》1923年8月8日。

为中共广东区委所租用。

中共三大在广州的召开

1923 年 5 月起，中共中央、陈独秀开始着手中国共产党第三次全国代表大会的筹备工作。三大代表罗章龙说："广东区委同志担负大会后勤工作是尽了力的。"6 月 12 日至 20 日，中共三大在广州东山恤孤院后街 31 号（现为东山恤孤院路 3 号）的一幢砖木结构的民房召开。现知出席会议的人员有：陈独秀、李大钊、于树德、张太雷、蔡和森、向警予、瞿秋白、毛泽东、张国焘、何孟雄、陈潭秋、林育南、高君宇、徐梅坤、朱少连、金佛庄、孙云鹏、王荷波、项英、邓培、邓中夏、王仲一、王用章、王俊、刘仁静、陈为人、袁达时、杨章甫、张连光、陈天、刘天章、沈茂坤、罗章龙等；广东代表谭平山、冯菊坡、阮啸仙、刘尔崧等；共产国际代表马林，共约 30 多人，代表全国 420 名党员。中共三大与在一年前党的干部会议、第一次全国劳动大会和社会主义青年团一大几次重要会议连续在广州召开，体现了广州在中国革命史上的重要地位和作用。

中共三大是一次肩负着重大历史使命的大会。三大召开时，中国共产党成立不过两年，还是个幼儿，但在理论上、实际行动上，却面临着必须抉择的一些重大问题。党的一大是具有伟大历史意义的会议，但一大决定的一些问题，如搞社会主义革命、推翻资产阶级、排拒国民党等，与当时中国实际并不切合。一大之后，党的思想认识不断深化，认识到革命的性质要从实行社会主义革命到进行国民革命转变；革命任务要从推翻资产阶级，没收一切机器、工厂，由劳动者重建国家，到反对帝国主义、反对封建军阀，建设民主政治转变；国共两党的关系要从排拒国民党到联合国民党转变。这几点认识，在党的二大（1922年7月）前后就开始萌芽并逐步形成了。中共三大的任务，就是不但要从思想认识上，而且要从政策策略上解决这几个转变，也就是要运用马克思主义分析中国的国情，总结实践经验，实行观念更新、理论创新和政策转变。而解决这些问题，特别是解决以何种途径实行与国民党合作的问题，实际上就是解决中共在政治上、组织上如何同国民革命运动接轨，如何向全国性大党发展的问题。

中共三大讨论了同国民党合作的形式问题。从一大到三大，中共对国民党的政策，经历了从反对合作、党外联合到"党内合作"三次转折。经过充分的讨论，三大决定以共产党员加入国民党这种"党内合作"的特殊方式，实行同国民党合作，从而统一了全党的认识，使国共两党合作这一政治构想，变成了活生生的现实。这是中共三大最值得注意的一项决策。

中国共产党与中国国民党合作，为什么要采取"党内合作"的形式？陈独秀在三大的报告中说："情况的发展表明，只有联合战线还不够，……我们决定劝说全体党员加入国民党。从这时起，我们党的政治主张有了重大的改变。以前，我们党的政策是唯心主义的、虚构的，而以后我们开始更多地注意到中国社会的当前形势，并参加了当前的运动。"李大钊1924年1月28日在国民党一大上说："我们觉得刚是革命派的联合战线，力量还是不够用，所以要投入本党中，简直编成一个队伍，在本党总理指挥之下，在本党整齐纪律之下，以同一的步骤，为国民革命而奋斗。"1926年6月4日，中共中央为时局及与国民党联合战线问题发表《致国民党书》，文中说："本党决定合作政策之初，曾商之于贵党总理孙中山先生，孙先生以为党内合作，则两党之关系更为密切；本党亦认为中国社会各阶级力量之相互关系，现亦可适用于此种合作方式，故毅然决定，令本党员得加入贵党，同时本党与贵党结政治上之联盟。"以上，是当时为什么要选择"党内合作"的主要理由。由此可知，当时共产党人是将"党内合作"看作是比"联合战线"更为密切、更能发挥合作优势的一种形式来加以选择的，并认为这种合作形式体现了党与党之间的平等、互信、宽容、开放的精神。在"党内合作"的问题上，共产党人与孙中山取得共识，这不是偶然的。

《中国共产党历史》第1卷就"党内合作"的问题评论说："这既有利于国民党的改造，使国民党获得新生；又有利于共产党走上更广阔的政治舞台，得到锻炼和发展。这个问题的解决，是党的三大的重大历史功绩。"

中共三大选举了陈独秀、蔡和森、李大钊、毛泽东、王荷波、朱少连、谭平山、项英、罗章龙组成党的第三届中央执行委员会；由陈独秀、蔡和森、谭平山、毛泽东、罗章龙组成中共中央局；陈独秀为委员长，毛泽东为秘书，罗章龙为会计，负责中央的日常工作。

1923年6月15日，中国共产党的理论刊物《新青年》（季刊）在广州出版；7月1日，党的机关刊物《前锋》（月刊）由广州平民出版社出版，这两个刊物均由瞿秋白主编，陈独秀为《前锋》撰写了发刊词。

中共三大决定以"党内合作"的形式同孙中山领导的中国国民党合作，从而将中国革命推向一个崭新的进程。这次大会，是迄今唯一一次在广州召开的全国党代表大会，是广州在中共党史上的一个熠熠生辉的亮点。

7月1日，中共中央在广州发表了《中国共产党第二次对于时局的主张》。

中央局回迁上海

中共三大结束后，马林、陈独秀居留广州。7 月 21 日，马林致函廖仲恺，向廖转达了中共三大关于"党内合作"的决定。信中说：共产党是为"反对本国封建分子和外国帝国主义者合谋统治"而奋斗的党。"为上述目标而奋斗的共产党人，都可成为真正革命的民族主义政党的优秀分子，中国也完全属于这种情况。基于这个原因，我建议并促成中国共产党人参加国民党。通过这种方法使他们参加实际活动，也吸引同情共产党的青年靠近国民党。"马林提出国民党应重视发展党务，加强政治工作，放弃单纯军事观点。这封信说：

关于党的策略，只要领导人相信单纯依靠军事行动和军队将领，就可能建立一个新中国，那么，党的前途就肯定是暗淡的。新中国，一个真正独立的共和国的诞生，只能依靠一个强大的、具有坚定革命信念和远见卓识的党员组成的现代化政党的不懈的革命斗争。①

鉴于各种实际情况，陈独秀等考虑中央局应回迁上海。

罗章龙后来说："三大选出的中央委员会原在广州，后因地处偏隅，交通不便（当时粤汉铁路未通），对指导全国革命斗争不利，中央乃决定迁回产业工人聚居的上海。"②

除了罗章龙说的"地处偏隅"之外，中央局回迁上海，可能

---

① 《马林致廖仲恺的信》（1923 年 7 月 21 日），《共产国际、联共（布）与中国革命运动档案资料丛书》第 2 辑，北京图书馆出版社 1997 年版，第 431—433 页。

② 罗章龙：《椿园载记》，生活・读书・新知三联书店 1984 年版，第 276 页。

与马林、陈独秀希望推动国民党转变方向有关。当时，国民党热衷于军事行动，不重视开展政治斗争。马林、陈独秀认为，当前的主要任务是推动国民会议的召开，因而中共的工作重心应当放在舆论宣传方面。而全国舆论宣传的中心是在上海，不是在广州。1923年6月25日，中共中央委员陈独秀、李大钊、蔡和森、谭平山、毛泽东联名致函孙中山说："我党当前的主要任务是结束广州的战事，这样我们才能在国家政局危机之时胜任我们的主要任务。我们不能囿于一方的工作而忽略全国的工作。我们要求先生离开广州前往舆论中心上海，到那里去召开国民会议（如先生在'五权宪法'中所阐述，而不只限于群众游行）。"①这封信是中共三大闭会后的第5天写的，信中明确要求孙中山"离开广州前往舆论中心上海"，可见中共中央局迁沪的问题，在三大刚结束时就开始计划了。这一点，是中共中央局考虑并决定回迁上海的主要原因。

7月15日，马林报告共产国际执行委员会，文中说："我们党的中央委员会决定最近几天就把驻地迁往上海。中央委员会宁愿在上海处于非法地位，也不愿在广州公开活动，因为上海的运动意义更加重要。"马林又说："我们中央委员会的同志未来几天就启程赴上海，他们想在北方通过新的地方组织去推动国民党的现代化。"②

1923年9月，中共中央局由广州迁至上海。9月10日，中

---

① 《致季诺维也夫、布哈林、越飞和达夫谦的信，附五位中共中央委员致孙中山函》（1923年6月25日），《共产国际、联共（布）与中国革命档案资料丛书》第2辑，北京图书馆出版社1997年版，第496页。
② 《向共产国际执行委员会的报告》（1923年7月15日），《共产国际、联共（布）与中国革命档案资料丛书》第2辑，北京图书馆出版社1997年版，第498、第499页。

共中央发出第5号"通告",宣布中央局回迁上海后人事方面的变动:"中局组自迁沪后略有变动,即派平山同志驻粤,而加入荷波同志入中局。又润之同志因事赴湘,秘书由会计章龙同志兼代。"①

1923年10月,苏俄对华南工作的主角,从马林换成鲍罗廷;处理国共两党关系的共产党人,从陈独秀换成李大钊。在广州,当时只有几十个人的广州共产党地方组织,为建立国共合作,做了许多有益的工作。一是积极投入国民党在广州的改组"试验",短时间内介绍了大批工、农、学生加入国民党,建立、健全国民党的基层组织,在全市自下而上地建立国民党的区分部、区党部;二是大力协助组建并带头参加"国民义勇军",走上东江前线,抗击陈炯明的军队,使广州城转危为安。这两件事,都给孙中山留下了良好的印象,经过各方面的共同努力,终于促成了国民党一大的召开,实行国共两党的第一次合作。

1924年1月,中国国民党一大在广州召开。孙中山说:广州是辛亥革命的"起点","是革命党的发源地",我们"要拿这个有光荣的地方做起点","为中华民国开一个新纪元"。

---

① 《中共中央通告第5号》(1923年9月10日),《谭平山研究史料》,广东人民出版社1989年版,第144页。

"党内合作"札记

中国共产党与中国国民党的第一次合作，采取"党内合作"的形式，这种形式史称"跨党"。1922年至1927年国共两党的关系，特别之处或谓有"创意"之处在此，风波迭起之故在此，而可以议论、点评之处也在此。

"斯内夫利特战略"

"党内合作"源于马林。马林，荷兰人，本名亨德里克斯·斯内夫利特，故曾有人将这种形式称为"斯内夫利特战略"。新西兰学者道夫·宾在《马林和中国共产党的初期》一文中说：

在共产国际1920年7月讨论与资产阶级的民族主义合作问题前四年，印地社会民主工党已经实行和荷属在印度群岛的一个松懈的群众组织——泛回教联盟合作，印地社会民主工党的成员不放弃自己的身份加入泛回教联盟，泛回教联盟的成员也可以保留他们的成员资格进入印地社会民主工党。印地社会民主工党渗进泛回教联盟委员会中心的速度是惊人的。斯内夫利特（马林）是印地（东印度群岛）这个战略的创始人，1920年7月在莫斯科和彼得格勒召开的共产国际第二次代表大会上，他介绍了这个渗透的战略，并在后来介绍到了中国，我把它称作"斯内夫利特战略"。考虑到这个策略的起源，被共产国际所采纳和后来在中国的实行，那么中国共产党初期的历史就变得容易理解了。

马林关于共产党员加入国民党的主张，一开始就在共产党内遭到反对。当时中共中央只同意与国民党建立"联合战线"，而不同意搞"党内合作"。陈独秀于1922年4月6日致信维经斯基说："广东、北京、上海、长沙、武昌各区同志对于加入国民党一事，均已开会议决，绝对不赞成，在事实上也绝无加入之可能。"这反映出党内有的人对国民党的看法有所保留，他们认为国共两党革命宗旨不同，国民党对外联美，对内联张（作霖）、段（祺瑞），与中共政策不相容，因此共产党员不宜加入进去，以免受其牵制。当时，第一个工人运动高潮方兴未艾，中国工人运动的勃兴使中共内部充满自信；与此相反，孙中山局处南方，四受掣肘，困难重重，危机四伏，内部矛盾百端。这使某些共产党人感到在理论上应与国民党合作，而在感情上又难以合作。因此，他们试图以党外合作的方式，去处理两党之间的关系。

马林的意见被中共否定，他返俄于1922年7月11日提交了《给共产国际执委会的报告》，按他自己的认识对国民党作了剖析，认为国民党中起领导作用的是"自称为社会主义者的知识分子"；政治上"反对外国统治，争取民主，争取公民的人的生活"，主张"民族主义"，支持"工人运动，同情苏俄"；组织形式比较松懈，社会主义者可以加入其中，宣传自己的思想，推行自己的主张。马林提出中共应当"放弃他们对于国民党的排斥态度，到国民党去进行政治活动"。7月18日共产国际执委会讨论马林的报告，认为这个报告"通过透彻的研究"，"对于这个大国的复杂的政治和经济状况有了一个深入的了解"，决定采纳马林关于中共党员加入国民党的建议，发出指示说："共产党人为完成他们的任务，必须在国民党内部和在工会中组成从属于他们自己的团体。"

1922年8月，根据马林的意见，中共中央在杭州西湖召开特别会议，再议关于国共合作的问题。中央执行委员陈独秀、李大钊、蔡和森、张国焘、高君宇以及马林和他的翻译张太雷出席了会议。马林传达共产国际关于中共党员加入国民党的指示。在两天的讨论中，多数人发言反对，认为党内联合混合了阶级组织，牵制了自己独立政策。李大钊认为国民党组织松懈，无政府主义者参加国民党多年依然宣传无政府主义，不受约束；国民党内各种不同政见的人，也都各行其是，共产党员参加进去，当然可以宣传贯彻自己的主张。会议决定服从共产国际的指示，党的领导人以个人身份加入国民党。马林的主张，为中共中央初步接受。

曾经明确反对"党内合作"的陈独秀，西湖会议后转变了态度。他在《国民党是什么》一文中断言："我可以说中国国民党是一个代表国民运动的革命党，不是哪一个阶级的党"。表明他将与孙中山携手共谋国民党的改造及国民革命事业的发展。

1923年1月31日，共产国际再次向中共中央发出指示，要求加快与扩大同国民党的合作。1923年6月，中共在广州召开三大，就国共合作问题作出决定：依中国社会的现状，应有一个势力集中的党为国民革命的党；共产党应与国民党合作，共产党员应加入国民党；扩大国民党的组织于全国，使全国革命分子集中于国民党；共产党员加入国民党之后，保留共产党的组织，并努力从国民党左派中吸收党员，扩大中共组织的基础。至此，党内从1922年初以来就开始酝酿和争论的关于国共合作的方针问题，终于得以确定。

"党内合作"的构想后来成为第一次国共合作的基本形式，

对两党关系和中国革命，都产生甚大的影响。

广州改组"试验"

孙中山考虑国民党改组的问题，开始于 1922 年秋。当时，他因六一六兵变而离粤赴沪，在失败后的思考中，并在共产党人的帮助下，逐步深刻认识到国民党在政治上、组织上存在许多问题，决心努力整顿、振兴国民党。到上海后不久，他就准备着手"改进"国民党，并亲自主持了"改进"国民党的会议，成立了专门委员会，邀请马林、中共中央领导人陈独秀等参加"改进"会议和有关工作。

1923 年 1 月，国民党本部在上海先后发表了《中国国民党宣言》《孙文越飞联合宣言》，宣示了国民党改组及联俄的方向。孙中山重返广州后，经营粤局、讨沈（鸿英）、讨陈（炯明）是他的当务之急，但是改组国民党的步伐并没有停顿，常与陈独秀、马林商谈"国民党必须改组，国民党必须成为群众性的党"等问题。马林说："我与孙中山每周保持三四次联系"。①

马林提到，这年 5 月间，"陈独秀和我向孙中山提出了改组国民党的计划，在一次讨论中，孙中山采纳了这个计划。"②马林、陈独秀与孙中山商谈国民党改组的问题，有的时候是在炮火连天的广州城东前线、在孙中山的指挥列车上进行的。孙中山说："解决了广东问题（指打退东江陈军）之后，我们就能着手进行（改

---

① 伊罗生：《与斯内夫利特谈话记录》（1935 年 8 月 19 日），《共产国际、联共（布）与中国革命档案资料丛书》第 2 辑，北京图书馆出版社 1997 年版，第 258 页。

② 马林：《致共产国际执行委员会、红色工会国际、共产国际执行委员会东方部和东方部远东局》（1923 年 5 月 31 日），《共产国际、联共（布）与中国革命档案资料丛书》第 2 辑，北京图书馆出版社 1997 年版，第 455 页。

组国民党的工作）。"孙中山并希望马林亲自参加国民党，"直接代他从事党的改组工作。"①

马林 1923 年 7 月离开广州后，莫斯科于 8 月间委任米哈伊尔·鲍罗廷为苏联政府驻广州的代表。

鲍罗廷 1903 年加入俄国社会民主工党，出席过共产国际第一次代表大会，并以共产国际代表身份被派赴欧、美活动。10 月 6 日，鲍罗廷到达了广州。抵穗伊始，他一面召集中共中央局驻粤委员、社会主义青年团中央局驻粤委员、中共广东区委委员和社会主义青年团广东区委委员举行了联席会议，讨论帮助国民党改组事宜；一面在国民党内开展活动，力劝孙中山召集改组会议，开展改组工作。②鲍罗廷对孙中山说："吾能假以六个月时间，可以将广州市变成国民党最巩固之地盘"。③孙中山乃接受鲍罗廷的提议，将改组各项筹备工作，正式付诸实施。

从这一年的"双十节"开始，国民党广东支部举行了为期一周的"恳亲"大会，从而揭开了国民党改组的帷幕。接着，在广州召开了国民党党务讨论会、华侨党人非常大会、广州市全体党员大会、国民党改组特别会议，孙中山先后在这些会议上发表了一系列讲话，详尽阐明国民党改组的宗旨、办法、意义，为改组作思想发动和舆论准备。10 月 11 日，孙中山致电国民党上海本部，提出"本部应改组"；18 日任鲍罗廷为"国民党组织教练员"。孙中山说："鲍君办党极有经验，望各同志牺牲自己的成见，诚

---

① 马林：《致布哈林的信》（1923 年 5 月 31 日），《共产国际、联共（布）与中国革命档案资料丛书》第 2 辑，北京图书馆出版社 1997 年版，第 459 页。

② 《中共中央局报告》（1923 年 11 月），《中共中央政治报告选辑》，中共中央党校出版社 1981 年版，第 20 页。

③ 孙中山：《人民心力为革命成功的基础》（1923 年 11 月 25 日），《共产国际、联共（布）与中国革命档案资料丛书》第 2 辑，北京图书馆出版社 1997 年版，第 540 页。

意去学他的方法。"19 日委廖仲恺、汪精卫、张继、戴季陶、李大钊为国民党改组委员,密电李大钊即到沪参与改组工作。[①] 24 日,孙中山委廖仲恺、邓泽如召集特别会议"商量本党改组问题",并特派胡汉民、林森、廖仲恺、邓泽如、杨庶堪、陈树人、孙科、吴铁城、谭平山为国民党临时中央执行委员;汪精卫、李大钊、谢英伯、古应芬、许崇清为临时候补中央执行委员。[②] 28 日,国民党临时中央执行委员会召开第一次会议,中共党员谭平山任国民党临时中央执行委员会书记和组织员。由此至 1924 年 1 月,临时中央在 50 天内共开会 28 次,议决要案四百余件,包括召开国民党第一次全国代表大会案。[③] 11 月 25 日,国民党临时中央发表《中国国民党改组宣言》,随之公布《中国国民党党纲草案》《中国国民党党章草案》等,国民党改组工作,遂以广州为中心,全面铺开。

国民党改组的目的和途径,约而言之有三点:

(一)端正政治方向。国民党有长期奋斗历史,在国内外有相当的影响,但也是个复杂、充满矛盾和缺陷、问题较多的党。过去,这个党搞过军事投机,联络各地军阀,时而联美,时而联日,历年奋斗归于失败。孙中山总结了以往的教训,转而提出要"以俄为师",学习和借鉴俄国革命和俄共治党、治军的经验,以期从根本上改造和振作国民党。

(二)汰劣留良,输入新鲜血液。国民党成员过于复杂,过

---

① 孙中山:《致上海事务所电》(1923 年 10 月 19 日),《孙中山全集》第 8 卷,中华书局 1981 年版,第 310 页。

② 孙中山:《致党内同志函》(1923 年 10 月 24 日),《孙中山全集》第 8 卷,中华书局 1981 年版,第 334 页。

③ 谭平山:《临时中央执行委员会报告概要》(1924 年 1 月 21 日),《谭平山文集》,人民出版社 1986 年版,第 271 页。

去每一阶段都有思想、宗旨、目的各不相同的人混杂其间。为此，孙中山强调要吐故纳新，建立新陈代谢的机制，振作奋斗精神。孙中山并提出："使国内人民皆与吾党合作"，"使广州百余万人民皆成为革命党"。①

（三）孙中山认识到"曩者吾党组织，形式上似部别整然，然实际则不特以全党事务委一人之手，且以一人而供孤注，其不失败、不陨越者几希！"②廖仲恺也说："吾党情形，目下除少数干部，并无党员"；"本党自同盟会以来，即无精密组织，如民国成立改为国民党后，仅以议员为党员多少标准，其后经过中华革命党、中国国民党，均属无甚组织。"③故孙中山、廖仲恺均指出必须从组织制度上对国民党力加整顿和改造。临时中央所拟"国民党章程"，对中央和地方各级组织机构作出规定，并将"区分部"一级，规定为"为本党基本组织"，④这是国民党组织制度建设上的一项重大革新。

1923年11月起，国民党临时中央决定在广州进行改组"试验"。13日，社会主义青年团广东区负责人阮啸仙在一封信中说："（国民党改组）现决定在广州试办两个月"。⑤谭平山后来说：

① 孙中山：《在广州大本营对国民党员的演说》（1923年11月25日），《孙中山全集》第8卷，中华书局1981年版，第436页。

② 孙中山：《在中国国民党广州市全党员大会上的训词》（1923年11月11日），《孙中山全集》第8卷，中华书局1981年版，第390页。

③ 廖仲恺：《在中央干部会议第十次会议上的报告》（1923年12月9日），《廖仲恺集》（增订本），中华书局1983年版，第138—140页。

④ 《中国国民党总章》（1924年1月28日），《孙中山全集》第9卷，中华书局1981年版，第152页。

⑤ 《团广东区委负责人阮啸仙致信刘仁静》（1923年11月13日）："现决定（国民党改组）在广州试办两个月"；谭平山在国民党"一大"报告说："但决一章程，非是易事。而章程之运用，非实地试验不可，故以广州及上海两地为章程本案试验场。"

"但决一章程,非是易事。而章程之运用,非实地试验不可,故以广州及上海两地为章程本案试验场。"广州就这样成为国民党新章程实施的"试验场"。

在广州的共产党人,对此抱有极大的热情,开展了多项工作。

广州共产党、青年团组织在中共三大精神的指引下,积极参加国民革命的各项活动。谭平山于8月间以大本营宣传委员身份率共产党员杨殷、刘尔崧、侯桂平等沿广(州)、韶(关)铁路作宣传工作,并考察粤北军事状况。①9月下旬,东江前线形势告急,廖仲恺发起组织"国民义勇军",广州国民党员参加者有二百多人,包括加入国民党的共产党员刘尔崧、阮啸仙、张瑞成等。②共产党员或青年团员徐成章、鲁易、徐天柄、俞秀松等,加入了大本营的军队赴东江作战。10月,社会主义青年团广东区委和广州地委分别成立,随之由党、团组织共建"国民运动委员会",组织反对曹锟贿选、收回"关余"等群众运动。

国民党改组在广州的"试验",第一步是重新登记党员,要求居住本市的党员重新办理登记手续,以确认党籍;第二步是自下而上组建党的区分部、区党部和市党部。至1924年1月中旬,广州全市总共成立区党部9处,代理区党部3处,区分部66处,特别区分部3处,并仿照联共(布)的组织法,在各级党部实行委员会制。

团广东区委这时的报告说:"同志们奔走于国民党中,异常忙碌。"③国民党各区党部、区分部选举时,共产党员或青年团

---

① 《宣传委员会视察北江之报告》,《广州民国日报》1923年8月8日。

② 《党员加入义勇军之踊跃》,《广州民国日报》1923年11月12日。

③ 阮啸仙:《致刘仁静、恽代英》(1923年11月24日),《阮啸仙文集》,广东人民出版社1984年版,第105页。

员阮啸仙、刘尔崧、张元恺、周其鉴、张善铭、蓝裕业、杨石魂、沈厚堃、施卜、杨殷、黄觉群、邹师贞、黄居仁、赖国航、关肇康、杨匏安、潘兆銮等，分别在他们所在的区党部或区分部当选为执行委员，有的人还当选为秘书，主持该党部的日常工作。改组试验期间，共产党和青年团还介绍、推荐了大批进步青年加入国民党。至国民党第一次全国代表大会时，广州市内国民党党员总数达到8218人，两个月内实增加4569人，其中工人占60%。① 孙中山说："今日各区分部之成立，时间虽甚短，而据各位同志之报告，成绩已大有可观。"② 鲍罗廷说："应该为他们说句公道话：广州的共产党员为改组国民党做了大量的工作。"③

孙中山"乾纲独断"

"党内合作"的主张虽然出自马林，但却是孙中山的选择与决断。

在这个问题上，面对干扰，孙中山的态度异常坚定。早在1922年8月，国民党人马超俊"闻国父忽有容共之说，大感惶惑"，先后向孙中山"八度密陈谏阻"，说共产主义"实有悖于三民主义，不可信其甘言，任其羼入。"孙中山当时驳回了这种主张。1923年11月29日，邓泽如、林直勉等11人以国民党广东支部的名义上书孙中山，对苏联支持国民党改组的动机表示怀疑，指

---

① 《团广州地委报告第六号》（1923年12月30日），广东省档案馆编：《广东青年运动历史资料》，1986年，第168—169页。

② 孙中山：《在广州大本营对国民党员的演说》（1923年11月25日），《孙中山全集》第8卷，中华书局1981年版，第438页。

③ 《鲍罗廷关于华南形势的札记》（1923年12月10日），《共产国际、联共（布）与中国革命档案资料丛书》第1辑，北京图书馆出版社1997年版，第373页。

控共产党员参加国民党是"施其阴谋"。在国民党一大，反对的声音更是不绝于耳，一浪高于一浪。在这种时候，孙中山总是会力排众议，批驳反对派的意见，而不管反对者的资格有多老。有的国民党人，因此称孙中山"乾纲独断"。

然而，在维护"容共"主张的同时，孙中山却有另外的思考，他的一些言论则是十分耐人寻味的。

孙中山在邓泽如、林直勉等人的上书中注有多段批语，其中说："俄国革命之所以能成功，我革命之所以不成功，则各党员至今仍不明三民主义之过也。质而言之，民生主义与共产主义实无别也。"并谓："我国革命向为各国所不乐闻，故尝助反对我者以扑灭吾党，故资本国家断无表同情于我党，所望为同情只有俄国及受屈之国家及受屈之人民耳。"他认为三民主义与共产主义有相通之处，认为"只有俄国"才是国民党的同情者。但是另一方面，孙中山却在他的批语中流露出若干深沉、复杂的心理：

此乃中国少年学生自以为是及一时崇拜俄国革命过当之态度，其所以竭力排挤而疵毁吾党者，初欲包揽俄国交际，并欲阻止俄国不与吾党往来，而彼得以独得俄助而自树一帜与吾党争衡也。乃俄国之革命党皆属有党政经验之人，不为此等少年所遇[遏]，且窥破此等伎俩，于是大不以彼为然，故为我纠正之，且要彼等必参加国民党与我一致动作，否则当绝之；且又为我晓喻之谓民族主义者正适时之良药，并非过去之遗物，故彼等亦多觉悟而参加[对]吾党。俄国欲与中国合作者只有与吾党合作，何有于陈独秀？陈如不服从吾党，我亦必弃之。①

---

① 孙中山：《批邓泽如等的上书》（1923 年 11 月 29 日），《孙中山全集》第 8 卷，中华书局 1981 年版，第 458—459 页。

　　原来，问题的症结在于要掌控与俄人的交往。在孙中山心目中，共产党人被想象成欲"独得俄助"、"包揽俄国交际"、"与吾党争衡"的一批人；孙中山认为马林、达林、鲍罗廷等"乃俄国之革命党皆属有党政经验之人"，是能识破"伎俩"，即能为国民党方面着想的人。此外，孙中山的"容共"，是以"与吾党一致动作"和"服从吾党"为条件的。而所有这些，与一般人所理解的两党之间正常、平等的"合作"，乃是有相当距离的。在平民百姓看来，正常的党派或团体之间的合作，是在彼此承认对方独立性的前提下谋求共同利益的合作，彼此在承担一定的责任、义务的同时，各自享有相应的权益。国民党"容共"云云，看来并不是这样的。

　　"党内合作"一开始就产生风波。陈独秀加入国民党后，曾在《向导》撰文，批评孙中山与奉系、皖系建立反直三角联盟，认为这是走老路。孙中山极为不悦，几次对马林说："共产党既加入国民党，便应服从党纪，不应公开批评国民党，共产党若不服从国民党，我便要开除他们；苏俄若袒护共产党，我便要反对苏俄。"

　　在国民党的组织框架中，过去并没有监察机构。而国民党一大通过的党章，专门设第十一章"纪律"。胡汉民说：嗣后遇有党员破坏纪律，或违背主义，当加以最严厉之制裁。"纪律"一章，显然专门为"跨党"者而设。国民党一大在中央执行委员会之外，新设中央监察委员会，以邓泽如、吴稚晖、李石曾、张继、谢持为委员；蔡元培、许崇智、刘震寰、樊钟秀、杨庶堪为候补委员，以上10人中无一人是共产党员。

　　中共中央后来回顾说："本党决定合作政策之初，曾商之于贵党（国民党）总理孙中山先生，孙先生以为党内合作，则两党之关系更为密切；本党亦认为中国社会各阶级力量之相互关系，现亦可适用于此种合作方式，故毅然决定，令本党员得加入贵党，同时本党与贵党结政治上之联盟。"① 由此可知，虽然孙中山对问题有深层次的思考，但"党内合作"出于他的决断。孙中山一言九鼎，为处理国共两党关系，定下了调子。

暗 潮 涌 动

"党内合作"一开始就引起了一些国民党人的不安和反对，两党关系风波迭起。国民党一大的广东省代表冯自由，不但在会上反对，一大闭幕后又于 2 月 6 日晋见孙中山，继续持反对的态度。孙中山说："反对中国共产党即是反对共产主义，反对共产主义即是反对本党的民生主义，便即是破坏纪律，照党章应当革除党籍及枪毙。"② 冯自由后被开除了党籍。

国民党一大闭幕后，广东省代表邓泽如、广州市代表方瑞麟等秘密集会，提出"警告李大钊等不得利用跨党以攘夺国民党党统案"，遭孙中山训斥。③ 他们又与上海、北京各地联络，在北京"检举"李大钊，在广州"弹劾"谭平山，并出版《护党月刊》《民权旬刊》等。他们将不同意他们观点的国民党员称为"准共产派"。

国民党一大之后，当"党内合作"风波迭起时，中共方面采取了冷静与克制的态度。是年 2 月，中共中央在上海召开三届二中全会（二月会议），通过了《同志们在国民党工作及其态度决议案》，指出必须真诚与国民党合作，积极帮助国民党发展，努

---

① 《中国共产党为时局及与国民党联合战线问题致国民党书》，1926 年 6 月 4 日。
② 冯自由：《致孙中山函》（1924 年 7 月 15 日），《档案与历史》1986 年第 1 期。
③ 冯自由：《革命逸史》第 3 集，第 216 页。

力维护两党合作。这个"决议"决定:

1、正确认识与对待国民党。"不可因他们以往的缺点,预存嫌恶藐视的心理","只徐掖进,不应有不屑为伍的成见,以惹起他们的反感。即对他们中间极腐败的分子,亦应取敬而远之的态度,尽力避免不必要的冲突。"

2、帮助整个国民党,不助长国民党左、右派的分化。切不可将那些不接近我们的分子"统认他们是所谓'右派'"。"应采取种种策略化右为左,不可取狭隘态度驱左为右"。

3、在国民党内努力工作。"不可有骄矜自炫的辞色","本党同志在国民党能尽所职,引起国民党都能尽职,使其变成一个有组织、能行动的党。""要使国民党真成为有主义的党","凡关于国民革命的,均应用国民党名义,归为国民党的工作"。

由上可知,面对国共合作初期的波澜,中共中央希望通过本党党员努力工作的表现,自我约束与自我克制,去维护和增进两党的合作。

然而,随着国民党内部的分化和两党关系的紧张化,共产党人很快感到上述决定是不切实际的。4月间,陈独秀在《向导》发表《国民党左右派之真意义》一文,第一次公开将国民党分为左、右两派。5月10日,中共中央在上海召开扩大的中央执行委员会议(五月会议),通过了《共产党在国民党内工作问题决议案》,确定今后共产党人在国民党内工作的方针是:"巩固国民党左翼和减杀右翼势力",并规定了"巩固左翼"的四项政策:

1、向目前的左倾分子宣传,使他们的左倾观念巩固不至动摇;

2、向国民党中工人、学生宣传,使之左化;

3、努力介绍革命分子进国民党,以增进左派势力;

4、在一般社会做反帝国主义之广泛宣传，以迫全国民党全体左倾，此层更是根本的政策。

1924年7月14日，陈独秀致函维经斯基："我们不应该没有任何条件和限制地支持国民党，只应当支持左派所掌握的某些活动方式"。这又说明，面对两党关系的紧张化，中共中央五月会议修改了二月会议所作的"避免两党冲突，避免国民党左右派的分化"、"化右为左而不可驱左为右"的政策，而改为对国民党内不同的派别采取区别对待的政策。

"六一八弹劾案"

国民党中央监察委员张继，原本主张联合苏俄，与共产党合作。1921年底马林偕张太雷到广西会见孙中山，出于张继的介绍。1922年秋，张继介绍李大钊加入国民党。张继此时却成为反对"容共"的头面人物，1924年6月18日，张继与国民党中央监察委员邓泽如、谢持联名提出《弹劾共产党案》（"六一八弹劾案"），以社会主义青年团第二次全国代表大会及上述中共中央二月会议的几种文件为事实"根据"，向共产党提出弹劾。其核心的问题是所谓"党团"问题，即认定共产党员加入国民党后仍保持本党的独立性，接受中共中央的领导与指挥"纯系共产党在本党中之一种党团作用。既有党团作用，则已失其为本党党员之实质与精神，完全不忠实于本党，且其行为尤不光明。"要求国民党中央执行委员会"速求根本解决"，"从速处分"。这是国共合作建立初期国民党内排斥共产党事件的公开化与尖锐化。"弹劾书"中所提出的维护国民党"党统"与反对"党中有党"这两个原则，是当时分裂国共合作的基本的"理论"武器。

国民党一大通过的《中国国民党总章》第十三章"国民党党团"，规定党团的任务是："在非党中扩大本党势力，并指挥其活动"。中共中央三届一中全会（1923 年 11 月）通过的《国民运动计划决议案》，规定"我们的同志在国民党内为一秘密组，一切政治的言论行动，须受本党的指挥。"当时共产党在国民党中央党部成立的"党团"，由谭平山、杨匏安负责。尔后在省港罢工委员会、在国民党二大也成立"党团"。从事实上看，在本党以外的党派团体中成立"党团"（后称"党组"），是出于统一本党成员的思想、言论与步调，发挥组织整体作用的考虑。

对张继、谢持关于"党团"的指责，共产党员态度坦然，沉着应对。他们认为共产党员加入国民党本来出于对革命发展阶段理论的认识和对于国民革命的热忱，自己兼备双重党籍是正大光明的行为，绝非要去"篡夺"国民党。共产党员在国民党内的工作，包括对国民党内某些现象提出批评，并非"破坏"国民党，而是要推动、建设国民党，并不违背国民党的主义、章程和政纲。张继、谢持等对共产党人的指责不能成立。共产党既然是一个独立的政党，有自己的组织系统和言论机关，不能限制共产党员在国民党内有相对一致的言行。而共产党坚持自己政治上、组织上的独立性，目的也是要引领、推动国民革命运动走上正轨，这同国民党改组的方向是一致的。张继、谢持不顾实际，只在"党团"问题上做排斥、分裂文章，目的不是维护国民党，而是要反对国民党的革新。

张继、谢持在"弹劾书"中提出维护国民党"党统"，流露出他们对待国民党以外的其他政党的自大精神，是以"共"划线，唯"共"是排。"党统"实际上是以国民党"统"共产党。因为共产党员是出于国民革命的目的而加入国民党，并不是放弃自己的原则、信仰与组织而无条件服从国民党。对于加入国民党的共产党员，国民党可以要求他们在现阶段服从三民主义、执行国民党一大的政纲和遵守国民党的纪律，而不应笼统指责他们保留共产党的党籍、参加中共的活动和坚持共产主义信仰。张继、谢持以"党统"立论，实际上是以党阀自居，没有平等与合作的观念，无异于将国民党的合作者当作是"归附者"、"输诚者"或"投降者"，公然予以侮辱和歧视。张、谢貌以维护国民党，实际上是为渊驱鱼，为丛驱雀，排拒同盟者与合作者。

继张继、谢持之后，"检举"、"弹劾"共产党的风气在各地蔓延，在北京、上海、澳门都有人提出类似的提案，要求开除"跨党"分子，取消共产党，制裁同情共产党的国民党员。"弹劾"之风，使两党关系陷于紧张。

当"六一八弹劾案"提出时，国民党中央于7月11日成立政治委员会，仍推共产党员谭平山（后瞿秋白）参加。8月15日至23日，国民党中央一届二次全会在广州召开，正式否决了张继、邓泽如、谢持的《弹劾共产党案》。就在这次会议上，"总理谓李大钊加入本党，系张继介绍；当时张继明知李大钊为共产党员，反以介绍，及今日何以反对？张继因此遂向总理引咎，请辞去监察委员职务。总理谓，此次会议，纯为诰诫，不处罚一人。故辞职可不必，持不许见解不定如此耳。"[①]

这一期间，共产党人在《向导》《中国青年》连续发表文章，如恽代英的《国民党中的共产党问题》（7月19日）、陈独秀的《我们的回答》（9月17日）、《国民党的一个根本问题》（10月1日）、陈潭秋《国民党底分析》（12月27日）等，从经济地位、

---

① 《中华民国史档案资料汇编》第4辑（上），江苏古籍出版社1986年版，第33页。

国际国内背景、历史渊源、政治态度等方面，分析国民党左、右两翼分化的原因，对右翼势力的反共分裂活动给予了回击。

11月，孙中山离粤北上途中，上海国民党员石克士、童理璋、周颂西等对孙中山说"共产党违背主义，破坏大局、攻击友人、私通仇敌、棍骗工人"。孙中山回答说："十三年来，民国毫无起色，党务并不进步、皆由尔等不肯奋斗之过。彼共产党成立未久，已有青年同志二百万人，可见其奋斗之成绩。尔等自不奋斗，而妒他人的奋斗，殊属可耻"。语毕怫然登楼。[①]

1925年3月12日，孙中山病逝于北京。此后，国民党右派的反共分裂活动进一步公开化、尖锐化。是年春夏，黄埔军校教官王柏龄，学生贺衷寒、潘佑强等发起成立"中山主义研究社"，与左翼军人团体"中国青年军人联合会"抗衡，专事挑拨、磨擦、破坏团结的活动，对"青军会"成员见面必争，相遇必打，甚至拔枪相向。"中山主义研究社"后改称"孙文主义学会"，是一个能量甚大的右翼军人团体，其组织、活动与影响，越出了黄埔军校的范围。同"孙文主义学会"类似的，还有广东大学专与进步学生对立的"士的党"，其名称来自他们的"名言"——"高举'士的'（英文 Stick，手杖），从广东大学打遍广州，打遍全国。"这一类团体将反共分裂的"暗潮"亮在光天化日之下，将以往的"检举"、"弹劾"，升级为公开的斗殴。

戴季陶转向

1925年5月18日，国民党中央执行委员会召开一届三中全会，

[①] 孙中山：《与石克士等的谈话》（1924年11月21日），《孙中山全集》第11卷，中华书局1981年版，第357页。

通过了国民党中央执行委员、中央常务委员、宣传部长戴季陶起草的《关于共产党员加入本党之训令》，宣布"本党为使国民革命迅速成功，不能拒绝任何派别之革命主义者加入"；"对于加入本党之共产主义者，只能问其行动是否合于国民党主义政纲，而不问其他"。决定坚持两党合作，深入开展国民革命。

戴季陶早年一度热衷于研究马克思主义，曾在上海参与过中共创始人陈独秀发起的一些活动。黄埔军校建立后，任军校政治部第一任主任。张继、谢持制造"六一八弹劾案"时，戴季陶曾明确予以反对，并因此"愤然"辞职。据黄埔军校政治部《一年来政治部之概况》载："第一任的政治部主任便是戴季陶先生。他任事不久，因为和张继、谢持为争持共产党员加入中国国民党事起冲突，愤然离了黄埔军校到上海去了。"[①] 包惠僧在《国民党改组前后》一文中，对张继和戴季陶的冲突作了具体的描述：张继骂戴季陶是共产党的走狗，戴骂张是北洋军阀的走卒。张骂戴："你从保皇党干到共产党，是一个十足的反复无常的小人。"并举起拳头要打戴。戴季陶打张不过，当场大哭，于次日留了一个辞呈，跑到香港乘船到上海。[②]

然而，国民党一届三中全会之后，就是这位戴季陶，即时从国共两党"党内合作"的赞同和支持者，变成了坚决的反对者。他于5月间发表《民生哲学系统表解说》，提出要建立以"纯正三民主义"为中心思想的国民党的"最高原则"。随后又于6月间发表《孙文主义之哲学的基础》，主旨在于"划清三民主义与共产主义的界线"。7月初当广州国民政府成立时，戴季陶列为

---

① 《初期政治部主任之更迭》，广东革命历史博物馆编：《黄埔军校史料》，广东人民出版社1982年版，第178页。

② 《包惠僧回忆录》，人民出版社1983年版，第147页。

国民政府委员，未赴任而于 7 月 5 日策划召开国民党浙江省执行委员会全体会议，提出要"防止斗争之害，消灭阶级之别"，"消弭阶级斗争"等。7 月 23 日，戴出版《国民革命与中国国民党》，认为共产党员加入国民党是实行"寄生政策"，断言国共两党没有"共信"，没有合作的基础；说："要图中华民族的生存，一定要图中国国民党的生存。要图中国国民党的生存，一定要发挥三民主义的国民党之生存所必须具备的独占性、排他性、统一性、支配性。"号召"孙文主义的信徒团结起来"，"纯洁"三民主义，"净化"国民党，也就是鼓动把加入国民党的共产党员排除出去。此即所谓"戴季陶主义"。

戴季陶所提出的是一种"理论"化了的、以维护国民党"最高原则"为号召的反对国共合作的思想，其要点是反对"党内合作"，断言共产党员加入国民党是在国民党中实行"寄生政策"，意在"篡夺"国民党。他提出的国民党的"最高原则"即"纯正的三民主义"，目的是要从国民党内清除共产主义思想和排除共产党员，以造成国民党的"独立"和"统一"，实质上是公开煽动排除共产党。与张继、谢持的"党统"之说相比较，戴季陶主义的核心在于通过清除共产主义和排除共产党员来"净化"国民党。当时，戴季陶是以国民党的高级干部、理论家的身份，利用孙中山刚逝世的时机，以解读孙中山思想的形式来宣传他的"主义"的。《国民革命与中国国民党》一个月内发行十余万册。戴起到了当时的国家主义派（从外部反对国共合作）所不能起到的作用，也起到了张继、谢持等所不能起到的作用。台湾学者李云汉说："此书（《国民革命与中国国民党》）一出，从上海到广州，反共的视线开始集中，反共的势力开始形成，各地孙文主义学会的成立及反共运动的酝酿，莫不受戴氏反共理论的影响"。

"戴季陶主义"出现后，共产党人组织了对他的批判。首先是萧楚女以"抽玉"的笔名发表《国民革命与中国共产党》，接着瞿秋白发表《中国国民革命与戴季陶主义》《五卅运动中之国民革命与阶级斗争》，恽代英发表《孙文主义与戴季陶主义》，从理论上指出戴的谬误，从事实上揭露戴的虚妄。8月30日，陈独秀撰写《给戴季陶的一封信》，进一步对戴的"主义"作了严肃批判。陈独秀指出：戴季陶"关于排除共产派的根本理论和批评共产派的态度，实与他们（谢持、马素、冯自由、邓家彦等）无甚出入"，应与谢、马、冯、邓等人一样列在反共人物的队列里。戴的理论和态度，与冯自由等人从前印行的护党报及一些攻击共产党的小册子"同是一样的理论与态度"，并不是新的发明。对戴所持的"根本理论和态度"，陈独秀逐条予以批驳。

西山会议与另立"中央"

1925年11月，国民党中央执行委员邹鲁，中央监察委员谢持等，绕过在广州的国民党中央执行委员会，在北京西山召开所谓的中央执、监委员联席会议（西山会议），参加者有林森、邹鲁、居正、覃振、石青阳、石瑛、叶楚伧、邵元冲、沈定一（中央执行委员），茅祖权、傅汝霖（候补执行委员），张继、谢持（中央监察委员）。这一国民党上层干部中的政治反对派，称为"西山会议派"。"西山会议"所通过的"决议"主要有：取消共产党员的国民党党籍；解聘鲍罗廷的顾问职务；停止汪精卫六个月党籍；开除中央执行委员、候补中央执行委员中的共产党员李大钊等；取消国民党中央政治会议；停止广州国民党中央党部职权；另设"中央执行委员会"于上海等。并推选林森、邹鲁、覃振、石青阳、叶楚伧组成"中央执行委员会",声称行使中央职权。"西山会议派"将国民党内在联共问题上以及孙中山逝世后国民党权力继承问题上的分歧,演变成为公开的分裂,事态的严重性超过以往任何一次"检举"或"弹劾",对国共两党关系,对国民党和国民政府造成了甚大的危害。

1926年3月底4月初,当国民党二大在广州召开之后,"西山会议派"在上海召开"中国国民党第二次全国代表大会",通过所谓的"宣言"以及《肃清共产分子案》等。"西山会议派"以召开全国代表大会这种最高手段,将国民党内思想政治上的矛盾、分歧和组织上的分裂,推向了顶峰。同一党内同时存在两个"中央"、两个"全国代表大会"的对峙,中国有政党以来,此为首例。

当时,国民党中央(广州)多次发表通电,对"西山会议派"予以严驳,各地党部抗议、批驳、声讨的电信纷至沓来。1925年12月,中共中央发出第67号通告,布置共产党员参加反击。毛泽东此时在穗任国民党中央代理宣传部长,主编《政治周报》,大力开展批驳"西山会议派"的斗争。

1926年3月蒋介石制造的"中山舰事件",是以军队为后盾,逼使国民政府主席汪精卫去职,打击共产党,分裂国共合作。国民党中央监察委员张静江称蒋介石"随时应变","极称天才"。"西山会议派"致电蒋介石,称赞蒋"以迅速手段,戡定叛乱,忠勇明敏,功在党国"。

继"中山舰事件"后,蒋介石策划于5月15日至25日召开国民党二届二中全会,提出了《整理党务案》,在调整两党关系的表面文字之下,运用国民党的组织机制,并以国民党中央的名义,公开侮辱共产党,大规模地限制和排斥共产党。中共中央局指出:这次会议的结果是:"直接控制C.P.之活动,同时取消了左派汪精卫在党中的领袖活动"。国民党的组织机制，是在国共合作建立后在共产党员的帮助之下才逐步健全起来的，而蒋介石却把逐步健全了的组织机制变成了防范与对付共产党的工具。国共合作受到了更为严重的干扰和破坏，国共两党关系蒙受了重重阴影。

陈独秀的无奈

国共两党"党内合作"所遇到的碍难，使共产党人困扰不堪。张继、谢持的"弹劾案"说明某些国民党人对"容共"的理解并不是什么合作，而是要合并共产党，将中共消溶于国民党和三民主义之中。他们并不容忍实行"党内合作"之后让共产党保持独立政党的地位。为此，陈独秀于1924年9月致函维经斯基，要求实行共产党人退出国民党的路线，但是遭到了俄人的拒绝。

随后，"戴季陶主义"从理论上否定国共合作的基础，鼓动国民党清除共产主义和排除共产党员。陈独秀此时对阶级联合已经不抱希望，对改造国民党失去信心，更担心共产党将为国民党所控制和改造。基于这样的认识，中共中央于1925年10月召开四届二中全会（十月扩大会议），认为"戴季陶主义"的出现意味着中国资产阶级已经成为一个"自觉"的阶级，已形成本阶级的思想政治理论，进而要控制日益壮大发展的无产阶级，从而成为与无产阶级相对峙的势力。于是，陈独秀再一次提议共产党员应当退出国民党。

陈独秀后来回顾说：

戴季陶的小册子不是他个人的偶然的事，乃是资产阶级希图巩固自己阶级的努力，以控制无产阶级走向反动的表现。我们应该即时退出国民党而独立，始能保持自己的政治面目，领导群众，而不为国民党政策所牵制。①

　　陈独秀要求退出国民党的提议，遭到来自共产国际、苏共的批评，因为将共产党留在国民党内是共产国际、苏共一以贯之的政策。他们认为通过联合国民党左派，共同孤立和反对右派，以此来推行共产党的革命主张和政策，就可以解决共产党"独立性"的危机。

　　在共产国际、苏共上述原则的影响和指引下，十月扩大会议在讨论陈独秀关于退出国民党的提议时，有人称陈独秀的主张是"理由充足而处置不当"，即同意他对国民党的分析，但不同意退出国民党。此次会议通过的《中国现时政局与共产党的职任议决案》指出："假使认为这种现象已经是中国共产党与资产阶级民主主义的国民党脱离关系之时，那就是一种很大的错误。然而别一方面，假使我们不注意这种右派的妥协主张的意义，也是一种危险的错误。"十月扩大会议并通过了《中国共产党与中国国民党关系议决案》，当中规定："非必要时，我们的同志不再加入国民党，不担任国民党的工作，尤其是高级党部。"② 这里反映出在一时退不了的情况下，陈独秀开始另寻党的"独立发展"的路子。

　　在广东，共产党组织内有人认为"退出"国民党的想法是对"党内合作"缺乏信心，是自动放弃领导权，正好迎合"戴季陶主义"，因而不同意"退出"。在筹备国民党第二次全国代表大会时，中共广东区委提出的方针是"打击右派、孤立中派、扩大左派"；主张在国民党二大的选举中应当"少选中派、多选左派、

---

　　① 《陈独秀告全党同志书》，1929 年 10 月。

　　② 《中国共产党与中国国民党关系议决案》，1925 年 10 月。

使左派占绝对优势"。表明中共广东区委坚持"党内合作",不同意所谓"不担任国民党的工作"的意见。中共广东区委这时发表的对国民党二大的宣言,明确表明:"本党决无心占据国民党,如果国民党与国民运动需要共产党员退出国民党时,本党党员不待国民党的命令,必可立即退出。但是现在既未到此时期,本党决不因帝国主义走狗之反对而退出。"①

然而,问题并没有解决,"西山会议"、"中山舰事件"和"整理党务案"接连发生,新的地震接踵而来。陈独秀认为这是"资产阶级的国民党公开的强迫无产阶级服从它的领导与指挥。"他断言蒋介石是戴季陶"理论"的实践者,蒋的后面跟着整个的资产阶级。陈独秀电告莫斯科,又一次要求退出国民党,主张由"党内合作"改为党外联盟。陈独秀并开始部署退出国民党后的对策:在国民党内孤立蒋介石;尽可能扩充中共所能掌握的武装力量;要求将苏俄供给国民党的枪械分出 5000 支以武装广东农民;等等。中共中央、苏共中央、共产国际于是就这一问题展开了一场争论。布哈林在《真理报》发表论文"最严厉的批评"中共中央的意见。共产国际再次派远东局书记维经斯基来华,以矫正共产党内的"退出"倾向。

陈独秀后来反省这段历史,说自己"主张不坚决"。事实上,面对着来自莫斯科的强硬的指令,面对党内不同的声音,面对着日趋复杂的形势,陈独秀无法坚决。他深陷困境,只能在"留"与"退"之间寻找平衡点。他的对策是八个字:"退而不出,办而不包",显得十分无奈。

---

① 《中国共产党广东区委员会对中国国民党第二次全国代表大会宣言》(1926 年 1 月 1 日),中央档案馆编:《中共中央文件选集》第 2 册,中共中央党校出版社 1983 年版,第 6 页。

缀　语

如上所述，国民党的"容共"的政策，实质上主要是国民党基于"俄国欲与中国合作者只有与吾党合作"的考量，其指导思想在于防止中共"包揽俄国交际"、"独得俄助"和"与吾党争衡"，问题的根子，是要掌控同俄国的交往。

共产党人初并不愿意加入国民党，加入之后陷入困境时又多次要求退出，而其行不由己的原因，简而言之，乃在于受制于俄人。鲍罗廷明确说：

"共产党人没有坚持要加入国民党，是共产国际说服中国共产党人加入国民党的。共产党人根本不想投奔国民党。"①

"是共产国际逼迫中国共产党人加入国民党"。②

由外在势力所策划、导演并以其经济和军事援助牵制着的"党内合作"，使国共关系陷入了复杂化。中共多数成员被纳入国民党内，在其组织机制的作用下开展活动，彼此的关系，即是党内关系，须受其组织的约束；但共产党是独立的政党，有自己的组织系统和言论机关，故党与党的外在关系又事实上存在着；加上国民党本身是个混杂的党，更使这种关系成为一个难解难分的死结。层出不穷的攻讦、争执、猜忌和纠纷，多根植于此。

"跨党"不但使两党关系变得十分敏感，还给共产党人带来了许多难题。例如，在责任与义务上，共产党人必须努力帮助国

---

① 《鲍罗廷在联共（布）中央政治局使团会议上的报告》（1926年2月），《共产国际、联共（布）与中国革命档案资料丛书》第3辑，北京图书馆出版社1998年版，第114页。
② 《鲍罗廷在联共（布）中央政治局使团会议上的报告》（1926年2月），《共产国际、联共（布）与中国革命档案资料丛书》第3辑，北京图书馆出版社1998年版，第138页。

民党改组，以健全国民党的组织机构，加强其组织功能，壮大其队伍，但是国民党组织功能一旦强化，反过来又对共产党产生了抑制、排斥的作用；共产党员必须帮助国民党端正政治方向，努力把国民党建设成为国民革命运动的中心，以吸引和号召人民群众，但国民党中心地位一旦形成，反过来又会将共产党挤出国民革命的中心，挤向边缘；共产党员必须通过发动工农来推动、壮大国民革命运动，有的国民党人却认为共产党这样做是自己另搞一套，另有所图；如此等等。

对于中国共产党人来说，"跨党"并不是一道通途，而是一条荆棘丛生的道路。

但是，这条路还得走下去。直至1926年末在共产国际第七次大会上，斯大林在他的报告《论中国革命的前途》中仍然明确地说：

有人说，共产党应当退出国民党。同志们，这是不对的。中国共产党人现在退出国民党将是极大的错误。中国革命的全部进程、它的性质、它的前途都毫无疑问地说明中国共产党应当留在国民党内，并且在那里加强自己的工作。

这样一直走下去，距离1927年"四一二"、"四一五"和"七一五"那些血染黄浦滩头、珠江两岸、江汉之滨的日子，就为时不远了。

农运摇篮——农民运动讲习所

"农为党本"：农民运动理论与实践的探索

中国国民党改组后，重视农民问题。《中国国民党第一次全国代表大会宣言》指出："中国以农立国，而全国各阶级所受痛苦，以农民尤甚。""盖国民党现在正从事于反抗帝国主义与军阀，反抗不利于农夫、工人之特殊阶级，以谋农夫、工人之解放。质言之，即为农夫、工人而奋斗，亦即农夫、工人为自身而奋斗也。"宣言指出国民革命之目的，在于"谋农夫、工人之解放"，要以平均地权作为解决土地问题基本原则。宣言并肯定农民、工人在中国国民革命中的地位和作用，"故国民革命之运动，必恃全国农夫、工人之参加，然后可以决胜，盖无可疑者。"对于农民运动，要采取"以全力助其发展"的方针。①

国民党改组初期对农民问题的认识，归结为两点：一是为争取农民的自身利益而奋斗；二是发动农民参加国民革命运动。这样，农民运动理论的探索和农运实践的开拓，是摆在一代有识之士面前的重大课题。国民党人当时提出的口号是：——"农为党本"。

---

① 《中国国民党第一次全国代表大会宣言》（1924年1月），荣孟源主编：《中国国民党历次全国代表大会资料》，光明日报出版社1985年版，第18页。

中国国民党一大之后，国民党采取了一系列措施，大力开展农民运动，积极引导农民参加国民革命运动。国民党中央农民部由共产党员林祖涵任部长（后彭素民），共产党员、海丰农民运动领导者彭湃任秘书，法朗克（德国籍）为顾问。农民部以"代表农民利益"为工作准则，被赋予指导农民运动的各种职能。

1924 年 5 月 5 日，鉴于"农民运动为国民革命的主力军，亦即为吾党当面重要的问题，应有充分的研究及神速的进行"，国民党在中央农民部之下成立农民运动委员会，廖仲恺、戴季陶、谭平山、法朗克任该委员会委员。6 月底，国民党中央批准了农民部提交的《农民协会章程》，规定"农民协会为本三民主义解放劳动阶级之志意，合全国受压迫之贫苦农民而组织之。其目的在谋农民之自卫，并实行改良农村组织，增进农人生活。"随后，农民部制定《农民运动第一步实施方案》，拟派农民运动特派员到广州周边交通较便利、政治军事上重要、农民运动有一定基础的地方，如广宁、顺德、鹤山、东莞、佛山、香山以及广州市郊作实际运动，预定 9 月成立全省农民协会。7 月 15 日，大元帅府发表《政府对于农民运动宣言》，赋农民协会和农民自卫军以合法地位和正当权利。

此年 8 月，中国共产党广州地方委员会成立以阮啸仙为书记的农民运动委员会。在国共合作推动下，广东农民运动进入有计划、有领导、有组织的发展阶段，广东农民运动迅速兴起。

广东农民运动发轫于东江。在广州市，第一次国共合作建立初，花县等地的农民运动，已经拉开了序幕。

1924 年 1 月，广州花县人陈道周加入中国社会主义青年团。团广东区委给团中央的报告说：陈道周是学生，现在花县教书，可做农民运动。①陈道周于是年夏天开始在花县组织农民协会，5月呈报国民党中央执行委员会，报告本地有关情况，并请"派员前来协助"。国民党中央农民部遂于6月间派本部秘书彭湃、顾问法朗克到花县考查农村情形，勷助农民运动。②广东省省长廖仲恺根据农民部来函，饬花县县长出示保护农民运动。花县农民运动因之迅速发展，至7月下旬，加入农会者不下千余家，九湖、宝珠岗、元田、广岭、仙阁等十余村成立了村级农会。

同年7月21日，国民党中央执行委员会第四十五次会议通过了农民部所拟的组织广州市四郊农民协会案。农民部随即致力于筹备、组织广州市郊农民协会，并决定将农民运动讲习所学生分成四组，分赴广州四郊，实地实习。7月28日，广州郊区农民在广东大学礼堂举行联欢大会，到会者达二千多人。孙中山见许多赤脚徒步、从四郊赶来的农民，大受感动，致训词说："这是中国政府同农民见面的第一次，是政府为农民谋幸福的第一日"。"在中国是破天荒的第一件事"。③农民部秘书、共产党员彭湃在会上提议组织广州市郊农民协会，并选出了农会临时职员。

8月1日，花县成立第二区农民协会，选出陈道周、王福三、王岳峰为区执行委员。④随后，其他区农会相继成立，并成立花县农民协会临时执行委员会，发表《花县农会减租宣言》。10月，正式成立花县农民协会。

在上述背景下，在彭湃、阮啸仙、何友逖、刘尔崧等推动下，

① 《团粤区委报告》第11号（1924年1月24日），中央档案馆、广东省档案馆编：《广东革命历史文件汇集》甲1，1982年，第313页。

② 《派员勷助花县农民协会》，《广州民国日报》1924年6月19日。

③ 孙中山：《在广州农民联欢会的演说》（1924年7月28日），《孙中山全集》第10卷，中华书局1981年版，第466页。

④ 《花县农会进行近况》，《广州民国日报》1924年7月28日。

广州下芳村村民林宝宸于 7 月间成立广州市郊第一区农民协会筹委会。大冲口、招村、东滘、芳村、花地、茶滘、五仙桥、西坑、柯木塱等地选出组织员，参加筹备。8 月 15 日，广州市郊第一区农民协会在芳村谢公祠成立，林宝宸当选为委员长。国民党中央赠给"厚生乐群"的横匾，廖仲恺、彭湃等出席开幕盛典。① 随后广州市郊第二区农民协会（赤岗、沥滘、新洲）、第三区农民协会（黄埔、长洲）、第四区农民协会（古井、槎龙、泮塘）先后成立。9 月 28 日，黄埔长洲农民协会召开成立大会，黄埔军校总教官何应钦、中央农民部代表何友逊致训词，军校学生李劳工、李之龙发表了演说。②

与此同时，番禺钟村发起成立农民协会，得到国民党中央和广东省政府支持。9 月 21 日，番禺钟村特别区农民协会举行开幕典礼，有会员一千二百多名。中央农民部、花县农会、广州市郊农会、广宁农会派人致贺，农民部特派员侯凤墀、韦启瑞发表演说。③

当花县、广州市郊及番禺县的农民运动逐步兴起时，顺德县大良农团和云路农团、佛山南浦农团、香山九区民团等相继建立，拉开了粤中农民运动序幕。是年 4 月，广宁农会筹备处成立，6 月间该县建立 8 个区级农会，10 月正式成立广宁县农民协会，西江农民运动因此蔓延开来。随后，曲江、清远等北江各县，也开展农民运动。翌年革命军第一次东征时，海丰、陆丰各县农民协会恢复，东江农民运动重新发展起来。各地农民协会开展减租、抗捐各类经济斗争，地主则成立"保产大会"、"业主维持会"、

---

① 《市郊农协会开幕纪》，《广州民国日报》1924 年 8 月 18 日。
② 《长洲农民协会开幕》，《广州民国日报》1924 年 9 月 30 日。
③ 《番禺钟村农民协会开幕盛况》，《广州民国日报》1924 年 9 月 24 日。

"业主军"等，以暴力强迫农民交租，乡村阶级矛盾因之激化。地主并纠集民团、土匪捣毁农会，残杀农会干部。这一期间被杀害的农运干部，在广宁有 12 人，顺德有二十多人。广州市郊第一区农会委员长林宝宸，[①] 花县农会副委员长王福三，[②] 均在这时遭到枪杀。

为维护农民利益，保护农民运动，在国民党中央和大元帅府支持下，广东农民自卫军，又称广东农团军，于 1924 年 8 月成立，彭湃任团长，黄埔军校特别官佐徐成章任指挥。各地许多农民协会也建立了自卫军。当广宁农会遭受迫害时，廖仲恺派大元帅府铁甲车队和黄埔军校学生开赴广宁，援助农民运动，开创了革命军开赴乡村援助农民运动的先例。[③] 花县王福三遇害后，廖仲恺即通知石井兵工厂售给花县农会一批枪械，以武装花县农民自卫军。

广州农民运动讲习所的创立

1924 年 6 月 30 日，国民党中央执行委员会召开第三十九次会议，由林森担任会议主席。会议中的第六项议程是讨论中央农民部提出的《农民运动第一步实施方案》及《农民运动讲习所组织简章》，经修正后通过。

---

① 林宝宸（1881—1924），广东花县人，1911 年参加辛亥革命，在黄花岗之役中参加攻打两广总督署。1913 年参加讨龙（济光）反袁（世凯）武装起义，失败后逃亡泰国，后回广州居住于下芳村。1924 年 8 月任广州市郊第一区农会委员长，12 月 13 日遭暗杀。

② 王福三（1886—1925），广东花县人，1923 年加入中国共产党，1924 年任花县农民协会副委员长。1925 年 1 月 28 日遭杀害。

③ 廖仲恺：《关于广宁农民运动为大元帅草拟的命令》（1924 年 12 月 16 日），《廖仲恺集》（增订本），中华书局 1983 年版，第 229—230 页。

《农民运动第一步实施方案》决定："组织农民运动讲习所，以一个月为讲习期间；讲习完毕后，选充为农民运动特派队员。"《农民运动讲习所组织简章》规定：农讲所的宗旨是"为养成农民运动之指导人才以实现本党农民政策"；"本所各种事务概由农民部管理，其组织及课程则与组织部、宣传部分别商定之"；"凡国民党员志愿从事农民运动者皆得为所员，但必须具有左列之资格：甲、身体强壮能忍苦耐劳者，乙、无家庭生活重大之牵累者，丙、不事奢华而态度诚恳者"。农讲所讲习时期为一个月，设置农民运动之理论、中国国民党关于农民运动之政纲、广东农民运动史、农民协会之组织法、农民自卫军、农民工人与国民党之关系等课程。①

农民运动讲习所是一所国民党中央决定创办，由国民党中央农民部负责指导，为国民党培养农运指导人才的学校。

7月3日，中国国民党农民运动讲习所第一届开学，所址设惠州会馆，由彭湃任主任；谭平山、阮啸仙、罗绮园、鲍罗廷等任教员。共录取学生38人，其中共产党员或社会主义青年团员约20人，包括黄学增、韦启瑞、陈伯忠、梁复燃、李民智、高恬波、莫萃华、梁桂华、侯凤墀、丘鉴志、陈式熹等。农民运动讲习所以研究中国农民问题为主课，本期主要课程有：《海丰农民运动》《广东农民运动状况》《中国国民党史》《社会问题与社会主义》。重点讲授三民主义、国民革命基础知识、农民运动理论与方法、有关集会结社之相关问题。其中《海丰农民运动》一课是彭湃从1922年起在广东海丰、陆丰及东江地区从事农民运动的经历和经验总结，由彭湃亲自讲授。

---

① 《中国国民党周刊》，1924年7月13日。

8月7日，农讲所学员到黄埔军校作为期10天的军事训练。严凤仪任军事教官，李之龙任班长。① 严凤仪为军校第一期第四队副队长，1923年加入中共，国民党黄埔军校特别区党部成立时，当选为第一届执行委员。李之龙为黄埔军校一期生、共产党员。农讲所学员此次军事训练的科目，包括队列、枪械、射击、行军警戒要旨、驻军警戒要旨、森林战、山地战、村落战等。军事训练完毕，农讲所学员与黄埔军校特别区党部委员连续3天到黄埔附近的村落开展宣传活动，所到之处有深井、鱼珠、东圃、黄埔、长洲等。在他们的推动、帮助下，长洲成立了农民协会。② 这是农讲所、黄埔军校共产党员与农运结合的开始。

黄埔军校第一期学生张隐韬在他的"日记"中写道：（8月7日）农讲所学员"乐欲受点军事的训练，特在本校之假期，来本校学习（来校者约20人），已于今日来校。"他抒发了自己的感想："此地农民有这样的觉悟而联合农民的团体，并与革命军接近。这是中国被压迫的无产者——农民的福音！前者本校开学时，佛山南埔（浦）的农团，送来一扁额，题曰：'带领我们到革命战线上去'一语。现在他们——农民，已来本校为军事的浅近训练，这就是为带领他们到革命战线上去的伏线。"③

8月21日，农民运动讲习所第一届学员举行毕业典礼，孙中山到农讲所作《耕者有其田》的演说，明确指出农民问题的严重性，以俄国的经验说明"我们要解除农民的痛苦，归结是要耕者

---

① 陈雄志：《在第一届农民运动讲习所学习概况》，《广州农民运动讲习所资料选编》，人民出版社1987年版，第287页。

② 《本部一年来工作报告概要》，《中国农民》1926年第2期。

③ 《张隐韬日记》（1924年8月7日），中国革命博物馆党史研究室：《党史研究资料》1988年第9期。

有其田。"并指出"独一无二的解决方法,便是劝农民结团体。"
"譬如广州一府的农民能够全体觉悟起来,便可以联络成一个团体;广州府的农民都可以联络起来,便可以解除广州府农民的痛苦。"① 孙中山勉励学生深入农村,帮助农民组织起来。第一届毕业生一部分任农民部特派员,一部分返原籍从事农民运动。他们被称为"本党农民运动之推进机,亦为主持各重要农民协会区域之战斗员"。②

1925 年 5 月,广东省第一次农民代表大会与第二次全国劳动大会在广州市召开。省农民代表大会选举产生了广东省农民协会执行委员会,由罗绮园、彭湃、阮啸仙任常务委员。此时,广东有组织的农民达二十一万人以上;有农会组织之县共有 22 县。

第二至第五届农民运动讲习所

广州农讲所第一届毕业之日(1924 年 8 月 21 日),即第二届的开学之时。农讲所第二届招生 225 名,毕业 142 名,以罗绮园为主任,所址设惠州会馆。学员中有吴勤、李华炤、宋华、雷永铨、杨树兴等,至 10 月 30 日毕业。因扣械风潮(商团事件)的爆发,本届学员被编为广东农民自卫军(又称农团军)而移驻省署,负责保卫工作。农团军还随孙中山开赴韶关。由韶返穗后,又于 10 月 11 日开赴黄埔军校,接受为期 18 日的正规军事训练,由黄埔军校派出 10 名教官负责教练。广东农民自卫军以彭湃为团长,以黄埔军校特别官佐、中共党员徐成章为指挥。

---

① 孙中山:《在广州农民运动讲习所第一届毕业礼的演说》(1924 年 8 月 21 日),《孙中山全集》第 10 卷,中华书局 1981 年版,第 555 页。

② 《本部一年来工作报告概要》,《中国农民》1926 年第 2 期。

第三届农讲所 1925 年 1 月 1 日开学，4 月 1 日毕业，招生 128 名，毕业 114 人，以阮啸仙为主任。第三届至第五届农讲所，所址设东皋大道 1 号（今礼兴街 6 号）。从本届开始，农讲所招收外省学生。本届学员中有黄广渊、韦拔群、赖松柏、林道文、邓广华等。

第三届驻所军事教官为黄埔军校一期生唐澍。唐澍字东园，河北易县人，保定第二师范学校毕业，1924 年加入共产党。唐任本所军事教官时发表《当军人为的什么》，当中说："我们的父母、伯叔、兄弟、姊妹，正在被压迫的途径上，将要死于冻馁。我们现今已经走上了军人这条路，就应当本着自己的地位和能力，救自身，救自己的父母、伯叔、兄弟、姊妹，救全国的同胞，救全世界同阶级被压迫者。"有学员回忆说"当时的军事训练是很严格的，每个学员都发给真枪实弹，是日本的三八式步枪，所门口日夜都有学员轮值守卫。"[①] 本届毕业后，选出军事基础较好的 15 人继续实施训练，准备派往各地训练农民自卫军。

第四届农讲所于 1925 年 5 月 1 日开学，9 月 1 日毕业（从 6 月 4 日至 7 月 1 日因战事停课）。招收正取生 98 名，毕业 51 名；旁听生 25 名。以共产党员谭植棠为主任。学员中有苏天春、何毅、刘乃宏、钟祝君等。

第四届农讲所开学之前，国民党中央农民部致函黄埔军校曰："敝部农民运动讲习所第三届学生经已卒业，第四届亦已开始办理。查第一、二、三届学生军事训练均由贵校派员担任，成绩甚佳，学生将来回里组织农民自卫军获益必多。兹闻贵校第一期毕业生伍文生君品学俱优，对于党务素怀热烈，现拟聘请伍君文生为该

① 宋中兴回忆片断（1965 年 2 月 4 日），《广州农民运动讲习所资料选编》，人民出版社 1987 年版。

所第四期学生军事训练。如承允许，希即示复为荷。"黄埔军校遂令政治部派伍文生赴农讲所担任训练工作。[①] 伍文生，湖南耒阳人，1923 年加入中共，由毛泽东推荐报考黄埔军校。任本所军事教官时，伍文生"呕心沥血，言传身教，循序渐进地讲授军事知识和军事技能，对学生从难从严施加训练。他还利用晚上和学生们一道练习，星期则率领学生去农村实习，或开辩论会、联欢会。"[②]

第五届农讲所于 1925 年 9 月 14 日开学，12 月 8 日毕业，招生 114 名，以彭湃为主任。本届招生范围从广东扩大至两湖、江西、广西、安徽、山东、福建等省，学员中有毛泽民、蔡协民、余本健、雷晋乾、贺尔康（湖南），淦克鹤、曾文甫（江西省），聂鸿钧（湖北），薛卓汉（安徽）等。

本届农讲所开办期间，国民党中央宣传部代理部长毛泽东来所讲授农民运动理论和《中国社会各阶级的分析》。本届部分毕业学员被派为农民运动特派员，分配粤汉铁路沿线的乡村工作。

当广东各地农民运动逐步兴起后，中共广东区委决定由区委直接领导农民运动（原由青年团广东区委负责），将农运工作者尽量吸收入党。[③] 中共广东区委成立了农民运动委员会，当时，在国民党中央农民部、广东省党部农民部、广东省农民协会工作的，多数是共产党员；派赴各地的农民运动特派员，多数也是共产党员，他们多是中共广东区委农委掌握的干部。故中共广东区

---

① 《校令政治部派员赴农民运动讲习所担任训练工作》，广东革命历史博物馆编：《黄埔军校史料》，广东人民出版社 1982 年版，第 295 页。

② 李超群：《伍文生》，《耒阳英烈传》（二），第 2 页，中共耒阳市委党史办公室，1991 年 10 月。

③ 《延年致中夏信》（1924 年 10 月 28 日），中央档案馆、广东省档案馆编：《广东革命历史文件汇集》甲 1，1982 年，第 506 页。

委农委在广东农民运动中，居于指导中心的地位，实际起统一指挥的作用。[①]1925 年 5 月，广东省农民协会成立。随着国民革命运动的发展，广东农民运动进入迅速高涨的时期。

1925 年 10 月，国民党广东省第一次代表大会在广州召开。大会通过彭湃、阮啸仙起草的《关于农民运动决议案》。彭湃当选为国民党广东省党部农民部部长。东江、南路收复后，广东省农民协会在全省各地设立办事处：潮梅海陆丰办事处设汕头市，彭湃任主任；惠州办事处设惠州市，朱祺任主任；西江办事处设肇庆市，周其鉴任主任；北江办事处设韶关市，丘鉴志任主任；南路办事处设梅菉，黄学增任主任；琼崖办事处设海口，冯平任主任。1926 年 5 月，广东省第二次农民代表大会在广州召开，此时，广东全省已有 61 县、177 区、4216 乡建立了农民协会，会员共计 626457 人。列表如下：[②]

地　区	县　数	区　数	乡　数	会员人数
中　路	13	40	876	101298
惠　州	5	16	324	28297
潮　梅	12	62	1872	352367
南　路	9	13	144	10093
琼　崖	6		83	8864
西　江	11	36	706	110136
北　江	5	10	211	15402
共　计	61	177	4216	626457

---

① 中共广东区委《广东农民运动报告》（1926 年 10 月），中央档案馆、广东省档案馆编：《广东革命历史文件汇集》甲 6，1982 年，第 271 页。

② 中共广东区委《广东农民运动报告》（1926 年 10 月），中央档案馆、广东省档案馆编：《广东革命历史文件汇集》甲 6，1982 年，第 270 页。

广东中路地区，包括广州市郊、番禺、花县、从化等 17 县农民运动，由广东省农民协会直接领导。广州市郊区及各县农民有组织地开展了减租、废除苛捐杂税、反对民团地主的斗争，并积极参与援助省港罢工、统一广东根据地等各项革命运动。至 1926 年初，广州市郊区及中路已有 13 个县建立了农民协会，会员人数达十多万人。

毛泽东主办第六届农民运动讲习所

1926 年 3 月，当广东各地农民运动节节高涨时，国民党中央农民部决定聘毛泽东为农民运动讲习所所长。

此前，毛泽东 1923 年 6 月以中共湘区代表的身份来广州，出席中共三大，住新河浦"春园"。毛泽东在三大作关于湖南农民和工人运动情况的发言，参加起草《农民问题决议案》，当选为中共中央局成员，任中央局秘书。6 月 25 日同陈独秀、李大钊、蔡和森、谭平山以国民党员身份致信孙中山，建议国民党"在上海或广州建立强有力的执行委员会，经期合力促进党员的活动和广泛开展宣传。"7 月下旬离开广州赴上海。

1924 年 1 月，毛泽东第二次来广州，出席国民党一大，代表编号为第 39 号，被指定为章程审查委员，在会上作多次发言，并当选为国民党中央执行委员会候补执行委员。是年 2 月中旬离穗赴沪，参加国民党上海执行部工作。

1925 年 10 月，毛泽东第三次来广州，任国民党中央宣传部代理部长，住东山庙前西街 38 号。10 月 20 日至 25 日，毛泽东出席国民党广东省第一次代表大会，参与起草《中国国民党广东第一次全省代表大会宣言》。11 月 21 日，毛泽东在填写《少年中国学会改组委员会调查表》时，表明"本人信仰共产主义，主张无产阶级的社会革命，惟目前的内外压迫，非一阶级之力所能推翻，主张用无产阶级小资产阶级及中产阶级左翼合作的国民革命，实行中国国民党之三民主义，以打倒帝国主义，打倒军阀，打倒买办地主阶级（即与帝国主义军阀有密切关系之中国大资产阶级）及中产阶级右翼，实现无产阶级小资产阶级及中产阶级左翼的联合统治，即革命民众的统治。"

1925年12月1日，毛泽东在国民革命军第二军司令部编印的《革命》半月刊第四期发表《中国社会各阶级的分析》。文章的结论是："可知一切勾结帝国主义的军阀、官僚、买办阶级、大地主阶级以及附属于他们的一部分反动知识界，是我们的敌人。工业无产阶级是我们革命的领导力量。一切半无产阶级、小资产阶级，是我们最接近的朋友。那动摇不定的中产阶级，其右翼可能是我们的敌人，其左翼可能是我们的朋友——但我们要时常提防他们，不要让他们扰乱了我们的阵线。"此文亦发表于《中国农民》（1926年2月1日）和《中国青年》（1926年3月13日）。1925年12月5日，国民党中央政治委员会机关报——《政治周报》第一期出版，毛泽东任主编。

1926年1月1日至20日，毛泽东以国民党候补中央执行委员身份出席在广州举行的国民党二大，在大会作《宣传报告》，再次当选为国民党中央候补执行委员。2月5日，国民党中央第二次常务会议决定毛泽东为中央宣传部代理部长。与此同时，国民党中央决定设农民运动委员会，毛泽东为委员。期间毛泽东分别在中国国民党政治讲习班、国民革命军第二军官学校、国民党广东省党部青年部训育员养成所讲授《农民问题》。

3月16日，国民党中央农民部、农民运动委员会召开第一次会议，讨论举办第六届农民运动讲习所事宜，决议聘毛泽东为所长，以惠爱东路番禺学宫（今中山四路 42 号）为所址。19 日，国民党中央党部第十三次常务会议通过了此项决议，并同意农民部所提的农讲所经费为 7980 元。30 日，中央农民部、农民运动委员会召开第二次会议，讨论通过了目前各省农民运动应以全力注意将来革命军北伐时经过之区域如赣鄂直鲁豫诸省的议案。

本年 5 月 3 日，广州第六届农民运动讲习所在番禺学宫开学。毛泽东任所长，陆沉任教务主任，萧楚女、彭公达等任教员。国民党中央农民部聘汪精卫、林祖涵、陈公博、甘乃光、张太雷、萧楚女、熊锐、黄平、邓中夏、刘一声、高语罕、张伯简、谭植棠、阮啸仙、罗绮园等为本届教员，赵自选任军事教官。彭公达任中共农讲所支部书记。本届共招收来自全国 20 个省、区的学员共 327 人。

第六届农讲所的特点是：（一）学生人数最多，生源广泛，学员分别来自全国各地，包括绥远、察哈尔、热河、贵州等，为历届农讲所中规模最大并面向全国招生的一届。（二）学科设置全面，学员既学习中国革命和农民运动理论，也接受军事训练。毛泽东讲授《中国农民问题》《农村教育》《地理》，并专题讲授《中国社会各阶级的分析》；萧楚女讲授《帝国主义》《中国民族革命运动史》《社会问题与社会主义》；周恩来讲授《军事运动与农民运动》；恽代英讲授《中国史概要》；李立三讲授《中国职工运动》；彭湃讲授《海丰及东江农民运动状况》。赵自选任军事训练总队队长，军训时间为 128 小时。（三）重视课外研究和实习。学员先后赴韶关实习一周、赴海丰实习两周。本届讲习期间，毛泽东、萧楚女将学员组成 13 个农民问题研究会，拟出 36 个研究项目，如租率、田赋、利率、天灾及其影响等，指导学员专门开展调查研究。

农讲所编印《农民问题丛刊》52种，毛泽东为之撰写题为《国民革命与农民运动》的序言，其中指出：

农民问题乃国民革命的中心问题，农民不起来参加并拥护国民革命，国民革命不会成功，农民运动不赶速的做起来农民问题不会解决，农民问题不在现在的革命运动中得到相当的解决农民不会拥护这个革命。

这篇文章转载于9月21日出版的《农民运动》第八期，编者加了按语，说明："这是毛泽东所著之《农民问题丛刊》的序言。记者以其与国民革命有很大关系，特转载于此，以为一般农运同志参考。""丛刊"所收的文章，许多对各地农民运动具有指导、参考的意义。

第六届农讲所筹备、开办期间，广东省第二届农民代表大会于5月1日在广州开幕。出席代表214人，自费列席者一百多人，广西、福建、湖南、浙江、江苏、河南、山东、山西、贵州、江西等省派人参加了大会。中共广东区委农委负责人阮啸仙作《广东省农民一年来之奋斗》的报告。毛泽东出席大会并作了讲话，阐述"农民之经济斗争与政治斗争之关系"。大会选举阮啸仙、彭湃、罗绮园、周其鉴、蔡如平为省农民协会常务委员。此时，广东全省农会会员共六十二万多人，占全国农会会员总数60%以上。在广东乡村中，农会组织占有举足轻重的地位。

第六届农讲所经过四个多月的学习和训练，于当年9月11日毕业。毕业生中有王首道、朱积垒、吴芝圃、曹广化、郭滴人等，他们被分配到全国各地从事农民运动。第六届农讲所是农民运动高涨的产物，在办学上也是空前规模和独具特色的，为农民运动从广东推向全国作了准备。

1926 年 11 月，毛泽东离开广州赴上海，任中共中央农民运动委员会书记。

广州农民运动讲习所先后举办了六届，历时两年有余，毕业生近八百人。它是全国农民运动干部的培训基地，是农运干部成长的摇篮，并称得上是各地农民运动的指导中心，在中国农民运动史和中国革命史上，发挥了重要作用。此后，按照广州农民运动讲习所的模式举办的讲习所或农训班，在全国各地有数十个之多，其中许多是广州农讲所的教员或学员创办的。

不仅如此，广州农讲所又是广州四大革命活动基地之一。国民党、共产党许多干部，文化、学术界不少人士，共产国际和苏联的驻穗代表，包括孙中山、廖仲恺、法朗克、鲍罗廷、马迈也夫、瞿秋白、谭平山、毛泽东、周恩来、张太雷、恽代英、李立三、陈延年、郭沫若等等，都在农讲所作过讲演，或留下他们活动的足迹。许多重要集会、重要活动是在农讲所举行的。中共广东区委还定期在农讲所举行党的活动，每周都会有许多工会、农会、青运、妇运干部和黄埔军校官生按时聚集于此，或听报告，或参加专题讨论。有的人还在这里宣誓入党，由此跨入了共产党的大门。

关于黄埔军校

黄埔军校的创办

黄埔军校是一所在国民革命运动中诞生，并对中国革命产生重大影响的军事政治名校。这所学校在广州办学时，在国共合作的历史条件下，在众多国民党人、共产党人和苏联顾问的共同参与下，培养了大量军事、政治人才，国民党内的大批高级将官，共产党内的许多领军治政人才，出自这所学校。

中国国民党改组和军官学校的创办，是革命先行者孙中山在经受过多次挫折、失败之后，认真总结以往的经验教训，重新思索中国革命的出路，并得到苏联帮助而作出的重大决策。历史进入民国以来，孙中山领导了反对袁世凯复辟，捍卫民主共和制度的艰苦斗争，走过曲折坎坷的道路。他长期周旋于各地方军队之间，一时联甲打乙、一时联乙讨丙，为适应一时之需要，四处"运动"军队，招降纳叛，绿林、山贼无所不用，而未注意运用革命思想去改造和训练军队，未能掌握一支真正接受革命党指导并听命于革命政府的军队，以往历次挫折和失败，多与军人乱政或军队反叛有关。孙中山反省了这一问题，1923年再度在广州设立大元帅府，并使广州革命基地得到初步的稳定和巩固之后，一边筹备国民党改组，一边考虑创办军官学校，将培植军事、政治干部，创建新型革命军的问题，提上了日程。

1923 年 8 月，孙中山派蒋介石、沈定一、张太雷、王登云以"孙逸仙博士代表团"名义，到苏联考察军事、政治和党务。10 月，中国国民党设临时中央执行委员会，办理国民党改组的各种事宜，并筹划组织训练军队。最初为抵御东江陈炯明军的进攻而组建"国民义勇军"，打退陈军之后，议将"义勇军"的临时组织，变成"本党军官学校之永久组织"①。至 11 月下旬，决定建立"国民军军官学校"，蒋介石为校长，陈翰誉为教练长，廖仲恺为政治部主任，拟租借东园为校址，并推定廖仲恺负责筹备。②1924 年 1 月 3 日，《广州民国日报》发布消息谓："国民党前由恳亲会党务讨论会时，经决议组织军官学校，现经中央执行委员会开会，决议进行，命名曰国民军军官学校。"③

国民党一大期间，孙中山于 1 月 24 日以大元帅名义，派蒋介石为"陆军军官学校筹备委员会委员长"，王柏龄、李济深、沈应时、林振雄、俞飞鹏、张家瑞、宋荣昌为筹备委员。28 日，孙中山指定以珠江之中长洲（黄埔）岛为陆军军官军校的校址④。

黄埔军校所在的长洲岛，陆地面积为八平方公里多，岛上林

---

① 1924 年 1 月 21 日，谭平山在国民党一大作《临时中央执行委员会报告》，文中说："至义勇军之组织，党人加入者甚为踊跃，两日之间，达五百余人。后因义勇军反守为攻，敌人窜退，于是有由义勇军临时的组织，变为本党军官学校永久组织之决议。"中国人民政治协商会议广东省委员会文史资料研究委员会等编：《广东文史资料》第 42 辑，广东人民出版社 1984 年版，第 92 页。

② 台湾陆军军官学校：《蒋公与陆军军官学校》，第 11 页，陆军总司令部，1980 年。

③ 广东革命历史博物馆编：《黄埔军校史料》，广东人民出版社 1982 年版，第 23 页。

④ 黄埔军校的任命状、校牌、校旗、筹备处布告、考试委员会启事及第一期毕业证书，均称"陆军军官学校"，1926 年 1 月改称为"国民革命军中央军事政治学校"，因校址设于黄埔，故通称黄埔军校。

木葱茏，山峦起伏，为广州东南方之门户。岛上曾设广东陆军小学校及海军学校。孙中山"以其四面环水，隔绝城市，地当枢要，实为军事重地，便于兴学讲武，遂指定该岛为本校校址"①。

2月6日，陆军军官学校筹备处成立，8日召开校务筹备会议，讨论各省招生名额之分配等事项。然而，正当各项筹备紧张进行时，蒋介石却于2月21日突然离职，并宣布解散筹备处。23日，孙中山任廖仲恺代理筹备委员长，继续开展筹备工作，至5月8日开会共32次。直到4月14日，蒋介石才在孙中山、廖仲恺的严促之下由沪返粤，26日入校视事。5月3日，孙中山任命蒋介石为军官学校校长，9日任廖仲恺为军校党代表。

关于军官学校校长人选，据刘峙《我的回忆》："起初孙中山先生想要粤军总司令许崇智兼军官校长，负责筹备，但许崇智力不从心，一切委之于上校参谋陈翰誉，陈是我们保定的同期同学，目空一切，骄傲自私，处事多失公平，致使各方不满。蒋公介石原为粤军总司令部的参谋长，被调到大本营代理李烈钧的参谋长职务，后被奉调苏联考察军事，回国后奉孙中山先生之命，任黄埔军校校长。"②

军校校本部之下，设政治、教授、训练、管理、军需、军医六部。政治部先后以戴季陶、邵元冲、周恩来为主任，张崧年为副主任；教授部以王柏龄为主任，叶剑英为副主任；训练部以李济深为主任，邓演达为副主任；军需部以周骏彦为主任，俞飞鹏为副主任；管理部以林振雄为主任，陈适为副主任；军医部以宋荣昌为主任；何应钦为军事总教官。共产党员茅延桢、金佛庄、胡公冕、徐成章、

---

① 《中央陆军军官学校史稿》，第1篇第2章。
② 刘峙：《我的回忆》，引自李敖、汪荣祖：《蒋介石评传》，中国友谊出版公司2005年版，第87页。

徐坚等参加了军校的筹创工作。

国民党一大期间，孙中山委托出席大会之代表在各省为军官学校选拔推荐考生。包括孙中山、廖仲恺、于右任、李大钊、毛泽东等人在内，都为黄埔军校引荐过考生。在第一期学生亲笔填写的《陆军军官学校详细调查表》的"入校介绍人"一栏内，容海襟、容保辉、容有略写的是孙中山和廖仲恺；王逸常、关麟徵等15人写的是于右任；唐澍等14人写的是李大钊；蒋先云、伍文生、李汉藩、张际春、赵枏等6人写的是毛泽东。后来成为著名的抗日将领的黄梅兴，则是邓演达介绍入校的。3月，黄埔军校开始招生。时任中共中央局秘书、国民党上海执行部秘书的毛泽东，负责黄埔军校上海地区招生和考生复试工作①。3月27日，黄埔军校在广州举行入学考试，28日放榜，所录取的学生，有大学毕业生18人（未毕业者4人），大学肄业生63人（未毕业者6人），专科毕业生26人（未毕业者6人），专科肄业生46人（未毕业者4人），师范毕业生46人（未毕业者2人），高中毕业生159人（未毕业者9人），高职毕业60人，并有留学法国、德国、日本的学生。②

苏联政府对创办黄埔军校，给予了支持。苏联红军军官雅·格尔曼等人于1923年9月底已经到达广州，随后与亚·伊·切列潘诺夫、尼·捷列沙托夫、弗·波里亚克和波·斯莫连采夫组成顾问小组，参加筹建军校的各项工作。10月6日，米·马·鲍罗廷到达广州，随被孙中山任命为国民党组织教练员，并参加军校

---

① 中共中央文献研究室编：《毛泽东年谱》上卷，人民出版社、中央文献出版社1993年版，第125页。1954年10月18日毛泽东在国防委员会第一次会议上讲话说到：我还曾经在上海为黄埔招过一期学生，地址是上海环龙路44号。

② 容鉴光、叶泉宏：《黄埔军校一期研究总成》，2003年，第161页。

的筹建工作。1924 年 4 月，苏联红军军团长安·巴富罗夫抵达广州，任大元帅府总军事顾问。随后，苏联派出的炮兵、军需、交通、工兵、交际、卫生、政治方面的顾问，陆续来到黄埔军校。7 月 18 日，安·巴富罗夫巡视战场时失足珠江，不幸溺毙。孙中山称他为"俄国为中国自由而捐躯的第一位先烈"①。随后，苏联派经验丰富的加伦（瓦·康·布留赫尔）来华，担任大元帅府首席军事顾问和黄埔军校总军事顾问。1924 年，苏联为军校提供经费，并枪械 8000 多支。1925 年和 1926 年，又先后运来 5 批军用物资。

1924 年 5 月 5 日，黄埔军校第一期新生入校，6 月 16 日举行开学典礼。孙中山发表演说，重提两年前陈炯明部发动"六一六兵变"之往事，以沉痛的历史教训，激励学生树立革命志向，专心求学，并且明确指出：创立陆军军官学校"独一无二的希望，就是创造革命军，来挽救中国的危亡"。由是，一所享誉中外的军事政治名校，宣告诞生。

广州时期办学的情况

从 1924 年 5 月至 1927 年，黄埔军校在广州共举办六期，各期招生、办学的基本情况如下：

---

① 孙中山：《祭巴富罗夫文》（1924 年 7 月 23 日），《孙中山全集》第 10 卷，中华书局 1981 年版，第 441 页。

期　别	入校（入伍生）日　期	开学日期	设置科目	毕业人数	毕业时间
第一期	1924 年 5 月	1924 年 6 月 16 日	步兵	650 人	1924 年 11 月 30 日（毕业典礼 1925 年 5 月 20 日）
第二期	1924 年 8 月	1924 年 8 月	步兵、炮兵、工兵、辎重、宪兵	449 人	1925 年 9 月 6 日
第三期	1924 年冬	1925 年 7 月 1 日	步兵、骑兵	1233 人	1926 年 1 月 17 日
第四期	1925 年 7 月	1926 年 3 月 8 日	步兵、炮兵、工兵、政治、经理	2654 人	1926 年 10 月 5 日
第五期	1926 年 3 月	1926 年 11 月 15 日	步兵、炮兵、工兵、政治、经理	2418 人（南京统计）	1927 年 7 月 18 日（武汉），8 月 15 日（南京）
第六期	1926 年 8 月	1927 年 7 月 15 日	入伍生		

第一期于 1924 年 5 月 5 日入学，初编为四队，后将大元帅府军政部陆军讲武学校的 158 名学生拨归本校，编为第六队。办学期间，因商团事变发生，学生分别参加保卫大元帅府及广东省署，并作为孙中山的卫队，护卫孙开赴韶关，10 月中旬参加平定商团的战斗。1924 年 11 月 8 日举行毕业考试，成绩及格者 465 人，于 11 月 30 日毕业。第六队学生至 1925 年 2 月始行毕业，5 月 20 日东征途中在梅县公署举行毕业典礼。第一期毕业学生总共 635 人。

第二期从 1924 年 8 月开始在上海、广州各地招考，包括台湾地区学生在内共录取四百余人。从本期起有安南、朝鲜及南洋群岛各地的青年前来报考就读。1925 年 2 月，本期学生随军东征，平定东江后，在潮州分校继续修习，后回师广州，参加讨伐杨、刘之役。学制原定 6 个月，然以随征之故延至年余，至 1925 年 8 月 21 日举行毕业考试，9 月 6 日举行毕业典礼，毕业生共 449 人。

第三期从 1924 年冬末开始招考并陆续入学，录取新生一千余人。1925 年元旦成立入伍生总队，实施入伍生教育制度。第一次东征期间，本期入伍生担任广州、虎门间的护送运输任务。东征军回师广州讨伐杨、刘时，入伍生全部由猎德村渡河协助作战。入伍生教育期满后，于 7 月 1 日举行开学典礼，编为三个大队和一个骑兵中队，1926 年 1 月 17 日举行毕业典礼，毕业生共 1233 人。潮州分校第一期毕业生及滇军下级干部训练班毕业生与本期毕业生同等待遇。

第四期从 1925 年 7 月开始招生，至次年 1 月全国各地来粤应试者达七批之多，军校特创设入伍生部，专门负责入伍生的教育和训练。入伍教育期间，参加广州之卫戍，黄埔、虎门之警戒，第二次东征时驻防惠州等。1926 年 3 月初举行升学考试，及格者升为正式学生，其中步兵科 1700 余人，炮兵科 140 余人，工兵科 148 人，政治科 444 人，经理科 216 人，于 3 月 8 日举行开学典礼。10 月 5 日第四期毕业，毕业生共 2654 人。

第五期入伍生从 1926 年 3 月起开始招生，第四期升学考试未及格者编为第一团，新招收的学生编为第二团，入伍生部设肇庆会馆。北伐开始后，入伍生炮兵团、工兵营、迫击炮连随师出发。11 月初入伍生教育期满，经考试升为正式学生，15 日举行开学典礼，分步兵、炮兵、工兵、政治、经理五科，陆续编为六个大队，共 2620 人。随后，第三、第四、第五大队开赴武汉，留在广州的第一、第二、第六大队于 1927 年 7 月开赴南京。同年，第五期分别在武汉（7 月 18 日）、南京（8 月 15 日）两地举行毕业典礼，南京方面统计，毕业生共 2418 人，毕业典礼实到者 1488 人。

1926 年 8 月后，黄埔军校还举办军官政治研究班、军官补习班、高级班、外国语班、无线电班等，由各军保送在职人员或招生来校受训。

第六期入伍生从 1926 年 8 月起开始招生，先后录取四千四百余人。入伍生教育期间，入伍生部分集训于沙河，部分驻防于石龙、东莞、深圳、虎门等地，一边执行勤务，一边进行训练。1927 年 7 月 15 日举行开学典礼。后来，六期生一部分编为黄埔六期二总队，1929 年 2 月毕业；另一部分编入南京六期一总队，1929 年 5 月毕业。

1925 年 12 月，黄埔军校设潮州分校。从 1926 年夏至 1927 年春，随着两广统一和北伐战争的推进，黄埔军校又在南宁、长沙、武汉设立分校。

1926 年 1 月，国民政府军事委员会决定将国民革命军各军所办的军事学校与黄埔军校合并，将"陆军军官学校"改名为"中央军事政治学校"，直隶于国民政府军事委员会，蒋介石任校长，汪精卫任党代表，李济深任副校长。

黄埔军校本校前六期毕业生共 8107 人，其中第一期至第四期为 4971 人。

教学活动及社会实践

黄埔军校广州办学时期，是黄埔军校历史上最重要的时期，校园朝气蓬勃，办学卓有成效。当时，黄埔军校与广东大学（1926 年改名中山大学）、农民运动讲习所、东园（省港罢工委员会）并称为广州的四大革命活动基地，成为海内、海外精英青年衷心向往的一块热土。

广州时期，黄埔军校的教学活动的主要特点是：

第一，黄埔军校创办时，第一次国共合作已经建立，国共合作不但推动了国民革命运动的兴起和迅猛高涨，为黄埔军校创建、建军创造了有益的政治环境，而且在扩大生源、增强师资、加强与社会革命运动的联系等方面，为黄埔军校提供了切实有力的保证，为教学活动注入了新的活力。

当时的国共合作采取“党内合作”的形式，共产党员、社会主义青年团员（共青团员）加入了国民党，兼具国民党党籍，因而，许多共产党员、青年团员得以国民党员身份进入黄埔军校工作和学习。在第一期学生中，入校前已经是共产党员者有三十多人，至毕业前后发展至百人以上。1926年3月中山舰事件时，黄埔系统有五百余党员[1]，校内并成立了共产党的组织（黄埔直属支部、特别支部、黄埔党团）。中共中央并于1925年11月1日、1926年10月3日两次发出党内通告，要求各地党组织积极协助军校招生，大力选派优秀分子报考黄埔。[2]军校的许多学生，事实上是国民党、共产党以组织手段及各种灵活措施在各地选拔而来的，这在生源的政治素质上，为黄埔军校的成功办学打下了基础。

1924年7月，黄埔军校成立国民党特别区党部（后改称特别党部），直属于国民党中央党部，全体学生按规定一律参加国民党。共产党员积极参加国民党的各项工作，军校前几届党部的执行委员和监察委员中，有不少人是共产党员。

---

[1] 周恩来1943年11月27日在政治局会议发言，引自中共中央文献研究室编：《毛泽东年谱》，人民出版社、中央文献出版社1993年版，第159页。

[2] “通告第六十二号”、“钟字第二十二号”，广东革命历史博物馆编：《黄埔军校史料》，广东人民出版社1982年版，第70、第79页。

黄埔军校在一段时间内，气氛相对宽松。国共两党成员近距离接触，不但同室而居，同桌共砚，在同一个操场上训练，而且共同参与各项社会活动。黄埔岛实际成为两党成员密切共事，共同参与建校、建军的场所。在平定商团，讨伐杨、刘和两次东征中，彼此又在同一条战壕中作战，为共同的革命目标而奋斗牺牲。虽然各自的主义、政见不同，而从事国民革命的大方向一致。国共合作在黄埔军校的成果之一，就是在建校、建军和投身革命战争的过程中，黄埔的教官、学生共同培育并弘扬了以爱国爱民、团结合作、勇敢无畏为主要特征的"黄埔精神"。这种精神不但为黄埔军人所认同，而且是当时和后来革命军克敌制胜的精神力量。黄埔军校因"黄埔精神"而名扬四海。

诚然，国共合作的过程并不是一帆风顺的。孙中山逝世后，国民党内和黄埔军校内的反共分裂活动不断升级，军校校长蒋介石还于1926年3月制造"中山舰事件"，公开排斥、打击共产党人，并最后导致了第一次国共合作的破裂。但是，第一次国共合作在黄埔军校所取得的成效是人所共知的，尤其是军校初创时期蒸蒸日上的局面，昭然于世人耳目，这是与众多国民党人、共产党人及苏联教官的共同努力分不开的。

第二，在军事教育方面。军事课之学科，主要有步兵操典、射击教范、战术学、军制学、兵器学、交通学、筑城学、地形学、经理学等；术科教以制式教练、战斗教练、实弹射击以及行军、宿营和战斗联络等技术为主要内容。从第二期起实行分科教学，设步兵、炮兵、工兵、辎重、宪兵五科，此后陆续增设骑兵、交通、无线电和航空等科。黄埔军校的教学设施和训练条件虽然简陋，但善于借鉴、吸收当时的各国先进经验，着重讲授苏联和各国最新的军事理论和军事技术，并围绕当代战争的需要开设课程。军校所开设的炮兵、无线电和航空等学科，当时都属于前沿学科。

黄埔的军事训练素以严格认真著称，注重于实用、技能和效果，使学生通过训练掌握要领，触类旁通。训练中强调自上而下，逐级负责，因人施教，直到人人领会并熟练掌握为止；强调耐心细致，不搞体罚。操场训练之外，还辅以实战演习。

黄埔的军事教官部分来自保定军校，部分来自云南讲武堂，对保定军校注重课堂教学、云南讲武堂注重操场训练的风气，均有所借鉴和传承。尤其是苏联教官参加组织教学并亲自任教，更提高了军事教育的质量和水平。当时任军校军事总顾问的加伦，来华前任苏联远东共和国军事委员会主席、陆军部长、远东军总司令，后来授元帅衔，是一位著名的军事家；军事顾问亚·伊·切列潘诺夫来华前为苏联红军的旅长，1923 年毕业于军事学院，后授中将衔，亦为既有战争实践经验，又通军事理论的人才，他们给黄埔军校带来了相当前卫的军事理论、知识和技能。

第三，在政治教育方面。借鉴苏联红军的经验，设党代表和政治部，实施政治教育和开展军队政治工作，是黄埔军校的首创。

政治课的设置注重于革命理论的讲授和国际、国内政治状况的介绍分析。开始时设课程 8 门，后来增至 18 门，最多时达 26 门，包括中国国民党史、三民主义、帝国主义侵略中国史、中国近代史、各国革命史、帝国主义、社会进化史、社会科学概论、社会问题、社会主义、政治学、经济学、各国宪法比较、军队政治工作、党的组织问题等。

政治课施教中对不同党派、学派的思想理论实行兼容并包的方针，既讲三民主义，也讲马克思主义，讲坛有不同的声音，各类书籍报刊得以自由阅览。校党代表训令规定："关于社会主义、共产主义、马克思主义等书籍，以及表同情于本党或赞成本党政策而极力援助本党之一切出版物，除责成政治部随时购置外，本校学生皆可购阅。"①孙中山、廖仲恺、汪精卫、胡汉民、谭延闿等人都到军校讲过课。蒋介石常于早晚点名时作精神讲话，训勉有加。毛泽东、刘少奇、彭湃、邓中夏、郭沫若、鲁迅等人也曾现身于黄埔军校的讲坛。

黄埔军校先后出版《士兵之友》《青年军人》（《革命军》）《中国军人》《黄埔潮》《武力与民众》《黄埔日刊》等报刊，为教官和学生发表言论、讨论问题、交流思想开辟阵地，其中《黄埔日刊》的发行量达二万多份。军校政治部并创办了"血花剧社"，让教官、学生寓教于乐，活跃精神生活。

课堂教学之外，黄埔军校还探索、创造了一整套军队政治工作的原则和方法，内容包括用革命思想教育军人，增强纪律观念；清除旧军队的影响与习气，提高官佐学生和士兵的爱国热情和民主意识；正确处理官兵关系、上下级关系以及军政之间、军民之间、友军之间的关系，使党政军民齐心协力争取战争的胜利；同时，还在实践中创造了一整套振奋我军、瓦解敌军、争取人民援助的生动活泼的军队政治工作形式。

1924年11月，以第一期毕业生为骨干，组建黄埔军校教导团，在军队中设立团、营、连党代表。党代表的职责是监察行政，指导党务，规定各种命令需同级党代表之副署才能生效。教导团的各级党代表中，有不少是共产党员。稍后，党代表制度由黄埔军校推广至国民革命军各军，在国民党内走出了以党领军的第一步。

黄埔军校政治部主要由共产党员主持。继张申府、周恩来之

---

① 《汪党代表训令》，广东革命历史博物馆编：《黄埔军校史料》，广东人民出版社1982年版，第79页。

后，相继到政治部工作的共产党员有包惠僧（后方主任）、鲁易（副主任）、邵力子（主任）、聂荣臻（秘书）、熊雄（代主任）、恽代英、孙炳文（政治主任教官）、韩麟符（军官政治研究班主任）以及章琰、萧楚女、陈启修、于树德、安体诚、熊锐、高语罕、李合林、张秋人、王懋廷、欧阳继修等。周恩来、熊雄、恽代英等人让政治工作的新风吹进校园，开创了思想建校、政治建军的新局面，提升了军人的政治信念，明确了军人、军队的社会责任和角色意识，并在中国军队中首次创立了旨在坚持、维护军队革命化的党代表制度和政治工作制度。共产党人主持的政治部是黄埔军校工作最出色部门之一。

黄埔军校的政治教育释放出巨大的军事能量，不久后的东征之役，黄埔军校教导团及参战的黄埔官生攻必克、战必胜，大破敌军。周恩来后来总结说："这是由于新成立的两个团，是新的革命军队，有着革命的三民主义作政治工作基础的军队，政治力量超过了敌人，提高了战斗力，保障了军队本身及军队与人民的团结。"①恽代英当时盛赞黄埔军校"为中国革命开辟了一个新纪元"。

1926年1月，"陆军军官学校"改名为"中央军事政治学校"，增设政治科，实行军事、政治并重，并明确提出了"军事与政治打成一片"，"理论与实际打成一片"的方针。第四期政治科招收学生将近五百人，等于在校内增设了一所政治学院，政治部职员有八十多人，政治教育的分量由是大大加重。

第四，黄埔军校办学理念新颖，强调知行合一，学以致用。当时的广州，是国民政府和国民党中央所在地，是国民革命运动

---

① 周恩来：《抗战军队的政治工作》（1938年1月10日），《周恩来选集》上卷，人民出版社1980年版，第93页。

的中心，革命志士风云际会，波澜壮阔的反帝反封建革命运动蓬勃展开。黄埔军校不搞关门办学，而是结合革命运动的实际来办学，让学生广泛接近市民，深入实践，自觉投身于实际斗争。军校既靠近党政中枢，能够把握革命运动的脉搏，同时又置身于民众运动之中，同工农商学各界保持密切的联系。身处风起云涌的革命年代，黄埔学生拥有许多参与政治活动、党务活动、工农运动的机会，遇上许多能够展示自己的才智、能力和展现自身价值的场合。黄埔军人的成长，同这一点是有密切关系的。共产党内不少干部，国民党内许多黄埔军人，当年都参加过援助省港大罢工及支援广东农民运动，他们在联系实际，学用结合的过程中，迈出自己军旅或政治生涯的第一步。

更为值得注意的是，黄埔军校富于且战且教，从战争中学习战争的经验。一期生在学期间即参加了平定商团之战，此后各期，分别参加了两次东征，讨伐杨、刘和北伐战争诸役。有机会亲上战场，亲身参加真枪实弹的战争，对军校学生来说，这比在课堂上听讲更为重要。在近代中国几所军事名校中，最为人所称道的是：保定军校的课堂，云南讲武堂的操场，黄埔军校的战场。

革命军的建立及东征北伐

1924年11月，黄埔军校第一期结业。遂以本期毕业生为基干，成立黄埔军校教导团。第一团何应钦任团长，缪斌任党代表，刘秉粹任参谋长，沈应时、刘峙、蒋鼎文、严凤仪、王俊先后任各营营长，章埈、茅延桢、蔡光举任各营党代表；第二团王柏龄（钱大钧代）任团长，张静愚任党代表，郭大荣任参谋长，顾祝同、林鼎祺、刘尧宸、宋文彬、金佛庄先后任各营营长，胡公冕、季方、郑洞国任各营党代表；杨天樗任独立营营长，唐震任党代表。

黄埔军校第一期毕业之际，大元帅府铁甲车队奉命改组，由军校特别官佐徐成章担任队长，一期生周士第任副队长，赵自选任军事教官。

黄埔军校教导团的创立，是孙中山和广东革命政府独立组建革命军队的发端。1925年春，黄埔军校教导团编入东征军右路军，军校第二期学生、第三期入伍生也参加了此次东征，在淡水、棉湖、华城、兴宁诸役大破敌军，使"黄埔精神"初放异彩。营党代表蔡光举（一期）牺牲于淡水，章琰（教官）阵亡于棉湖。在第一次东征中，黄埔同学阵亡16人，士兵六百余人。[①]

1925年4月6日，中国国民党中央执行委员会举行第七十三次会议，通过廖仲恺所提《建立党军案》，以黄埔军校教导第一、二团成立"党军"第一旅，委教导团第一团团长何应钦兼充旅长，沈应时为第二团团长。5月7日，中央执行委员会第七十九次会议，决议任蒋介石为"党军"司令官。5月底，"党军"奉命回师广州，参加讨伐滇桂军，于6月中旬取得胜利，入伍生队连长王声聪（一期）等6人于猎德渡河时阵亡。6月23日，广州沙面租界英、法军警制造"沙基惨案"，"党军"营长曹石泉（一期区队长）等23名黄埔师生遇难于沙基。

8月1日，国民政府作出"统一军政"的决定，随后统一编定国民革命军的番号，"党军"编为国民革命军第一军，蒋介石任军长。第一军下辖三个师：第一师师长何应钦，党代表周恩来，所部第一团团长沈应时，党代表贺衷寒，第二团团长刘峙，党代

---

① 《东江阵亡烈士墓碑碑文》，《黄埔军校史料》（续篇），广东人民出版社1994年版，第463页。

表金佛庄，第三团团长钱大钧，党代表包惠僧；第二师师长王懋功，党代表谬斌，所部第四团团长刘尧宸，党代表徐坚，第五团团长蒋鼎文，第六团团长惠东升，党代表胡公冕；第三师师长谭曙卿，党代表鲁易，所部第七团团长谭曙卿，党代表蒋先云，第八团团长陆瑞荣，党代表张际春，第九团团长卫立煌，党代表傅维钰；此外，第一补充团团长周保山，党代表王逸常。

是年11月，在国民革命军第四军内，建立了由中共广东区委直接掌握的第三十四团，叶挺任团长，黄埔军校教官杨宁，一期生周士第、曹渊、许继慎、董朗、二期生卢德铭等，分别担任团参谋长和营连长。1926年春，第三十四团改番号为第四军独立团，又称"叶挺独立团"。

从黄埔军校教导团、"党军"到国民革命军第一军，黄埔军校一步步迈出了以本校教官、学生为骨干组建新式革命军队的步伐。这是国民党、国民政府正式创建革命军队，真正领导和管治军队的开始，在中国革命史和军事发展史上，具有开创的意义。

1925年秋，国民革命军第一军第一师、第二师第四团和第三师等参加了第二次东征，编为东征军第一纵队。军校在校学生和入伍生也参加了这次东征。蒋介石任总指挥，汪精卫任党代表，周恩来任总政治部主任。10月14日，东征军英勇攻破惠州坚城，使"黄埔精神"再放光彩。随后东征军又在海丰、安流、横江和双头等地，大破敌军，胜利结束了第二次东征。第四团团长刘尧宸（教官）、副营长谭鹿鸣（一期）于惠州攻城时阵亡，营长唐同德（一期）战死于海丰。在第二次东征中，黄埔军校同学阵亡58人，士兵178人。[1] 黄埔军校为剪除地方军阀，统一广东革命

---

① 《东江阵亡烈士墓碑碑文》，《黄埔军校史料》（续篇），广东人民出版社1994年版，第463页。

根据地，作出了积极的贡献。

1926 年夏秋，国民政府兴师北伐。以黄埔生为骨干的第四军独立团，被派为北伐先遣队，先行开赴两湖战场，并在北伐战争中最著名的两大战役——汀泗桥和贺胜桥之役中，一举打败直系吴佩孚的主力，建立了卓越的战功。黄埔军校前四期的学生分别被编入北伐军的各种部队，从中路、东路参加北伐；第五期部分入伍生和学生也参加了北伐。北伐军营长曹渊（一期）、团长文志文（一期）、郭俊（区队长）、金佛庄（队长）、蒋先云（一期）等，先后牺牲于各地战场。在北伐中阵亡的黄埔军校前五期的学生（包括潮州分校等），约为一百一十余人。[①]

黄埔军校所造就的革命新军，纵横驰骋于南粤、两湖、中原、华东和华北地区，经年浴血奋战。1928 年 6 月，奉军张学良宣布东北易帜。孙中山打倒军阀、统一中国的遗愿，初步得到了实现。

然而，正当北伐战争节节推进时，军校校长蒋介石却于 1927 年 4 月在上海发动四一二政变，广州跟着发生了四一五政变。黄埔军校的教官熊雄、熊锐、萧楚女、孙炳文、安体诚，一期生谭其镜，二期生麻植等惨遭枪杀。黄埔军校在广州的教官、学生和入伍生此时被捕者约有四百人。至此，第一次国共合作终告破裂，黄埔军校发生了质变。

黄埔军校的变迁

1926 年冬季，当北伐军占领武昌后，黄埔军校在武汉设立分校，邓演达代行校长职务，顾孟余代行党代表职务，恽代英为主

---

① 《北伐烈士名录》，《黄埔军校史料》（续篇），广东人民出版社 1994 年版，第 502 页。

任教官，郭沫若、李富春、李汉俊、李达、陈潭秋、项英等二十多人为教官。武汉分校在武汉地区和全国各省、市陆续招生，规模大，并招收女生入学，开中国军校招收女生之先河。1927年春，就读于武汉军校的男女学生共有六千余人。①

1927年夏，北伐军克复江苏和浙江，国民政府定都南京，随后即着手筹建中央军校。1928年3月6日，中央军校在南京举行开学典礼，定名为"中央陆军军官学校"。黄埔军校在广州等地招收的第五、第六期的部分学生，继续迁至南京本校就读。"中央陆军军官学校"一度实行校务委员制，以蒋介石、何应钦等为校务委员，后恢复校长制，以蒋介石为校长，张治中为教育长。学制初为两年制，采取日式教育；1930年后改为三年制，采取德式教育。从1928年至1937年抗日战争爆发，称黄埔军校南京本校时期，共招训正期学生八期，即从第六期至第十三期。

1937年7月卢沟桥事变爆发后，南京"中央陆军军官学校"奉命西迁，经江西、湖南、湖北，行军数千公里，备尝播迁之苦，陆续到达四川省铜梁。1938年11月，军校由铜梁再迁至成都。由此而至1949年12月，称为黄埔军校成都本校时期，历时十三年，共办学十期，即从第十四期至第二十三期。先后由陈继承、万耀煌、关麟徵任教育长。

抗日战争结束后，成都"中央陆军军官学校"于1946年元旦改名为"陆军军官学校"，恢复1924年建校之初的校名。1947年冬，由关麟徵（一期生）任校长（此前一直由蒋介石兼任校长）。1949年9月，关麟徵调任陆军总司令，改由张耀明（一

---

① 《黄埔军校各地分校始末》，《黄埔军校史料》（续篇），广东人民出版社1994年版，第511页。

期生）继任校长。黄埔军校成都本校时期，是校址较为固定，培训学生最多的一个时期。

黄埔军校在南京、成都办学的时期，分别在洛阳、武汉、成都、广州、昆明、南宁、西安、迪化（乌鲁木齐）等地，设有十多处分校，按照本校的教育大纲实施教学。

以上，从 1928 年初至 1949 年 12 月，先后在南京、成都举办"中央陆军军官学校"、"陆军军官学校"，共办学十八期。虽然校名历经更改，校址屡经迁徙，学校的性质以及办学之宗旨、方针等已有所改变，但这些学校均以广州的黄埔军校为源头，历史沿革没有中断，校长、校务主持人及各科教官中的许多人也来自黄埔，在一定程度上，对黄埔军校的制度、校风有所承传，习惯上统称为黄埔军校。

1949 年 12 月，人民解放军占领成都，黄埔军校在大陆办学的历史，宣告结束。①

黄埔军校的影响

黄埔军校是享誉中外的军事名校，特别是在 1924 年至 1927 年的大革命中，由于国共合作的推动，由于实施了严格的军事、政治教育，并经受过工农革命运动的激荡和革命战争的洗礼，许多人脱颖而出，在中国革命的历史进程中，发挥了积极的作用。

1927 年中国第一次大革命失败后，在严峻的历史转折关头，周恩来、陈毅、恽代英、郭沫若、周士第、许继慎、陈赓、林彪

---

① 国民党退守台湾后，以"陆军军官学校台湾训练班"（成立于 1947 年）的所在地高雄县凤山为校址，恢复黄埔军校建制，接续黄埔军校成都本校的期数，从第二十四期起招生，称为凤山军校。

等大批黄埔教官和学生先后奔赴南昌，参加南昌起义；卢德铭在秋收起义中担任军事总指挥；叶剑英、聂荣臻、恽代英、徐向前、赵自选、陶铸等参加了广州起义。此后，有数千名黄埔军人（包括武汉等分校）在全国各地投入了创建红军、创建革命根据地、开展土地革命的斗争。在各路红军和各地工农武装的创建者和领导者之中，王尔琢、徐成章、许继慎、蔡申熙、董朗、唐澍、刘畴西、孙一中、贺声洋、黄鳌、严凤仪、鲁易、周逸群、朱云卿、黄公略、叶镛、伍中豪、李文林、何昆、曾中生、潘忠汝、宛旦平、李鸣珂、李天柱、段德昌、姜镜堂、刘志丹等，均为黄埔军校的教官或学生。

1931 年，日本发动九一八事变，很快占领了东北三省，黄埔军校四期生赵尚志、区队长崔庸健、武汉分校女生赵一曼等高举抗日大旗，转战于白山黑水之间。1932 年"一·二八事变"时，一期生宋希濂、孙元良等与十九路军一起，在上海奋起抵抗，给日军以沉重打击。黄埔生关麟徵、黄杰、戴安澜等率部战斗在古老的长城线上。

1937 年抗日战争全面爆发后，抗日民族统一战线正式形成，第二次国共合作建立。分道扬镳十年的黄埔教官和学生，走上共同抗日之路。抗日战争初期，中国军队与日军先后进行了平津、淞沪、南京、太原、徐州、台儿庄、武汉、南昌、宜昌、长沙等多次会战，出自黄埔军校的张治中、陈诚、何应钦、顾祝同、孙元良、王敬久、李默庵、侯镜如、宋希濂、夏楚中、李延年、霍揆彰、黄维、彭善、王耀武、李玉堂、俞济时、钟松、胡宗南、黄杰、桂永清、关麟徵等，分别率部浴血奋战于正面战场的各次会战，坚决打击日本侵略者，表现了中华民族空前的觉醒、团结和高昂的斗志。黄埔一期生黄梅兴英勇牺牲于淞沪之役，是这一战役中为国捐躯的第一位抗日将领。

此时，中国共产党领导的工农红军改编为八路军和新四军。出自黄埔军校的叶剑英任八路军参谋长，左权任副参谋长；林彪任一一五师师长，聂荣臻任该师副师长；徐向前任一二九师副师长，陈赓任三八六旅旅长；周士第任一二〇师参谋长。八路军中的黄埔师生还有陈奇涵、萧克、郭化若、李运昌、王世英、倪志亮、许光达、宋时轮、张宗逊、罗瑞卿、郭天民、程子华、陈伯钧、王诤、莫文骅、杨至成、唐天际等。在新四军的领导人中，项英、陈毅、袁国平、冯达飞等也出自黄埔军校。1937年9月，林彪、聂荣臻于平型关首战告捷，取得了华北战场上中国军队主动寻歼日军的第一个大胜利。此后，八路军、新四军在华北、华中敌后战场上开创了一片抗战新局面。

1938年初，国民政府军事委员会政治部在武汉成立。由陈诚任部长，周恩来任副部长，政治部所辖第一厅厅长贺衷寒、第二厅厅长康泽、第三厅厅长郭沫若，以及随郭沫若到三厅工作的阳翰笙、尹伯休、郑用之等，都是黄埔军校教官或学生。随后，国民政府军事委员会在南岳举办游击干部训练班，由汤恩伯任教育长（后李默庵），叶剑英任副教育长。这个由黄埔军人主持的训练班，沿用了黄埔军校的办学经验和教育训练方法，培养了大批抗日游击干部。

此后，日本一再向中国增兵，1939年冬增至34个师团，1940年冬又增至38个师团。中国人民不屈不挠，坚持持久抗战。在正面战场上，先后进行了桂南、豫南、中条山、鄂西、长沙、常德、衡阳会战，大量歼灭日军。黄埔军人杜聿明、郑洞国、胡琏、王耀武、李玉堂、方先觉、余程万、孙明瑾、葛先才、周庆祥、容有略等，分别率部参加了以上各次会战。在华北敌后战场上，八路军中的黄埔师生参加了著名的"百团大战"，给予日军强有力的打击。黄埔一期生左权英勇牺牲于太行山上，是八路军为抗日捐躯的职位最高的一位将领。

1941 年 12 月太平洋战争爆发，国际反法西斯统一战线正式形成。翌年 1 月，日本进攻缅甸，企图占领盟军在东南亚的军事基地，在日军猛攻之下，驻东南亚之英军节节败退。中国政府于是组织远征军，进入缅甸作战。黄埔一期生杜聿明任中国远征军第一路副司令长官；三期生戴安澜任第二〇〇师师长，在同古之役歼敌五千多人，撤退时受伤牺牲；在仁安羌大破日军、一举救出英军及美国记者、传教士共七千五百多人的远征军新三十八师——一一三团，其团长刘放吾是黄埔军校第六期的学生。

全民族抗战的八年中，数以万计的黄埔军人，包括广州本校、南京本校、成都本校及各地分校的教官和学生，在正面战场、印（度）缅（甸）战场和敌后战场上，同仇敌忾，浴血抗日。出身于黄埔军校的少将、中将军衔的指挥官有九十多人在抗战中为国捐躯。黄埔军校为抗日战争、世界反法西斯战争的胜利作出了伟大的贡献。

抗日战争胜利后，黄埔军校教官周恩来任中央军委副主席、总参谋长；陈毅任第三野战军司令员兼政委；聂荣臻任华北野战军司令员兼政委。许多黄埔学生成为人民解放军的高级将领：林彪任第四野战军司令员，徐向前任华北野战军副司令员，罗瑞卿任华北野战军副司令员，阎揆要任第一野战军参谋长，程子华任第四野战军兵团司令员，周士第任第一野战军第十八兵团参谋长，陈赓任第二野战军第四兵团司令员等。在两种命运、两种前途的大决战中，陈明仁等国民党军队中的黄埔将领举行起义，走进了人民军队的行列。

总之，大量革命、抗日将士出自黄埔军校。黄埔军校的历史地位毋庸置疑，这所学校对中国革命的作用和影响是客观存在的。

黄埔军校是办学的奇迹，人才济济，将星闪烁，造就了一代将领。据粗略的统计，在国民党方面，出身于黄埔军校的兵团司令以上高级将官有一百多人，三十多人被授予上将军衔，五十多人被授予中将军衔。中华人民共和国成立后，在 1955 年授衔的人民解放军 10 位元帅中，有 5 位是黄埔军校的教官或学生，他们是林彪、陈毅、徐向前、聂荣臻、叶剑英；在 10 名大将中有 3 位、57 名上将中有 9 位出身于黄埔军校。军校政治部主任周恩来，任中共中央副主席、国务院总理。第五期学生陶铸，任中共广东省委书记、国务院副总理。第五期区队长崔庸健（朝鲜），1972 年当选为朝鲜民主主义人民共和国最高常任委员会委员长。

虽然，黄埔军校办学的环境是复杂的，走过的道路也是曲折的，但黄埔军校在中国革命战争、抗日战争和世界反法西斯战争中所发挥的积极作用，早为世人所肯定。黄埔军校属于中华民族。海峡两岸和世界各地华人对黄埔军校怀有深厚的认同感，黄埔精神是以爱国为核心的精神力量，是中华民族发愤图强精神的体现。

黄埔军校的历史是中国革命史的重要组成部分，涵盖、辐射了近现代中国的大量的历史事件和历史人物，与中国政治、军事、党派的历史有不可分割的联系。二十一世纪的今天，认真整理黄埔军校的历史资料，深入研究黄埔军校的历史，对于中国革命史、中国军事史、中华民国史和中共党史的研究具有重要的意义。

共产党人与黄埔军校

注：《共产党人与黄埔军校》，广州出版社 2013 年版。全书共八章，加上"缘起"、"结束语"，总共 52 万多字，述及中共黄埔军校直属支部、特别支部、黄埔军校党团、中共广东区委军委的活动，涉及数百名在黄埔军校工作与学习过的中共党员的情况。以下为本书之"缘起"和"结束语"。

缘　　起

十九世纪末二十世纪初，军校的涌现是中国令人注目的景观之一。军事教育可能是当时中国最为热门的教育。

我们不知道当时到底办了多少军事学堂，仅姜克夫《民国军事史略稿》列出的就有：北洋武备学堂（天津 1885 年），广东水陆师学堂（广州 1887 年），江南陆军学堂（长沙 1895 年），新建陆军行营武备学堂（保定 1896 年），湖北武备学堂（武昌 1897 年），江宁练将学堂（南京 1899 年），北洋行营将弁学堂（天津 1902 年），湖北武备高等学堂（武昌 1902 年），浙江武备学堂（杭州 1903 年），四川武备学堂（成都 1903 年），陆军师范学堂（天津 1905 年），陆军参谋大学堂（1905 年），北洋军官学堂（保定 1906 年），北洋陆军讲武堂（天津 1906 年），宪兵学堂（大沽1906年），江北陆军速成学堂（1906年），电信信号学队（小站1906年），四川速成学堂（成都1906年），江苏陆军速成学堂（南京1906年），广东随营将弁学堂（广州1906年），广东陆军速成学堂（广州1906年），北洋陆军速成学堂（保定1907年），南洋陆军讲武堂（南京1907年），东三省讲武堂（吉林1907年），东三省宪兵学堂（奉天1907年），安徽武备学堂（1908年），云南讲武堂（昆明1909年）；还有各省的陆军小学堂、一些地方的陆军中学堂和贵胄学堂；此外，还向外国选派陆军留学生。各军事学堂的教官，多请"老外"担任，学生不但要学兵法、军器、算法、测绘、防御工程，还要练洋操、学洋文，等等。由是观之，军事是当时优先发展的事物，在向外国学习这一点上，军事部门可能算得上是率先而行的一个部门，许多人才也流向军事学堂去了。

这不是没有原因的。清朝末年，中国落后挨打，因战败而一次次割地赔款，受尽了屈辱。甲午中日战争中，中国又败给日本。在这些事件的刺激下，全中国上下，都要求整军经武，对培养军人、训练军队，寄予莫大的希望。尚武，成为一时之风气。笔者注意到，连那位有点名气的性教育的先驱——张竞生博士，也读过黄埔陆军小学。张竞生说，当时流行"军国民主义"，认为兵强械利，是救国的捷径。正因为受了这种思潮的影响，所以他在进了中学之后，又"降低程度"去读陆军小学，与后来成为粤军名将的陈铭枢、蒋光鼐等做了同窗之友。虽然张博士后来没有从军，但他少年时进军校的心态，则是有代表性的。

黄埔军校的创办，迟于上述那批军事学堂。它是1924年中国国民党实行改组之后，以国民党之名创办的陆军军官学校（后于1926年3月改组为军事政治学校）。虽然黄埔军校的一些教官是从那些军事学堂毕业的，但与之对比，黄埔军校自有其不同的特点或特色。最主要的，就是黄埔军校将国民党的观念灌注于军校教育之中，不但要以军救国，而且要以军兴党。党与军队的关系，被概括为一个公式："军以党化，党以军成"。当时，中国国民党以实现孙中山的三民主义为宗旨，要求掌握军队，创建"党军"，要借助军队的力量去完成党的使命。从历史发展的轨迹看，黄埔军校的创办和国民革命军的建立，对中国国民党、中国革命和中国近现代历史的发展，产生了深刻的影响。黄埔军校的历史地位、作用，当然是以往那些军事学堂不可比拟的。

由于特殊的历史条件，中国共产党与黄埔军校也有密切的关系。这种关系主要体现在：从军校筹备和创办之日起，就有许多共产党员在黄埔军校工作和学习；黄埔军校前六期各期，均建立了共产党的组织。其缘由主要是国民党在改组之初，实行三大政策，在创办军校时不仅接受了来自苏联的经济、物资的援助，聘请苏联顾问、教官到黄埔军校工作，而且在任用干部、招考学生方面，也向中共打开了大门；而当时的国共合作采取了"党内合作"的形式，中共党员兼具国民党员的身份，也为他们进入黄埔军校工作和学习，提供了有利的条件。因是之故，中国共产党在初创时虽然在指导思想上并不强调军事，但由于上述情况，却使许多中共党员有机会通过各种途径，陆续进入黄埔军校，成为黄埔的教官、职员或学生。周恩来说：1926年3月中山舰事件时，黄埔军校有五百多名中共党员。黄埔军校教育长方鼎英说：1927年4月广州"清党"时，黄埔军校有四百多人被捕（详见本书第八章）。这两个数字虽然不应简单相加（因有交叉之处，而方所说的被捕四百多人中，有的人也不是共产党员），但联系当时的其他情况来分析、概算，可以大致估算出在黄埔前六期工作、学习过的中共党员，不会少于一千人。①当时中国共产党成立不久，全党人数不多，在短短的两三年内，有数百上千名来自全国各地的中共党员集中于黄埔军校一校，这当然不是偶然现象。在黄埔军校创建、建军的过程中，在校内外各项重要事务、各次革命活动中，共产党人的作用、影响，绝非微不足道的。共产党人与黄埔军校有客观的历史联系。不论对中共党史来说，还是对黄埔军校史来说，这一点都是不可抹杀和不应忽略的。

本课题预定的任务，是研究 1924 年至 1927 年黄埔军校（陆军军官学校、中央军事政治学校）的共产党组织及共产党员的历史情况。著者关注的主要问题是：

1、早期中共党员思索军事问题、从事军事活动、参与黄埔军校创建、建军工作的情况及其因缘，寻绎共产党人走向黄埔的道路。

2、黄埔军校共产党组织和党员的基本情况，包括：当时在黄埔教官、学生中有哪些人是中共党员及主要人物的来历；中共黄埔直属支部、黄埔特支、黄埔"党团"及中共广东区委军委的有关情况；中共在黄埔军校开展党的建设的历史经验。

3、共产党员在黄埔校内外的重要活动，包括：教学活动、主持军校政治部、主办政治科；开展军校政治教育、军队政治工作、战时政治工作；成立社团、创办报刊；组建和训练革命武装、加入国民革命军各军、参加两次东征和北伐战争；援助工农运动；等等。

4、黄埔军校共产党组织与广东、广州地区党的组织的关系，

① 据"黄埔同学会"组织科 1929 年的统计报告，黄埔学生中的"共产嫌疑者"前五期共计 1522 人。广东省立中山图书馆等编：《黄埔军校史料汇编》第 2 辑第 35 册，广东教育出版社 2013 年版，第 92 页。

共产党人在黄埔军校的活动对于南方革命运动的推动与影响。

5、黄埔军校党组织对当时重大政治问题和重要历史事件的态度，如对国民党左右派的分化、"廖案"、蒋汪胡的权力角逐、中山舰事件和整理党务案的态度；黄埔左右两翼军人政治分野的由来、发展及其影响；黄埔军校当局从联共到反共的演变和黄埔军校"清党"后的质变。

6、黄埔军校共产党员与全国各地党的组织及革命运动的关系，黄埔军校与全国各地革命运动的联系和向全国各地辐射。

7、共产党人在黄埔军校的工作的开拓意义。

有关黄埔军校的书，已经出版过许多，人们的眼光不同，各有侧重之点。所谓弱水三千，只取一瓢。本书仅就以上的问题加以展开，但愿能兼顾其他，能够从总体上、全局上去认识和把握。需要说明的是，主要由于作者尚未掌握足够史料的缘故，此项研究将很少涉及共产国际和联共（布）使者在黄埔军校的活动和影响。由于同样的原因，本书所述，也仅限于在广州的黄埔军校本部前六期的史事，而很少涉及各地分校的情况。

笔者秉求实、求是之心做这一课题。工作中虽有许多困难，但坚信历史是可以被认识的，尽管获得这种认识决非轻而易举，也不可能一蹴而就和一次完成。笔者做这一课题，还寓有如下的感识：

1、一代青年的思想动向和群体走向，自有其深刻的时代原因。对这样的问题应作出切要的分析和说明。

2、黄埔以区区一岛影响各方，牵动中俄关系、国共关系和国内外许多重大问题，其中必有其内在原因，应以史事的各种内在联系及辐射作用，作为叙述的重点。

3、黄埔军校固然是一代将军的摇篮，但黄埔军校的历史，并不只是后来成为将军的那些人的历史。许多未成为将军或未来得及成为将军的人，他们在黄埔军校的活动同样重要，甚至更能体现黄埔校史的实质。故应以最大的努力，查找与课题相关的各种人物，寻觅他们的来历和在黄埔军校留下的足迹，跟踪他们后来的走向，以更全面地反映历史的真实。

4、黄埔军校是当时革命运动的动感之地，日新月异，事态百变，对黄埔军校的历史，既要关注重大事，也不能忽略小事。对历史的变动起关键作用的，有的时候是偶然发生的、细微的小事。寻绎历史变动的缘由，不应忽视历史的偶然性。

5、客观历史本身，可以比拟为一部感人至深的小说，一台扑朔迷离的大戏。笔者甚至认为：实在的历史比小说深刻，比戏耐看。

笔者研究广东地方史，多年来披寻有关黄埔军校的史料，穷搜罗掘，征集唯恐不广，而阅览唯恐不尽也。虽然如此，但仍感到对黄埔军校的历史，了解不多，知之有限，思想、学术水平不高，研究不深，对能否做好这个课题，把握并不大。谨以至诚之心，欢迎读者指正书中的差错漏误，欢迎提供本书所涉及的各种人物的资料，欢迎讨论书中涉及的各种问题。

结　束　语

下面几点，是笔者对本书的简要归纳，是做完这一课题后得出的若干粗浅的认识。谨笔述于此，作为全书结束之语。

第一，本书初次出版时所能辨认的、在黄埔军校第一期至第六期工作过的共产党员共145人次，除重复录名者外，实计65人；在黄埔各期学习过的共产党员（包括各期"同学录"缺名者及入伍生）共 366 人；教职员、学生总共为 431 人。经过几年来进一步的核查，纠正若干错认者，添补新辨认出来者，修订本补正为教职员中的共产党员为 75 人，学生中的共产党员为五百二十多人，总共为六百多人（包括若干资料欠完全者）。

周恩来曾经说：中山舰事件（1926 年 3 月）时，"黄埔有五百余党员。"[①] 本书第八章写过，1927 年 4 月广州"清党"时，黄埔军校有四百多人被捕。而据"黄埔同学会"组织科 1929 年的统计报告，黄埔军校学生中的"共产嫌疑者"，第一期至第五期总共计 1522 人。由此观之，本书辨认的人数，实非黄埔党员的全部数。我们虽然对上述六百多人的校籍（是否黄埔军校教职员或黄埔学生）、党籍（是否中共党员）作过一些具体的辨认，但总的说还是粗略的，不但可能会有错认的情况，而且还有许多人的身份未能辨认出来。笔者阅读不广，所知有限，亟愿得到各方的批评、指正和帮助，以使我们的认识能够不断接近于历史的实际。

当时（1927 年初），广东全省共产党员人数不足一万人，全国党员总数不足六万人。黄埔军校党员的人数（以目前所能辨认的六百人计算），约占广东党员总数的百分之六，占全国党员总数的百分之一。故无论从广东全省来看或是从全国来看，黄埔军校党组织的地位都是不可忽略的。中共在黄埔军校的直属支部、特别支部和"党团"，无疑是当时中国共产党的重要组织之一。

第二，上述六百多人，有的人是中共初创时北京、巴黎、武汉小组的成员，有的是各地方党组织的创建人或革命运动的领导者，有的是海外归来的华侨子弟，还有的是来自朝鲜、越南等国

---

① 周恩来 1943 年 11 月 27 日在政治局会议发言，引自中共中央文献研究室编：《毛泽东年谱》，人民出版社、中央文献出版社 1993 年版，第 159 页。

的革命者。从教职员来说，他们的文化程度比较高，有留学法、德、苏联、日本回归的人员，有北京大学等院校的教授，有的人当时就称得上是国内著名的学者、马克思主义理论家，有的毕业于保定军校、云南讲武学堂等，是中国共产党内最早从事军事工作的人员。从学生来说，不少人进校前是各地工农学生运动的先锋和积极分子，具有丰富的实际经验。总之，聚集在黄埔军校的共产党员，不但人数比较多，而且是党的幼年时期的一批素质较好、活动能力较强的人物。他们对黄埔军校的创立和各项建设，对国民革命军的创建，对两次东征、北伐战争的胜利和各地革命运动的发展，作出了不可磨灭的贡献。通过黄埔军校，中共培养了大批军事、政治干部，他们从黄埔奔赴全国各地，对中国革命作出了重大贡献。共产党人参与黄埔军校创建、建军的活动，是中国共产党早期的具有开创意义和深远影响的历史活动。

　　第三，在党的幼年时期，先后有数百名来自全国各地的党员到黄埔军校工作和学习，这一历史现象说明中共与黄埔军校，全国各地革命运动与黄埔军校有着割不断的历史联系。黄埔军校是中国革命的干部培训基地，在特殊的历史条件下，实际上也是中共的干部培训基地。中共早年的许多军事、政治干部是从黄埔军校出来的。更为重要的是，共产党人在黄埔军校迈出了开展军事工作、掌握军队、从事武装斗争的第一步。走出了这一步，才有后来的三大起义，才有人民军队的诞生、土地革命的展开，等等。这是紧扣中国革命主题的一步，因而是党的历史上的一次具有深刻意义的开拓与创新。从黄埔军校开始的思想建校、政治建军的实践，黄埔军队创设的军队政治工作制度（"党代表制"、"政治部制"、"党部制"），对中国共产党领导的人民军队的建设，更有至深而久远的影响。而从国共关系来说，众多的共产党人到黄埔去，是实践国共合作的具体的、重要的步骤。黄埔是第一次国共合作的前沿之地，在两党成员的接触、联系、共事合作方面，当时再没有比这更加紧密的地方了。黄埔军校有国共合作最成功、最生动的实例，也有许多宝贵的、真切的经验教训。而在黄埔军校发生的种种事件，包括中山舰事件、蒋介石以军制党和以军制政、黄埔"清党"等，不仅对黄埔军校本身，而且对中国国民党历史的转折，对国共关系的演变，乃至对整个中国革命的走向，都有深刻而久远的负面影响。人们希望更多地揭示黄埔军校历史的隐秘，其原因就在这些地方。来到黄埔岛上，静夜听涛，总会听到绵绵不尽的遗音余韵，总会引发出许许多多的感慨、思绪与话语。真是：滚滚黄埔潮，奔来眼底；阵阵沧桑感，涌上心头。

第四，黄埔岛吸引了各地的优秀人才，又为各地的革命运动输送了大批人才。全国各地，都有本书人物活动的足迹。在上述六百多人中，章琰、曹石泉、李劳工、谭鹿鸣、唐同德、茅延桢、陈作为、张隐韬、唐际盛、胡焕文、吴兆生、曹渊、洪剑雄、张其雄、赵枏、金佛庄、郭俊、蒋先云、荣耀先、麻植、孙炳文、安体诚、萧楚女、熊锐、熊雄等，已分别在两次东征、沙基惨案、北伐战争和广州"清党"时牺牲，1925年至1927年夏季前（大革命失败前）牺牲、阵亡、病故者共五十多人；游步瀛、郭德昭、杨浦泉、廖快虎、蔡晴川、冷相佑、张堂坤、蒋作舟、伍文生、卢德铭、黄锦辉等二十多人，已经在南昌起义、秋收起义、广州起义中牺牲；此后，又有鲁易、许继慎、周逸群、胡秉铎、孙一中、赵自选、裘古怀、毛简青、王懋廷、傅维钰、彭干臣、黄公略、朱云卿、熊受萱、曾中生、杨宁、刘志丹等一百五十多人，在十年内战时期阵亡或牺牲；宣侠父、赵尚志、左权、袁国平、冯达飞等，在抗日战争期间牺牲。出自黄埔军校的共产党员在中国革命中牺牲、阵亡、死难者，总共达二百三十多人。他们之中的每一个人，都联系着大片的地区、众多的人物。在他们各人的身上，发生了叙说不尽的故事。他们许多人的事迹，已被写成了书，拍成了影片，有的地方还为之立了纪念碑、建有纪念馆。更有跨过了战争的艰难历程，迎来了胜利的那些人，他们的一些事迹同样是十分感人的。而这一切，又是与黄埔军校连结在一起的。他们组成了一张由黄埔军校伸延开来的网络。这网络涵盖了中国革命的各个时段、各个地区的许多史事。从文史工作者的眼光看，辐射面越广的地方，往往是越有历史魅力的地方。黄埔军校的历史之引人注目，这是原因之一。

第五，黄埔军校之所以为世人所乐道，还在于它是一代将军的摇篮。许多革命、抗日将领，是从黄埔军校走出来的。上面提到的众多的中国革命的牺牲者当中，金佛庄、郭俊、曹渊、张其雄、蒋先云、李之龙、徐成章、张隐韬、黄公略、许继慎、周逸群、孙一中、段德昌、伍中豪、何焜、蔡申熙、唐澍、潘忠汝、刘志丹、朱云卿、李天佑、曾中生、杨宁、宣侠父、左权、冯达飞、赵尚志，等等，分别是国民革命军、各地革命武装、工农红军、八路军、新四军、东北抗日联军的领导人或指挥员。他们都是些非常优秀的军事人才，其中熊雄、金佛庄、郭俊、李之龙、宣侠父、左权等，生前已经被授予少将以上的军衔。天假其年，在这些人之中，当然还会升起颗颗闪烁的将星。中华人民共和国成立后，在黄埔军校本校工作、学习过的共产党员中，叶剑英、徐向前、聂荣臻、林彪被授予元帅军衔；许光达、陈赓被授予大将军衔；宋时轮、萧克、张宗逊、陈奇涵、周士第、郭天民等被授予上将军衔；倪志亮、郭化若、唐天际、常乾坤、阎揆要、彭明治、谭希林等被授予中将军衔；方之中、周文在、洪水、张开荆、李逸民、袁也烈、曹广化、廖运周等，被授予少将军衔。对于这许多人来说，黄埔军校是他们的戎马生涯的起点，是他们走向将军、将帅之路的开端。这也是使黄埔这座小小的江中之岛成为人人皆知、名闻遐迩的原因所在。

第六，广州是黄埔军校的所在地。当黄埔岛风云际会之时，国共合作的国民革命运动，正在广州蓬勃兴起。因种种际遇，中国国民党中央和大元帅府、国民政府设在广州；中共中央一度也设在广州；中共第三次全国代表大会、前两次国民党全国代表大会、前三次全国劳动大会，都是在广州召开的；省港大罢工爆发后，香港十几万工人罢工返穗；广州农民运动讲习所、广东大学各类学校，纷纷在广州举办；等等。也由于这种种际遇，使得各种各样的来自国内外的精英人物，大量汇集于广州。这样，集中于黄埔一校的人才，与各地涌入广州的人才，与南粤本身的英才俊杰，有机会在一座城市互相交往，互相踫撞，互相激扬。广州人气之旺，斯为盛时。他们共同为广州这座历史名城，创造了勃勃生机。大批人才的聚会，不仅壮大、发展了南方革命势力，充实了广东党的组织，而且在思想、文化方面，对广州也有推动、影响的作用。当时的广州，激情张扬，意气风发，人们精神面貌一新，人们的文思、才智和创新激情，得到了尽情的发挥。中国第一次大革命对广州的影响，最深刻的一点，应在这里。

黄埔岛位于广州市的东南方。珠江水从旁边流过，流向虎门，注入浩瀚的南海。站在小岛至高处，于江风骀荡之中，放眼观潮，只见江流滚滚而来，又滚滚而去。潮水不平，涛声不绝，令人思绪千端，感慨不已，其情境亦难忘矣！

军校政治教育、军队
政治工作和战时政治工作

——周恩来与黄埔军校

周恩来 1924 年 9 月到广州，初任中共广东区委委员长，是年 11 月起到黄埔军校工作，任黄埔军校政治部主任，在中共广东区委内改任军委书记；1925 年 9 月起任国民革命军第一军政治部主任兼第一师党代表，10 月任东征军总指挥部总政治部主任；1926 年 1 月起任第一军副党代表；4 月任国民政府军事委员会政治训练部特别政治训练班班主任，至本年年底离开广州。周恩来是军校政治教育和军队政治工作的参与者和主持者，在黄埔军校创建、建军的历史上，留下了多方面的、不可磨灭的业绩。

军校政治教育

设政治部专门从事政治教育和政治训练，始于黄埔军校。[1]查以往保定、云南等中国军校的教育，其学科有《精神教育及讲话》等，并要求学生读《孝经》《圣谕广训》《修身教科书》之类，可知那些军校并不是不搞"政治"教育的。保定军校第二任校长

---

[1] 蒋介石 1924 年 9 月 18 日在《精诚团结共负改造中国之责》的讲话中说："本校惟一的特点，就是有个政治部，政治部是要使军人了解现在的经济、政治与明了主义。"国民政府军事委员会政治部：《黄埔训练集选辑》，1938 年编印，第 109 页。

蒋百里，曾明确提出中国的"新军人"应兼有中国之"游侠精神"、日本之"武士精神"和欧洲之"骑士精神"这三种精神，这当然也属于讲"政治"。但在学校的组织机构中，保定、云南等校并无"政治部"之设置。而那些学校所搞的"政治"教育，亦有其特定的宗旨与含义。黄埔军校的政治教育，当然不是在那些旧军校的传统中滋长起来的。

黄埔军校政治教育的宗旨，是通过学习和引导，培植军人正确的政治意识，提高军人的近代思想观念，增强军人对于国家、民族的政治自觉。要达到这一目的，就要通过有计划、有针对性的课程设置和教学安排，采取各种生动活泼、行之有效的形式，落实孙中山以"主义"感召士兵的设想，让"主义建校"、"思想建军"不只是停留在口号上，而是让它变成可行、可操作、可转化为军事能量的现实路径。

黄埔军校所开政治课程，最初只划定为党义、党史和政治经济三个方面，其随意性及因人而异、因时因事而发挥的情况较为明显。周恩来到校（1924年11月）后，这些情况逐步改变，政治教育的方向、重点渐趋明确，课程亦不断调整和更新。

在周恩来等共产党人的主持下，军校政治课教学逐步明确了以革命思想、政治理论、国际国内政治状况的讲授为重点。所开设的课程或讲题，起初有8门，后增至18门，之后多达26门。黄埔军校著名的政治教官，除周恩来之外，还有熊雄、恽代英、萧楚女、聂荣臻、张秋人、王懋廷、孙炳文、于树德、安体诚、韩麟符、陈启修、黄松龄、欧阳继修等等。

校长蒋介石当时作过大量的"精神训话"，这当然也是讲"政治"，属于"思想教育"的一种。比较之下，共产党人在黄埔军校从事的政治教学，不同之点有两个方面：一是逐步确立政治课的独立性，改变讲授内容因人、因时、因事而随意变动的情况，让政治课真正作为一门学科，逐步朝系统性、专业化、学科化的方向发展。任课者从党、政、军各界"名人"逐步改为在人文社会各学科中之学有专长者。二是在讲授内容上，蒋的训话，重心是培植军人的"服从"意识、"纪律"意识及"同学亲爱"（"精诚团结"）的意识，而共产党人在黄埔军校从事的政治教学，不是一般地讲"服从"、讲"纪律"和讲"同学亲爱"，而是通过讲述中国落后挨打的历史、中国贫穷的根源、世界社会主义潮流的兴起等，通过对各种实际社会问题的分析和研讨，致力于提升军人的革命、政治觉悟和责任担当意识。与军人只知"服从"，莫问政治的说教相反，周恩来等要求军校学生要关心政治，首先要解决为何当兵和为何、为谁打仗的问题，积极参与改造社会、推动社会进步的各项政治活动。

努力养成和提高军人的政治自觉，明确军人、军队的社会责任意识和角色意识，是共产党人在军校政治教育中的主要建树，是他们在这个领域中所坚持的核心价值观。

共产党人在黄埔军校开展的思想政治教育，一开始就意识到必须防止"注入式"教学，要求从实际出发，讲求实效，在形式上应生动活泼，不断有所创新，易于为受教育者所接受。主要的做法是：（一）政治教育常态化。结合实际办学，让学生深入社会，接近市民，参与各种政治活动和市民运动，使之拥有充分展示自己个人才智、激情和展现自身价值的机会。（二）教学互动。特别是注重创办校刊、校报等，在学生中支持创作，鼓励自由发表言论，表达思想。如一期生蒋先云（湘耘）发表《对于湘军整理之希望》，① 二期生陈作为发表《兵工政策实施的一

---

① 《中国军人》第 3 号，1925 年 3 月 12 日。

个计划》①等。陈的文章洋洋万言，详论"寓兵为工"方方面面
的问题。这些作者之所思所言，并不以课堂授受为限，而是更
为主动、视野更为开阔、对他人亦有启迪与影响的教学互动。
（三）寓教于乐，将教学内容融入文化形态之中，让学生在富
有乐趣的文化活动中接受教育。这是黄埔政治教育的重要形式，
也是对课堂教育、精神训话的配合和补充。

军队政治工作

1924年11月，黄埔军校教导团组建，与黄埔军校有关的几
种军事组织（大元帅府铁甲车队、航空学校、飞机掩护队等）亦
相继建立，后又将军校教导团命名为"党军"（1925年初），之
后又统一编为"国民革命军"（7月）。黄埔军校教导团成立之前，
军校政治部工作的重心主要在校内，以学生为主要对象，以课堂
教学（主义、理论的讲授）和思想教育为主，黄埔军校教导团组
建后，随着军队（"校军"、"党军"、"国民革命军"）的诞生，
黄埔军校政治部的工作，遂从军校的政治教育，往军队政治工作
的方向拓展。于是，政治教育超出了课堂授受和书本研习的范围，
政治工作进入了军营。在中国军队的历史上，这无疑是个很有意
义的开端。

共产党人在黄埔军校开创的军队政治工作，最重要的举措，
乃在于体制的创新，将党代表制从军校推广至军队，创立了以党
（国民党）建军、以党领军的军队管治新体制。

这一新体制，形象地说，是"三驾马车"：

---

① 《青年军人》第5期，1925年4月15日。

（一）"党代表制"。黄埔军校建校伊始即设党代表。由总理（孙中山）、党代表、校长组成的军校"校本部"，为军校最高决策机关。军校首任党代表是廖仲恺。"校军"、"党军"、"国民革命军"成立后，党代表制推广至黄埔系统军队之各级组织，在粤各军也相继设置了党代表。周恩来（第一师党代表，第一军副党代表）及黄埔军校的教官、学生鲁易、包惠僧、章琰、胡公冕、金佛庄、季方、徐坚、郑洞国、张际春、傅维钰、蒋先云、许继慎、曹渊等，分别担任了各级党代表。廖仲恺还任命黄埔一期生刘云为航空学校及飞机队的党代表，郭一宇为飞机工厂的党代表，赵自选为飞机掩护队的党代表。

党代表在军校负监察本校行政、指导党务、主持政治训练之责；军队党代表参与对部队的管理，主要是掌握部队的政治方向。可见党代表制的设立和推广，是落实以党领军的一项带根本性的措施。

（二）"政治部制"。政治部是协助党代表工作的机构，对党代表负责，具体从事党务、组织、宣传等项工作。廖仲恺曾说："政治部就是党代表的参谋部，政治部主任是党代表的参谋长，政治部主任有权行使党代表的职权。"党代表与政治部的关系，应是孙中山所说"权"与"能"的关系，"权在党代表，事在政治部"。军队组建了政治部后，周恩来任第一军政治部主任、东征军总政治部主任；黄埔军校的不少教官和学生，分别担任各级政治部主任，如李侠公任第一师政治部主任，李之龙任海军政治部主任，等等。政治部以教育军人、振奋部队、密切军民关系、提高作战能力为目的，致力于在部队官兵及民众中开展各种政治工作。

（三）"党部制"。在军校、军队中建立各级党（国民党）

组织，即"党部"，让军人纳入党的组织系统之中，进而让党的信仰、主义扎根于军队，使党的意志在军队中得以贯彻落实，这是以党建军的一项基础性工作。黄埔军校成立后即在学生中开展党建工作；军校教导团成立后，军队中的党组织亦逐步建立，连及连以上的部队设党部，连以下设党小组。

以上，"党代表"、"政治部"和"党部"，是目标一致、互为依托、各具能效的党管军队的统一体。"党代表"凭借党赋予的地位和权威作用于部队，掌握部队的政治方向；"政治部"通过教育及监督、奖惩等各种手段来巩固、发展、壮大部队，对党管军队起保证作用；"党部"则为党代表、政治部工作的开展奠定组织基础。这"三驾马车"、即三种机制所形成的合力，不但将推动部队自身的良性发展，更为重要的，是将军人和军队置于党的监督之下，形成党对军队的有效的管束、制衡和引领。

孙中山过去周旋于各种军队之间，长期受制于军人，他历次遭遇的挫折与失败，总与他受自己的部将之反噬相关。孙中山亲历的经验说明，组建一支军队不容易，而管治一支军队更难，难就难在对有枪在手的军事将领和军队，应实施有效的监督、制衡和约束，否则，无以遏制军人的拥兵自重和恃军乱法。黄埔建校、建军最有意义的实践，就是初步建立起上述军队管治的新体制——以党建军，以党领军的体制。周恩来等共产党人当时所从事的军队政治工作，显然就是从设计、建立和推进这一新体制开始起步，并围绕着它来展开的。

战时政治工作

1925 年初，广东革命政府发起第一次东征；5 至 6 月发起讨伐滇、桂军之役；是年秋又发起第二次东征和南征。这几次战争，史称"广东战争"。随着"广东战争"的发起，黄埔军校及校属部队（教导团）即进入战时状态。军校政治教育、军队政治工作遂又发展成为战时政治工作。这显然又是一个重大的跨越，黄埔军校政治部乃被赋予更新的职责。

与校内政治教育和军队平时政治工作相比，战时政治工作的不同之处，是随军而动，深入战区进行，紧密围绕战事的进展而展开。战时政治工作不但以本校官生和本军官兵为对象，还要面向战区民众，面对敌军，并须担负地方建党（国民党）、建政（建立地方政权）之职责，这当然是全新的工作。

1925 年 2 月初，东征军攻克东莞县城。2 月 6 日，东莞商务分会召开欢迎东征军大会。蒋介石在大会上说：本校军队有党代表、政治部，专管与人民有关系之事。蒋特意说："现政治部主任周先生在此，列位有意见发表者，可与周先生接洽。"蒋并明确说："兴利除弊，乃政治部之责任"。[①] 就这样，蒋将周恩来推上了处理军民关系、军队与地方关系的前台。周恩来随即发表了演说。就黄埔军校的政治工作而言，这称得上是一个历史性的场景，是黄埔军校政治工作走出校门，走出部队，在战区民众面前的第一次"亮相"。

当时政治部制定的《战时政治宣传大纲》，提出"对本军"、"对敌军"、"对民众"三个方面的工作，应有所区别，应有不同的内容和重点，应采取不同的做法。这说明战时政治工作的对象和任务，与非战时是大不相同的。

第一次东征期间，国民党中央赋予黄埔军校政治部的一项重

---

① 《东莞各界对革命军的信仰》，《上海民国日报》1925 年 2 月 18 日。

要工作，是在东征军占领地区建立党的地方组织。这既是争取人民群众援助、参加革命战争的一项举措，也是巩固东征军之占领区，推广革命运动的基础性工作。为此，周恩来被国民党中央任命为"东江党务组织主任"；军校教导团之各级党代表，被指定为"组织员"。①东征期间东江各县的国民党地方党部，有许多就是军校政治部派员筹备组建起来的。第一次东征随军从事政治工作和地方党务工作的黄埔教官及各期学生，有鲁易、王逸常、洪剑雄、李之龙、陈烈、周逸群、黄锦辉、陈恭、吴明、陈作为、罗振声、罗汉、王柏苍、吴振民等。第二次东征时，东征军总政治部召集国民党惠（州）、潮（汕）、（兴）梅各县党部代表大会，周恩来以总政治部主任的身份出席并主持了大会。

除从事地方建党之外，第一次东征时，黄埔军校政治部在东征军占领区还兼负了若干地方行政工作。至第二次东征时，政治部拟定《政治设施方案》，针对东江吏治腐败，提出实行禁绝烟赌，轻徭薄赋，整顿财政，澄清吏治。东江收复后，东征军总政治部主任周恩来还被广州国民政府任命为东江各属行政委员，也就是出任东江地区之行政长官。东江行政公署所辖区域，为惠、潮、梅三属，在当年总共25个县。中共党员担任地方行政首长，此为首例。周恩来当时出任这一职务，显然是与此时他负责军队政治工作有关系的。

战时政治工作是与革命战争的动员、组织相结合，以战事为重心，以赢得和巩固战争的胜利为目的之工作，是军队政治工作在战争期间的实施和运用。周恩来等人当时所从事的战时政治工作的实践，无疑是走出了军校办学和军队建设的极具历史意义的

---

① 《派周恩来为东江党务组织主任》，《建国粤军月刊》第3期，1925年3月1日。

一步。

　　以上，军校政治教育、军队政治工作和战时政治工作，虽互有关联，但各有对象与涵义。如果展开来说，那就是三项复杂的"工程"，三个庞大的体系。因历史条件及当时实际需要的推动，黄埔军校在广州办学期间，在短短的几年之内，接二连三将这几项"工程"推上马。这看起来似是准备不足，过于匆促。然而时代的迫切需要是硬道理，而黄埔军校办学之本身，就是"草鞋没样，边打边像"，在实践中摸索前进的。因时际遇，二十六岁的周恩来走进了黄埔军校，亲历上述军校政治教育、军队政治工作和战时政治工作开展之全过程，并成为其中的扛鼎者或曰领军人物。如上所述，在中国军校和军队建设的历史上，这是开拓性、创新性的工作，是具有重要历史意义的开端。

广州国民政府述论

本文所称广州国民政府，系指 1925 年 7 月中国国民党在广州建立的政权。广州国民政府存在（1925 年 7 月至 1926 年 12 月）期间，孙中山逝世后的中国国民党处于十字路口，有多种取向，而蒋介石则多元地扩张他的势力，一步步控制了这个党，从而最终实现了由孙中山国民党向蒋介石国民党的过渡。作为"党治"的产物，即作为国民党的政治信念、政权理论和治理主张的体现，处在这一时期的广州国民政府，其政权行为相应表现出复杂的状况，并对中国革命和社会政治，产生复杂的影响。

"正式政府"

1924 年春国民党一大通过的成立国民政府的提案，因各种原因未能实施。北京政变（1924 年 10 月）后，孙中山应冯玉祥之邀北上，"主张召集国民会议，以谋中国之统一与建设"。[①]然而段祺瑞任临时执政后，召开所谓"善后会议"，反对孙中山的通过"国民会议"而产生新政府的主张。为此，国民党中央于

---

① 孙中山：《北上宣言》（1924 年 11 月 10 日），《孙中山全集》第 11 卷，中华书局 1981 年版，第 297 页。

1925 年 5 月 22 日发表宣言说："段执政决无与本党携手进行国民革命的可能"，"本党与北京临时执政之合作已完全绝望。"①孙中山病逝后，大元帅大本营的名称已不可再用。当时，因军阀混战，政局动荡，政权更迭，辛亥革命以来所建立的某些民主共和制度悉已质变。曹锟贿选总统及曹记"宪法"的推出，更使"法统"的欺骗性全然暴露。而冯玉祥囚禁曹锟之后，连这点"法统"亦已中断，连段祺瑞都说："法统已坏，无可因袭"。②此时，中国实际上已没有国会，没有宪法，在北方没有合法政府。国民党中央执行委员会于是决定改组大元帅大本营，成立中华民国国民政府。是年 6 月中旬，东征军回师广州，驱逐杨、刘，控制了广州的局势，改组政府的时机遂告成熟。

1925 年 6 月 14 日，国民党中央决定以中央政治委员会作为政府改组的指导机关。随后，政治委员会通过关于政府改组、军队改编及整顿军政、财政等项决议，并制定《国民政府改组大纲》和《国民政府组织法》。6 月 29 日，政府改组之通令在各媒体发表：

现在国家政制，多沿自辛亥革命以来。当时军事倥偬，率因旧习，或则过事分裂，或则权系一尊，非庞硕臃肿，不良于实施，即破碎支离，难期于统一。……此次改组，本旨务使政府为人民意思所从出，而非单纯为发号施令之机关，尤使政府为人民产业建设之要枢，而非官僚政治之豢养地。自改组以后，政府与民休息，次第整顿军、民、财政，实现革命党纲。一方积极生产，以应人民贫乏要求，一方调节经济，以符本党之民生主义。对于贪官污吏，尽法严惩，对于不肖军人，痛行制裁。必使下无病民之事，上无

---

① 《中国国民党对于时局宣言》（1925 年 5 月 22 日），中国第二历史档案馆编：《中华民国史档案资料汇编》第 4 辑（上），江苏古籍出版社 1986 年版，第 118 页。

② 段祺瑞所就临时执政通电，1924 年 11 月 21 日。

旷职之官，本党主义，得一一实行，国民革命，得以短时期告竣。①

国民党中央执行委员会通过的政府改组"大纲"和"组织法"，强调实行"以党治国"的方针，以三民主义作为立法的指导思想和最高原则，要求政府接受国民党指导。在政府与人民的关系上，体现孙中山的"权"、"能"分离思想，使人民有"权"，政府有"能"。人民对政府官员有选举、罢免之权，对法令和政策有创制、复决之权；而政府有治理国家事务之能。政府之"能"为人民之"权"所授予，政府不能罔顾其界限与有损人民的利益。政府机构的设置，体现孙中山五权分立原则，使立法、司法、行政、监察、考试各项权力互相独立，分而治之。基于上述指导思想，国民党中央执行委员会决定成立国民政府委员会，作为中央行政之最高机关。政府委员会由汪精卫、胡汉民、张静江、谭延闿、许崇智、于右任、张继、徐谦、林森、廖仲恺、戴季陶、伍朝枢、古应芬、朱培德、孙科、程潜16人组成，以汪精卫为主席。下设外交、财政、军事三部及秘书处，以胡汉民为外交部长，廖仲恺为财政部长，许崇智为军事部长，李文范为秘书长。此外，设大理院、监察院、惩吏院和军事委员会，其中大理院为司法机关，兼管司法行政事务，以徐谦为院长（林翔代理）；监察院为弹劾机关，以谢持（辞未就）、林祖涵等为委员；惩吏院为行政法庭，以徐谦、邓泽如等为委员；军事委员会为全军管理、统率机关，以汪精卫、廖仲恺、许崇智、蒋介石等为委员，汪精卫为主席。上述机构，同国民党中央执行委员会（实际起立法机关作用）相衔接。可以看出，国民政府具有相当的规模和比较完备的立法、司法、行政和监察系统。与大元帅府的军事性、临时性相比较，国民政府是较为完

---

① 《革命政府改组之通令》，《广州民国日报》1925 年 6 月 29 日。

备的政权组织。

1925 年 7 月 1 日，中华民国国民政府在广州宣告成立。当天在广州市第一公园音乐亭举行政府委员就职典礼，汪精卫、胡汉民、张静江、谭延闿、许崇智、林森、廖仲恺、古应芬、朱培德、孙科、伍朝枢、程潜等出席。驻广州之德国、美国、苏联领事，总、副税务司等外宾前来观礼，到会观礼者共约万余人。仪式开始，国民政府委员宣读誓词：

> 余诚敬宣誓，恪守总理遗训，服从本党党义，奉行国家法令，尽忠本职，决不营私舞弊、接受贿赂。谨守誓言，决不违背。

国民政府主席汪精卫用广州话致词称：

> 今日诸君赴会，切莫持参观典礼态度，应取监督国民政府态度。须知诸君都是国民一份子，立在主人的地位。国民政府之委员，是你们之夥计，希望大家以主人之资格，时常监督夥计，国民政府各委员有不忠厥职、违背民意者，应予以严重之处罚。①

全部仪式仅为一小时，礼仪简朴，表明政府成员怀有"公仆"的观念，与军阀、官僚私相授受的"政府"，迥然有别。

随着国民政府的成立，国民政府外交、财政、军事各部及军事委员会、大理院、惩吏院、监察院次第成立。政府并任命邹鲁为广东大学校长、傅秉常为粤海关监督、邓泽如为两广盐运使、宋子文为中央银行行长，聘鲍罗廷为高等顾问。1926 年 11 月，增设交通部和司法部，分别以孙科、徐谦为部长。后又设立法典编纂委员会、教育行政委员会和侨务委员会等。

国民政府成立的同时，广东省政府和广州市政府也作了改组。7 月 1 日，公布《省政府之组织法》，规定省政府"于中国国民

---

① 《国民政府成立典礼盛况》，《广州民国日报》1925 年 7 月 2 日。

党指导监督之下，受国民政府之命令处理全省政务"；并规定废除省长制，由各厅厅长组成省务会议，执行全省政务。① 许崇智任省务会议主席，古应芬、廖仲恺、孙科、宋子文、许崇清、陈公博、许崇智分别任民政、财政、教育、建设、商务、农工、军事各厅厅长，连声海任秘书处主任。7月3日，广东省政府在第一公园举行成立典礼及官员就职典礼。②

7月1日公布的《广州市政委员会暂行条例》规定：广州市政委员会为市立法机关，由广东省政府在现代职业团体、农会、工会、商会、教育会及自由职业者中各委三名委员组成之；广州市市政委员长为市行政会议主席；组织专门委员会，对财政、公安、工务、卫生、教育五局职员进行监督，防止渎职、违法或舞弊行为。③ 广东省政府遂任命伍朝枢为广州市市政委员长（市行政会议主席），谭兆槐、吴铁城、林逸民、司徒朝、王仁康分别任市财政、公安、工务、卫生、教育局长，伍大光为市政委员会秘书；④ 并委任农界潘文治、李民治、黄学增；工界林伟民、邓汉兴、陆枝；商界邹殿邦、蒋寿石、李朗如；教育界邹鲁、金曾澄、韦悫；现代职业团体蒋作楷、程天固、卢维溥；自由职业陈孚木、伍柏良、钱树芬等18人为广州市政委员会委员。⑤ 7月4日，广州市政委员会在第一公园举行委员长及各局长就职典礼，广州市政府宣告成立。

---

① 《省政府之组织法》，《广州民国日报》1925年7月1日。
② 《广东省政府成立典礼》，《广州民国日报》1925年7月4日。
③ 《广州市政委员会暂行条例》，《广州民国日报》1925年7月1日。
④ 《广东省政府预备会议》（1925年7月2日），广东省档案馆编：《民国时期广东省政府档案史料选编》第1辑，1987年，第1页。
⑤ 《广东省政府省务会议第五次议决案》（1925年7月14日），广东省档案馆编：《民国时期广东省政府档案史料选编》第1辑，1987年，第7页。

广东省为富庶之省，得天独厚，物阜民殷。广州市为华南最大的都市，对外交通便利，商业发达。然而进入民国以来，广东社会经济及广州的市政建设，并无多少发展和进步。《广东省政府宣言》说："广东之现状，无不与中国国民党之主义及政纲相背而驰。政象之纷扰，民生之憔悴，岌岌然不可终日。"① 《广州市政府宣言》也说："当国民革命遭逢蹉跌之际，广州市政亦随蹉跌。"② 广州市政委员长伍朝枢的就职演说指出广州市政现状"有许多不满意的地方"。这是以往革命屡遭挫折、兵灾匪患满地、民主政治建设未上轨道所致。为此，广东省政府以绥靖地方、蠲除苛细杂税、禁烟禁赌、整顿吏治、扶植地方自治、整顿交通、发展工商业、保护工农利益，作为其"最低限度"的从政方针；广州市政府则提出于"最短时间"之内，将致力于取消苛细杂税、移军队于郊外、整顿警察、修治道路、清除积秽、办理义务教育、严惩贪污等项工作。③ 广州市政府成立时，伍朝枢号召市民尽职尽责，努力将广州市建成"灿烂之都市"。④

国民政府及广东省、广州市政府成立时，距省港罢工的爆发、沙基惨案的发生（6月23日），仅仅一周多的时间，羊城内外，民情悲愤激昂。广大市民对新政府寄予期望，而市民也从政府体制的变化及其颁布的施政方针中，看到新政府具有澄清吏治、与民更始的决心，感到孙中山的理想，有变成现实的可能。当时媒体评论说：新政府"破除臃肿相沿之旧制，另定新猷，种种与民

① 《广东省政府宣言》，《广州民国日报》1925 年 7 月 4 日。

② 《广州市政府宣言》，《广州民国日报》1925 年 7 月 6 日。

③ 《广东省政府宣言》、《广州市政府宣言》，《广州民国日报》1925 年 7 月 4 日、7 月 6 日。

④ 《伍委员长朝枢演说词》，《广州民国日报》1925 年 7 月 6 日。

更始之计划，……表现国民政府对于国家建设之意见，而且足以表明国民政府深知国家纷忧症结之所在。其补救之方案，并不是支离破碎，头痛医头，脚痛医脚，而为彻底透彻之建设计划，具有一贯之精神"。[1] 各地、各界民众因之欢欣鼓舞，贺电、贺函纷至沓来。"行见父老策杖以观新猷，人民额首而庆民治，欣腾百粤，化及全国。"[2] 广州各项革命运动更为高涨，广州在国民革命运动中的地位与作用，得到进一步提升。

南北关系及对外关系

1924年11月24日段祺瑞在北京所设之临时政府(临时执政)，虽然是在废弃曹锟贿选"总统"和曹记"宪法"之后产生的，但并不表明那个政权具有合法的性质。那个在利用倒吴(佩孚)废曹之后冯(玉祥)、张(作霖)之间的矛盾以及黄郭摄政内阁的困境，以应对吴佩孚在汉口声言成立"护宪军政府"的需要为借口拼凑而成的临时政权，实际上只是出于少数几个军人的"拥戴"，在当时就被人视为是奉系的玩偶，根本谈不上有"民意"基础或"更新"色彩。"善后会议"的召开，更表明段执政把自己置于国民革命的对立面。广州国民政府成立后，明确宣布："本政府绝对不受其他势力之左右，即北京临时执政命令，亦绝对不认为有效。"多年以来南北两个政权对峙的状态，并未因北方政象的变化及孙中山的逝世而告结束，而以新的形态继续存在着。

广州国民政府之与段执政的对峙，首先表现在五卅惨案后的

---

① 孚木：《读国民政府省市政府宣言之后》，《广州民国日报》1925年7月6日。
② 《广州实业联合会贺词》，《广州民国日报》1925年7月2日。

对外交涉上。五卅惨案和沙基惨案后，全国反帝呼声高涨，强烈要求废除不平等条约，争取平等的国际地位。段执政虽然就沪案问题向驻京公使团提出了"抗议"，并派员到上海调查，但其对外交涉的侧重点，乃在于以对帝国主义的妥协，以换取帝国主义对于他的承认。段曾经照会公使团，提出"重行修正"中外条约。很显然，所谓"修正"也者，无非就是对人民群众"废除不平等条约"这一口号的"修正"，其实质就是"尊重"不平等条约，目的正在于取悦帝国主义。对于人民的反帝运动，段的态度是严厉防范，坚决取缔，曾于7月15日发出通令谓："各省区长官，务晓喻民众静候解决，毋得有越轨行为，尤望妥协防维，内遏乱源，外崇国信"。对段祺瑞以外制内的行径，国民党中央执行委员会及时作了揭露，指出"段祺瑞以不平等条约交换临时执政，尤足使帝国主义养骄长傲"，国民政府决以"废除不平等条约"作为基本方针，开展外交斗争。当冯玉祥在北方公开表明他的反抗帝国主义的强硬态度，发出"与其忍气吞声，受强权之宰割，孰若同心勠力，为最后之奋斗"的通电时，国民政府致电冯玉祥，说明如果段执政"挟持武力甘为帝国主义走狗以阻挠进行时，当与执事同驱除之。"

广州国民政府成立后，段祺瑞之由北洋派"统一中国"的梦想宣告破灭，遂同广东陈炯明、邓本殷加紧勾结，以挑动粤人乱粤。段宣布划广东之高、雷、阳、罗、钦、廉、琼、崖八属为"特别区"，任命邓本殷为该八属督办，封之为"品威将军"。邓本殷所盘踞的琼崖南路，很快成为广州国民政府的严重威胁。对于在第一次东征中被革命军打败的陈炯明、林虎、洪兆麟等，段也给予了多方资助和支持。当陈军退出东江之际，段电令赣督方本仁、闽督周荫人抱所谓"提携主义"，济于饷械，划给地盘，使陈军得以喘息，免于灭顶之灾。段对陈有求必应，陈炯明7月6日致邓本殷函称；"雷琼海防重要，炯早电中枢派舰助防，已得合肥电复照办。"段不久即派海筹、永绩等兵舰南下，援助陈、邓。可见段利用各种机会，在广东安插钉子，扶植革命政府的反对派。有鉴于此，国民政府成立未久，即开展了声势浩大的肃清内奸、统一广东的示威运动，向北洋军阀及其附从者展政治攻势，不久，又举行第二次东征和南征，打击陈炯明、邓本殷，扫荡广东境内的反动军队。

广州国民政府的外交，以"废除不平等条约"为总方针。7月1日，外交部长胡汉民发布《为废除不平等条约告世界各国人民书》，指出不平等条约存在一天，中国决不能使国内澄清；并作关于外交方针讲演，说明要抛弃前清"以夷制夷"的外交，转而注重国民外交，在纵的方面与以平等待我之国家联合，在横的方面与不赞成帝国主义之平民联合。针对五卅和沙基惨案之后中外关系的紧张气氛，国民政府及时表明"我们不是反对一切外国人"的态度，并具体提出：对已经自动取消不平等条约并热诚帮助中国国民革命的俄国，应与之亲善；对已取消不平等条约的德、奥两国，应平等相待；美、葡、荷未直接参与沙基惨杀，对这三国应开展取消不平等条约运动，但不可将沙基惨案的责任加给他们；英、法是沙基惨案，英、日是上海汉口等地惨案的制造者，对他们应科以事件的责任，以取消不平等条约为根本解决办法，但不可出于狭隘复仇的手段。广州国民政府以这些区别对待的原则开展对外交涉，争取了许多国家的同情和支持。在省港罢工中，国民政府又明确提出并实施了"单独对英"的中心策略，有效分化了帝国主义阵线，增进了与除英国之外的许多国家的经济往来，不仅对坚持罢工，而且对巩固国民政府的基础，都起了重要的作用。

统一军政，统一民政，统一财政

在以往南方政权的政治架构中，党的位置并不突出，主要的原因在于国民党组织的松散及领政能力的欠缺，因此，孙中山虽有"以党治国"的构想，虽有多次创设政权的实践，但他的"党治"思想实际上未能实行。当广州国民政府成立时，国民党的改组已进行了一年之多，在共产党人的帮助、推动下，国民党在政治上、组织上有相当的进步，初步具备了以党的主义、政纲、政策和党的组织系统引领政权的条件。由于孙中山已经辞世，国民党也需要突出党的作用，要求在政府的架构中改一长制为委员合议制，实行集体负责，以全面贯彻党的主张和体现党的意志。由是观之，广州国民政府算得上是实"党治"的开始。它所取得的成就也是可观的。

广州国民政府成立伊始，针对以往政权工作中存在的政令不行、军人乱政和吏治腐败等问题，按"党治"的原则，着手对军政、民政、财政进行整饬和治理，以巩固革命基础，推动国民革命运动的发展。

（一）统一军政。军队的整顿具有关键的意义，盖因当时许多政治问题，多因军制的混乱及军人乱法、乱政所引起。各种因不同际遇而先后进入广东和聚集于孙中山旗帜之下的军队（包括所谓的粤军和客军），本是良莠不齐、自成派系与各有习气的队伍，历来难以相安，军令无法统一。《广州民国日报》有篇文章记述说：军队以饷源为借口，对地方政事肆行干涉；用人行政之权，掠夺殆尽。同时对于财政机关，各以其势力所及，争先占领。由是，行政经费、教育经费等等，悉被侵蚀；全省政务尽归停滞；

民政、财政诸机关不但仰承鼻息，且至虚有其名。生命财产失去保障，交通梗塞，市廛凋敝，工失其业，农失其事。[①]还有一篇文章写道："任何人皆知广州年来，凡所谓苛捐，所谓占驻民房，所谓包开烟赌，所谓白昼杀人，所谓当街勒索，所谓明火抢劫，凡一切人民所痛心疾首，不能一刻安者，均为不肖军队为之厉阶。"[②]是故解决军队的问题，将军队纳入可控的轨道，是实行"党治"路线的核心问题，是实现政治民主化的前提条件之一。

为整顿军队和统一军政，国民政府成立了受国民党指导与监督、统领各军的军事委员会，通过了整饬军队的决议和办法，严禁军队各自为政和干涉用人行政，特别是严禁军队分割及霸占财政，并规定各军必须进行政治训练。8月4日，许崇智、谭延闿、朱培德、程潜通电解除各军"总司令"职，统归军权于政府。[③]随后，国民政府着手组编统一的国民革命军。

国民革命军起初编为五个军：第一军由"党军"第一师和部分粤军组成，由蒋介石任军长，下辖三个师，分别由何应钦、王懋功、谭曙卿任师长；第二军由建国湘军组成，由谭延闿任军长，下辖四个师，分由张辉瓒、谭道源、戴岳、陈嘉祐任师长；第三军由建国滇军第一军改编而成，由朱培德任军长，下辖三个师，分别由王均、朱世贵、朱培德（兼）任师长；第四军由建国粤军第一师改编而成，由李济深任军长，下辖四个师，分别由陈铭枢、陈济棠、张发奎、徐景唐任师长，叶挺任独立团团长；第五军由建国粤军第三军（"福军"）改编而成，李福林任军长，下辖两个师，分别由李群、练炳章任师长。至翌年上半年，又增编第六、

---

① 《广州民国日报》1925年6月1日。

② 孚木：《整饬军队之言论界之努力》，《广州民国日报》1925年6月22日。

③ 《许谭朱程解除总司令职之通电》，《广州民国日报》1925年8月6日。

第七、第八军：第六军由攻鄂军为基础改编而成，程潜任军长，辖三个师，分别由邓彦华、胡谦、杨源濬任师长；第七军由定桂"讨贼"军改编而成，李宗仁为军长，辖九个旅，分别由夏威、李明瑞、伍廷飏、黄旭初、刘日福、韦方松、胡宗铎、钟祖培、吕焕炎为旅长；第八军由湘军第四师改编而成，唐生智任军长，辖六师，分别由何键、李品仙、刘兴、周斓、叶琪、夏斗寅为师长。

1926年1月，国民政府军事委员会颁布"党代表条例"，周恩来（后缪斌）、李富春、朱克靖、张善铭（后罗汉、麦朝枢、廖乾五）、雷剑敖、林伯渠（后李世璋）、黄日葵（后麦焕章）、彭泽湘先后被任命为第一至第八军政治部主任。国民党二大后，国民党中央相继任命各军之党代表，由军事委员会主席汪精卫兼国民革命军总党代表；由周恩来（后缪斌）、李富春、朱克靖、罗汉、李朗如、林伯渠、黄绍竑任第一至第七军副党代表；刘文岛为第八军党代表。在共产党人主持之下开展起来的军队政治工作，有效地增强了军队的政治素质，提高了战斗力，刷新了军队的面貌。

在整军的过程中，因"廖案"（8月20日廖仲恺被刺杀）的发生，汪精卫、蒋介石趁机剥夺了许崇智的军权，整肃了许部粤军，并逐胡汉民于海外。稍后，又出兵驱逐了由川、湘入粤的熊克武部川军。

（二）统一民政。民政的整治，目的是改革地方行政，改善政府与人民关系。其前提是排除军队干预和包揽地方行政。统一民政的要务：第一，是理顺国民政府与省、市、县各级政权的关系，废除省长公署、市政厅及县知事公署，设立省政府、市政府、县政府。省政府是地方政权最高行政机关，设省务会议以处理全省政务，下设秘书处及民政、财政、教育、建设、商务、农工、军事七厅；市政府是城市政权机关，设市政委员会，下设财政、工务、公安、教育、卫生五局，分管市政各项工作；县政府是一县地方最高行政机关，由省政府任命县长。广东全省统一之后，国民政府决定将广东94县（州），划分为广州、北江、东江、西江、南路、海南六个行政区，由国民政府所任命行政委员，各自督率所属各县县长处理地方行政事宜。周恩来被任命为东江各属行政委员。第二，澄清吏治，整饬内部。设监察、惩吏机构，实行惩吏制度，颁布《惩治官吏法》，① 规定对渎职或违法者要分别给予褫职、降等、减俸、停职、记过、申诫的处分。实行考试制度，颁布《法官考试条例》，② 并设课吏馆，对县长实行甄别考试。③第三，整顿社会秩序，查禁烟赌，治匪安农，救济失业。宣布"所有广州市内之人民最痛心疾首之番摊八十字义会，以及一切杂赌，应立即予禁绝"。特设"除盗安民委员会"，实行政府、军队和工农团体相结合，共同清除匪患，由杨匏安任该委员会主席。在广州设免费职业介绍所，帮助市民就业。国民党中央、国民政府实行扶助农工政策，支持工农运动，特别是支持省港罢工，政府与人民关系得以改善。国民革命运动因政府的支持而迅速发展，政府也因人民的拥护而得到巩固。

国民政府对于行政、民事方面的更新，着重在于解决从战争到治理（所谓从"军政"到"训政"）过渡期中的种种问题，目的是使政权行为体现民意，建设清廉政治。虽然在当时尚未能取得明显成效，但具有进步的意义。

（三）统一财政。财政的整顿和治理，是国民政府"第一件

---

① 《惩治官吏法》，《广州民国日报》1926年2月17日。

② 《法官考试条例》，《广州民国日报》1926年5月24日。

③ 《县长甄别考试规程之决议》，《广州民国日报》1925年7月22日。

重要工作"。这一工作也是同军队的整顿联系在一起的，因为只有彻底改变军队把持财政的状况，财政工作才能纳入正轨。财政的整治开始由廖仲恺主持，廖死后由宋子文主持。整顿的措施主要是八项：一、统一国家财政收支，规定各种收入均受辖于财政部，通令各军、各团体不得干涉。二、建立国家财政预算制度，设专门委员会通盘筹划，力求收支平衡。三、统一税则，取消苛捐杂税，设专门缉私机关，省设盐警队、水陆缉私总队，县设查缉所，重要口岸设查缉区，打击走私偷税活动。四、争取统一关税，力谋财政关税的自主权，1926年10月设内地税局，征收内地税。五、成立国民银行，统一币制，法定以新铸银币代替从前的纸币或银币，建立国家的银本位制。任命宋子文为银行行长。六、改善金融信贷，积极发挥银行在经济活动中的作用。七、改善专利制度，设烟酒专卖局、公卖处等专卖机关。设禁烟督办公署。八、发行公债，吸引外资。1926年发行两次有偿公债，发行额共1490多万元。[①]

　　经过治理、整治，财政收入有较快的增长。1925年广东政府各月（包括国库省库）的收入是：

月　份	收入（元）	月　份	收入（元）
1月	1021676	7月	970976.39
2月	1273928.41	8月	1877099.80
3月	885087.86	9月	1643047.60
4月	646158.36	10月	3616529.61
5月	1164390.64	11月	3832838.61
6月	719574.34	12月	3600000（预计）

---

　　① 秦庆钧：《民国时期广东财政史料》，《广州文史资料》第29辑，广东人民出版社1983年版，第111页。

1923 年广东政府之收入为 10316567 元，平均每月收为 85.8 万元；1924 年政府收为 7986952 元，平均每月收为 66.5 万元。1925 年 11 月的收入为 382.2 万元，较诸去年之月收入增加了 6 倍多。①

在财政整顿获得成效的同时，广东的经济、文化事业，也有一定的发展。国民政府征用省港罢工工人，并集中各界（包括海外华侨）的财力、物力修筑黄埔公路和开辟黄埔商埠，以期使外国轮船能够不经香港而直驶黄埔港，使黄埔港成为对外经济交往的大商埠。黄埔公路已于 1926 年底竣工，黄埔港也已建成相当的规模。

国民政府成立后对于军政、民政、财政的整治，表明国民党改组之后在领导政权、管理社会方面取得相当的成绩，在制度与风气方面有新的更张。然而，毕竟地方未靖，党内复杂，各项治理仍有不足。其中最主要的问题，是对于军队的整治并不彻底，未能完全将军队纳入法治的轨道，未真正建立由政府掌握、控制军队的机制，也没形成可以约束军队的足够力量，而基本上是沿用以军制军的老办法。结果是军队中旧的隐患消除了，新的隐患却生长了，蒋介石不久以军队为后盾去控制国民党和国民政府，其祸根正在这里。

从广东统一到两广统一

国民政府对于军政、民政、财政的统一，必然以求实现广东全省的统一。因为在地方军阀未被扫除，军事割据的状况还到处

---

① 《一年来国库省库之收入》、《政府财政现状及将来计划》，《广州民国日报》1925 年 12 月 17 日、1926 年 1 月 4 日。

可见的情况下，政府的政令、军令，等等，当然无法贯彻执行。当时在省内的这种军阀势力，主要有从闽、赣边境返回东江的陈炯明之军和盘踞在南路、琼崖的邓本殷之军（还有少数游离的许崇智部的粤军）。陈军在第一次东征曾被革命军打败，靠段祺瑞和闽督、赣督的接济，并趁革命军回师省城之机死灰复燃。邓也是段执政有意在广东安插的一颗钉子。他们沆瀣一气，从东西两个方面，构成对国民政府的严重威胁。因此，国民政府于1925年9月决定再次举行东征和南征，武装驱逐陈炯明、邓本殷的势力，以统一广东革命根据地，巩固国民政府，发展国民革命。

国民政府发起东征、南征之役，得到中共广东区委和广大工农群众的积极响应和支持。广东区委在战争发动之前，派出许多干部潜赴东江、南路和琼崖各地，组织发动各界群众，配合策应革命军；广东区委并做了多方面的宣传鼓动和与备战、参战相关的工作。

国民政府将经过统编的国民革命军第一军、第四军和第六军（尚未正式编成），组成东征军第一、第二、第三纵队，设东征军总指挥部，任命蒋介石为总指挥，周恩来为总政治部主任，何应钦、李济深、程潜分别为三个纵队的队长。新编的国民革命军，突出政治工作的地位，重视发挥中共党员的作用，总政治部主任周恩来并任第一军政治部主任（不久任副党代表）、第一师党代表；罗汉任第四军政治部主任；第六军组成后，林伯渠任副党代表和政治部主任。第一军九个团的党代表，其中有七人是中共党员。总政治部组织了强有力的政治宣传队，并制定了《战时政治宣传大纲》和《政治设施方案》，对政治工作目的、任务作了明确的规定。政治工作有效地刷新了部队的面貌，提高了部队的战斗力。10月1日，东征军正式出师，13日发起攻惠州城，次日攻破了这座东江坚城。接着，三路纵队分头进击，于 10 天之内分别占领了海丰、陆丰、紫金、河源和老隆，一一控制了潮梅的各个要冲之地。11 月初东征军在河婆、安流一带围歼了陈军的主力，随之全部收复了东江各地，并在闽边消灭了陈军残部，胜利结束了第二次东征。

当革命军举行第二次东江时，被北洋军阀委任为八属督办的邓本殷，于 10 月中旬乘机从雷州、高州、阳江、四邑（新会、台山、恩平、开平）进袭，以策应东江陈军。国民政府遂令第四军第十师师长陈铭枢率三个团先予狙击。随后又于 10 月 31 日任命第三军军长朱培德（后改为李济深）为南征军总指挥，朱克靖为总政治部主任，兵分四路，分别由陈铭枢、王均、戴岳、俞作柏指挥（后调第四军陈济棠、张发奎部加入），举行南征。11 月上旬，南征军迅速占领阳江、阳春；下旬攻克高州、廉州（今广西合浦）；12 月又克复了钦州和雷州。1926 年 1 月中旬，南征军渡海进攻海南岛，追赶歼邓本殷部，于 2 月肃清全岛残敌，取得了南征的胜利。

东征、南征的胜利，彻底消灭陈炯明、邓本殷的地方割据武力，从而使从"护法"（1917 年）以来即被称为革命根据地的但未能统一的广东，终于实现了统一。国民政府能于短时间内实现多年未能完成的全省统一大业，说明经过革命思想陶冶和得到人民支持援助的部队，确有锐不可当的战斗力。这次战争的胜利，使国民政府的地位得到巩固，为政府各项治理的展开及工农运动的发展扫除了障碍，也为不久之后举行北伐战争奠定了基础。

当广东举行两次东征期间，原与孙中山有联系、并得到广东革命当局支持的广西军人李宗仁、黄绍竑等，也致力于广西的统一。李、黄于 1925 年 2 月歼灭了桂军沈鸿英部的主力，基本上肃清旧桂系的势力。孙中山逝世后，滇省唐继尧发兵入桂，企图借道广西，入主粤政。李、黄奉广东政府令，力拒唐军，并于7月初将唐军完全打败，统一了广西全境。8月6日，国民政府令李、黄以广西全省绥靖处名义，办理广西军政和财政事宜。第二次东征和南征基本上结束后，国民政府于1926年2月特派汪精卫、谭延闿，甘乃光等前往广西梧州，会晤李宗仁、黄绍竑，以谋两广联合。2月19日，国民政府成立"统一两广特别委员会"，由汪精卫、蒋介石、谭延闿、李济深、白崇禧、朱培德任委员，"专谋两广军政、民政、财政的统一，并核定桂省军队，应如何从事训练。"3月，两广统一会议在广州召开，通过了两省统一案。随后国民政府按照《省政府组织法》，于6月改组成立了广西省政府，任命黄绍竑为省政府主席。国民政府并决定将李、黄所部桂军改编为国民革命军第七军，由李宗仁任军长。至此，两广统一宣告完成，广州国民政府的势力遂扩展至广西全省。

国民政府之统一广东和统一两广，在一定的意义上可以说是威德兼施的结果，既行诸军事之威，又布之于党义之德。因有共产党人的积极参加，故而具有新意，切实地同革命的廓清与布施相连结。军事行为之后，更有民气的奋发与民运的勃兴，即使在广西，民众运动也呈现蓬勃的气象。所以，广东和两广的统一，不仅对政权的巩固有重要意义，在传播革命思想，推动工农运动方面，也起了重大的作用。

党内斗争与权力之争

国民政府成立后，一方面有初步的"党治"，另一方面国民党内有激烈的斗争。"党治"的实行，得之于党的改组和有适当的际遇，它是有障碍的和有限度的。而党内斗争的产生，则是党内矛盾的尖锐化和公开化，国民党的复杂性导致了这一斗争是多发性的和无休止的。党内矛盾和斗争的触发点，一以联共问题为症结，二以权力问题为轴心，这两个既有区别、又互相关联的问题，犬牙交错地贯穿在党、政府和军队的一系列活动之中。

联共问题从国民党改组酝酿以来一直风波迭起。孙中山逝世后，国民党内排共、反共的气氛骤升，以反对同共产党实行"党内合作"为词的"戴季陶主义"，不久便公开出笼。此论以"纯洁"三民主义、"净化"国民党为号召，并很快为那批主张实行排斥共产党、分裂两党合作的人物所接受。随后，国民党中又形成了一个以分裂国民党、另立"中央"的强硬手段来破坏国共合作的政治派别——"西山会议派"，他们绕过在广州的国民党中央执行委员会，在北京召开所谓中央执、监委员联席会议，即"西山会议"，决定排俄、去共，同广州国民党中央党部分裂，另设"中央党部"于上海。当广州已开过国民党第二次全国代表大会（1926年1月）之后，他们在上海又开了一个国民党二大（同年4月）。最初参加西山会议的16人中，有10名中央执行委员，3名候补中央执行委员，8名中央监察委员。上述人员之中有3人同时是国民政府委员（列名参加西山会议的15人中，戴季陶、邵元冲，吴稚晖3人于正式开会时退出）。同"西山会议派"的分裂活动相呼应的，还有"孙文主义学会"在广州和各地所掀起的反共分裂活动。可见国民党、国民政府内的反对派，已将联共问题上的分歧，发展成公开的分裂，并企图以此为突破口，根本改变国民党改组的政治方向。

当时，有别于上述反对派势力，不同程度地站在维护孙中山联共决策的一边的，有共产党人，有以廖仲恺为代表的国民党左派，以及胡汉民、汪精卫、蒋介石等。共产党人从维护国民革命的根本利益出发开展批判"戴季陶主义"和反击"西山会议派"斗争。中共的方针是"扩大左派，争取中派，反对右派"，着重在于从理论、宣传上揭露右派，向右派展开反攻，然而在总的趋势上，共产党人未能抑制或扭转当时统一战线中的反共分裂倾向。廖仲恺是坚定执行孙中山的革命政策的，但廖逝世早，左派核心未能形成。至于胡、汪、蒋，他们主要是从自己的需要出发去利用孙中山的政策及处理同中共的关系的。他们的政治气温表，是围绕权力角逐的需要而起伏。经过微妙而激烈的较量，经过数度分化、组合，国民党及国民政府的最高权力，也出现了数度更迭。

当国民政府改组时，汪精卫取得廖仲恺、许崇智、蒋介石及苏联顾问鲍罗廷的支持，担任国民政府主席及军事委员会主席。"代帅"胡汉民仅被安排为外交部长，此为孙中山逝世后国民党内部在权力问题上的第一轮角逐。胡与汪之间当时的对立是显而易见的，胡以不懂外语，出任外交部长"迹近玩笑"为词，"当即发怒离席"，并对汪作了严厉的责问。当汪先斩后奏，将政府改组的有关决议案先交报章发表，然后再交中央执行委员会表决时，胡派干部邹鲁在会上直言："此等重要法案，应先付表决而后发表，不能以紧急事件为诿"。8月20日，廖仲恺被刺。从当时情况分析，这一惨案应与反对联共、反对汪派掌权及反对工农运动（省港罢工）这几种势力是有关连的。其时，汪精卫与蒋介石合谋，借助于"廖案"发生后的复杂形势，以蒋的军队为后盾，一面驱逐胡汉民出洋，除去了汪的政敌；一面驱许崇智赴沪，为蒋掌握军权扫除了障碍。国民党的权力构架，遂从胡的"代帅"制，转变为汪、蒋合作的体制。

然而，汪、蒋合作只是基于特殊机遇的短暂的合作。汪之能摆到政坛一号的位置上，主要是因为在孙中山病重和逝世之后，他以"左派"的面目出现，在人们面前作出忠实执行孙中山的政策的样子，从而取得部分人的好感，实际上并无足够的威望与实力。而蒋则是有政治野心的军人，是一个蓄意要以他的军事实力加上政治谋略去攀登权力巅峰的人物。这就注定了汪、蒋之间，不可能有长久的合作。果然，胡、许一去，汪、蒋合作的"蜜月"也就结束了，继之而来的是又一轮尖锐的权力斗争。上文说过，国民政府对于军队的整治并不得法，以军制军不可能根除军中的祸患，而只是为野心家在冠冕堂皇的名义下扩展个人势力提供机会。蒋介石正是凭借着他多元地扩张起来（包括整肃许军和东征）的军事实力，来同汪精卫斗法的。

1926年春当广东全省归于统一时，蒋介石势力已经大大膨胀，遂开始向汪摊牌。2月26日，蒋用对付许崇智的手段，驱逐了与汪比较接近的王懋功（第二师师长），向汪"做了第一次示威"。随后于3月18日至20日策划制造了"中山舰事件"。对这一事件，过去人们比较多地从反共、排俄方面去分析蒋的动机，而忽略了他的逼汪意图。实际上，蒋是反共、排俄、逼汪三箭齐发，或者说是从反共、排俄入手而逼汪去职，进而取而代之。事件发生后，汪为表示不满，以治病为名躲了起来。蒋为逼汪，极力堵塞汪的出路，通过召开所谓中央党部和国民政府联席会议占去了汪的位子。5月中旬，蒋在国民党二届二中全会上，无理限制共产党员在国民党内的活动，同时改变了国民党的领导体制，增设中央执行委员会常务委员主席一职，推张静江为主席，从而实现了从组织上排汪的目的。汪、蒋合作，一变而成为蒋、张合作（稍后张以"足疾"辞职，而由蒋介石担任中常会主席）。后来，国民党左派人士虽然开展了"迎汪"复职、"迎汪"抑蒋的一系列旨在限制蒋介石权力的斗争，也取得了一定的效果，但最终已扭转不了由蒋一手控制国民党的军队、政党和国民政府的局面。

孙中山逝世后国民党内的矛盾斗争和权力斗争，说明这个党虽然经过改组，但它的许多头面人物都未能以改组所体现的革命精神和民主原则去对待政治生活中的各种重大问题。不但"西山会议派"急于废弃孙中山的革命政策，并将这种动机诉诸非组织的手段；即如胡、汪、蒋等也一样目中无党，不受党章、党的法规及组织纪律的约束，各显神通地以自己的手腕去排除异己势力，觊觎最高权力。这就严重抵消国民党、国民政府的革命影响，导致了党的分裂，并促成了这个党不久之后的质变。

北伐战争与国民政府北迁

北伐，是国民政府为向全国推进国民革命，推翻北洋军阀统治而举行的革命战争，是继东征、南征之后最大规模的军事行动。北伐的酝酿、准备，在广东实现统一之后即已开始。1926 年 3 月 18 日，当段祺瑞在北京制造"三一八惨案"，残害民众时，国民政府于 20 日发表讨段宣言，指出"似此凶残的卖国之人，岂复能任其窃据高位以祸国殃民"，号召全国人民起而抗争。4 月 20 日，段在人民愤怒反对声中宣布下野，国民政府在其"宣言"中又指出：北方事实上已陷于无政府状态，望国民自动召集国民会议，以取得政权。这时，湘军师长唐生智起兵驱逐湖南省长赵恒惕，公开倒向广州国民政府，并呼吁广东方面早日北伐。国民政府由是于 5 月间作出关于北伐的决定，任命唐生智为第八军军长、北伐前敌总指挥；旋派第七军胡宗铎部，第四军陈铭枢、张发奎、叶挺部入湘援唐，为北伐开辟道路。叶挺独立团早于 5 月 1 日从肇庆、新会向广州集中，20 日离开广州开赴湖南，率先走上了北伐的征程。

国民政府任命蒋介石为国民革命军总司令,李济深为参谋长,邓演达为总政治部主任,加伦为军事总顾问。7月9日,北伐誓师典礼在广州举行,谭延闿给印,吴稚晖授旗,蒋介石作就职讲演。北伐军进展迅速,7月中旬,已经进入湘南的第四军、第七军和第八军各部,先后攻占了醴陵、长沙、浏阳等城;8月16日,国民政府发表讨伐吴佩孚宣言;是月中旬,北伐军攻破敌军汨罗江防线,并于27日至29日在湖北的汀泗桥、咸宁城和贺胜桥,与敌军发生激战,击败吴佩孚的主力;9月攻克汉阳、汉口;10月攻占武昌。两湖既克,战事遂以江西为中心,第二军、第三军、第六军和第一军(两个师)先后入赣作战,10月15日国民政府发表讨伐孙传芳宣言,第四军、第七军、第八军等部也入赣作战,各部共同于11月上旬攻克九江和南昌,打垮孙传芳的主力。当孙军崩离之际,第一军另一部由粤东进入福建,于12月进占了福州。

北伐军占领两湖、江西和福建之后,国民政府在上述数省先后成立临时政务会议一类组织,暂时执行该省政权。1926年10月,在广州召开的国民党中央执行委员暨各省区执行委员联席会议,讨论通过了《国民政府发展案》。规定"国民政府地点应视其主要工作所在地而决定之"。11月8日,国民党中央政治会议决定短期内将国民政府北迁武汉(26日正式作出决定)。从12月5日起,国民政府停止在广州办公,国民党中央执行委员和国民政府委员在此前后分批北上。国民党中央并决定设政治会议广州分会,以管理国民政府北迁之后广东、广西、福建三省政务。

广州国民政府的历史,至此宣告结束。

结 语

综上所述，广州国民政府作为从孙中山国民党到蒋介石国民党转向阶段的政权，是一个复杂而多色彩的政权。一方面，它在实践孙中山的政治思想、政权理论、治理观念和有关政策方面作了很大的努力，取得了相当的成就。孙中山的伟大贡献，不仅体现在他生前所作的奋斗方面，而且体现在他的继承者按照他指出的方向所作的努力方面，孙中山国民党时代的历史，不应在他逝世后就打上句号。总的来说，广州国民政府的历史是同孙中山时代联结在一起的，不应当低估这个政权在追求民族独立、社会进步诸方面的种种作为的历史意义，波澜壮阔的五卅运动、广东战争、北伐战争之所以动人心魄，正是由于当时的国民党、国民政府所发起的这些斗争是顺应时代潮流和有利于社会的发展进步的。然而，这个政权历史的另一端，又同蒋介石时代联结着。蒋在那时利用孙中山刚逝世的时机，利用国民党理论上、政治上和组织上的缺陷及其他可乘之隙，一方面以军队去控制国民党和国民政府，由此一步步走向军事独裁；另一方面又将孙中山的"以党治国"的主张加以曲解，使之逐步演变成为国民党的一党专政。正是这两点：军事独裁和一党专政，构成为1927年四一二反动政变后蒋介石统治的基本特征。这是我们读那一段历史时所应看到的另一面。

中国国民党从孙中山时代转到蒋介石时代，已经从一个为民族独立和民主政治而奋斗的党，质变为实现民族独立和民主政治的障碍。事物的变化虽然是积渐而成的，但是要紧处往往只有一步。可以这样说，中国国民党历史转折那关键的一步，应当从广州国民政府的运行轨迹中去找寻。

处在岔道口上的历史,对后来者往往是更富魅力、更有启迪意义的历史。广州国民政府的历史,正是这样。

省港大罢工概述

工人运动的复兴

1923年二七罢工失败后，全国工人运动进入低潮。为推动工人运动的复兴，中共三大对广州、香港的工人运动作了专门的部署；国民党一大宣言提出要"制定劳工法"，"保障劳工团体"，"全力扶助"工人运动；大元帅大本营公布了《工会条例》，对工会的法律地位作了规定。[①]国民党中央工人部，由廖仲恺任部长，共产党员冯菊坡为秘书，刘尔崧、施卜等为干事，中共广州地委派许多干部从事工人运动。广州工人运动因此逐步活跃。

广州工会组织名目繁多，品类复杂，影响工人队伍的团结。第一次全国劳动大会后，中共广东区委曾以油业工会、土木建筑工会、酒业工会为核心，组织"广东工会联合会"，然而一些人数较多的产业工会并未加入这个联合会，还有不少工会自立门户，自成一体。因此，整顿和改造旧式工会是推动工人运动发展重要的一环。1924年春，中共广州地委派杨殷、潘兆銮深入粤汉、广九、广三铁路做发动、组织工人的工作，改组了由广东机器工会控制的三铁路车务工会，随后又派人陆续将海员、印务、洋务工会争取了过来。国民党中央工人部还派人到各类工会做宣传教育工作，

[①] 《工会条例》，1924年10月1日公布，《孙中山全集》第11卷，中华书局1981年版，第125页。

使在无政府主义者控制的酒楼茶室工会、理发工会、汽车工会等转而愿意联合。3月5日，国民党中央工人部召集各工会骨干千余人开会，号召广州工人加强团结、统一组织、参加国民革命；并提出成立统一的广州工人代表会的倡议，得到多数工会的赞同。

1924年5月1日，广州工人代表会（"广州工代会"）宣告成立。孙中山在成立大会上发表了演说，号召广州工人"要从今日起，立一个志愿，组织一个工人大团体。"①参加广州工人代表会的有七十多个工会（最多时有一百七十多个工会），十多万工人。广州工人代表会执行委员会由刘尔崧、鲍武、黄天伟、周祯、麦锦泉任常务委员，孙律西任秘书，杨殷被聘为顾问，会址设惠州会馆三楼。广州工人代表会的成立，标志广州工会开始由职业组织走向产业组织，由分散走向统一，为广州工人运动的发展奠定了组织基础。

1924年6月19日，法国驻越南总督马尔兰在广州沙面遇刺（未遂），英国驻广州领事认定凶手是华人，于20日致函广东省政府提出"抗议"，为广东省省长廖仲恺严词驳斥。不久，查明此案为越南人范鸿泰（事后已溺毙）所为，而沙面租界当局竟于7月初颁布"新警律"，限制华人自由出入沙面，并对华人作出诸多歧视和侮辱。沙面洋务工人三千多人不堪忍辱，在中共广州地委及广州工人代表会的发动组织之下，于7月15日宣告罢工。沙面租界的华人巡捕也参加了罢工。广州各工团成立"各界反对沙面苛例罢工委员会"，提出以取消"新警律"及其他对华工不平等待遇的四项要求作为复工条件。广州市民纷起声援，踊跃捐

① 孙中山:《在广州市工人代表会的演说》(1924年5月1日),《孙中山全集》第10卷,中华书局1981年版,第145页。

款，大力支持罢工运动。工人团结一致，秩序井然。沙面商务完全停顿，经济损失惨重。是为中国工人运动史上著名的沙面洋务工人罢工。

沙面罢工期间，在孙中山、廖仲恺的支持下，广州工人代表会成立广东工团军，以共产党员施卜为团长，刘公素、胡超为副团长。广东工团军与同时成立的广东农民自卫军，在沙面罢工及稍后平定商团的斗争中，发挥了重要作用。

沙面罢工发生后，法国驻穗领事致函广东省政府要求制止罢工。廖仲恺复函说：这次罢工"全由沙面英法工部局颁布新律所激动而成"。[①] 英国驻广州领事会见孙中山，提出了同样要求。孙中山说："华人此次因争人格发生合理循轨的罢工，政府实不能加以取缔，苟或有之，即为剥夺人民自由之违法行为，革命政府决不敢出此。且贵领此次毅然颁布此苛例，其中侮辱国体、人民之处实多。沙面为中国领土之一，外人以居留资格，实无取缔华人权。今幸苛例尚未实行，解铃系铃，还须贵领觉悟。"[②] 廖仲恺、孙中山的鲜明态度鼓舞了罢工工人的斗志。罢工坚持32天，迫使租界当局答应取消"新警律"，承认华人、外人一律平等。

沙面罢工是一次反对帝国主义压迫，维护中华民族尊严，维护广州政府地位的政治大罢工，在广州以至省内外产生很大影响和震动。这次罢工达到了为中华民族争地位，为中国工人争人格的基本目的，显示了中国工人在反帝斗争中的力量，进一步鼓舞、坚定了工人阶级的斗志。这次罢工，是中国工人运动在广州复苏

<hr>

① 廖仲恺：《关于沙面罢工复法领事函》(1924年7月19日)，《廖仲恺集》(增订本)，中华书局1983年版，第188页。

② 孙中山：《与英国驻广州领事的谈话》(1924年7月19日)，《孙中山全集》第10卷，中华书局1981年版，第423页。

的标志，是工人运动从低潮转向高潮的转机。

1925 年 5 月，由广州工人代表会、中华海员工业联合总会、汉冶萍总工会、全国铁路总工会四大团体联合发起，在广州召开第二次全国劳动大会。到会代表 277 人，代表全国 165 个工会，54 万会员。大会的任务是讨论并确定国民革命与工人运动的策略方针及建立全国统一工会组织的问题。大会宣布成立中华全国总工会（"全总"），选举林伟民、苏兆征、邓培、王荷波、刘尔崧、李立三、刘少奇、邓中夏、刘华、张佐臣、李森、项英、许白昊、郭亮、谭影竹、刘文松、何耀全等为执行委员，林伟民为委员长，刘少奇、刘文松为副委员长，邓中夏为秘书长兼宣传部长，李森为组织部长，孙云鹏为经济部长。中共中央指派邓中夏为"全总"党团书记。"全总"会址设广州市越秀南路惠州会馆。"全总"的成立，迎接了广州工人运动高潮的到来。

省港大罢工的爆发

1925 年 5 月 30 日，上海发生租界巡捕枪杀中国人民的五卅惨案。国民党中央于 6 月 2 日发出通电，指出："英帝国主义竟敢将其对待印度、埃及人民之暴行，行使于中国领土之内，如中国人民再不起与奋斗，帝国主义之横行无忌，将有更甚于此者。"号召全国人民一致抗争。中共中央向广东区委发出了关于举行援沪同盟罢工的电令。① 当时，因杨、刘之乱未平，中共中央广东区临时委员会和中共广东区委决定于平定杨、刘之后，组织广州、

---

① 《中共广东区委关于省港罢工情况的报告》（1925 年 7 月），文中说："吾党六月一日接中央电令举行大示威"。中央档案馆、广东省档案馆编：《广东革命历史文件汇集》甲 6，1982 年，第 25 页。

香港两地工人举行支援上海反帝爱国运动的罢工。于是指派黄平、邓中夏、杨殷、苏兆征、杨匏安5人组成"党团",作为组织、发动罢工的"指挥机关"。[①]邓中夏、杨殷、杨匏安等从6月初起先后赴港,深入香港各工会团体,作罢工的宣传、发动工作。

此时,香港共有一百三十多个工会,派系复杂,门户之见很深。经过邓中夏、苏兆征等"党团"成员深入的发动,在海员、电车、印务、洋务工会的带动下,香港各工会代表接受了全港总同盟罢工的决议,并成立以苏兆征为干事局长的香港工团委员会。6月14日,鲍罗廷在国民党内提出关于援助香港罢工的提议,获得通过。胡汉民、廖仲恺于是日接见香港工人代表,对发动全港同盟罢工表示支持。这时,杨、刘之乱业已讨平,中共广东区委认为罢工时机已到,遂于15日发表动员各界罢工的《告广东人民书》。18日,中华全国总工会致函香港各工团,下达罢工命令。这时,香港一些工会领导人却存疑虑和畏惧,且有临阵而退的可能。"在此千钧一发之际,当晚共产党党团开会决定,首先由受我党指挥的各工会(海员、电车、华洋排字、洋务等工会)先行罢工。"[②]19日,香港工团委员会发表"宣言",拥护上海工商联合会的十七项条件,并向香港当局提出了政治自由、法律平等、普遍选举、劳动立法、减少屋租、居住自由的六项要求,宣布罢工。几十个工会、二十五万多人先后加入罢工行列,部分学校举行了罢课和罢教。十多万人冲破港警的封锁,撤出香港,回到广州等地。

中共广东区委在发动香港工人罢工的同时,指派冯菊坡、刘尔崧、施卜到广州沙面租界组织发动罢工。6月21日,沙面洋务

---

① 《中共广东区委关于省港罢工情况的报告》(1925年7月),中央档案馆、广东省档案馆编:《广东革命历史文件汇集》甲6,1982年,第26页。

② 邓中夏:《中国职工运动简史》,人民出版社1949年版,第224页。

工人开始罢工，宣布封锁沙面。广州市内各洋行的职工，东山、白鹤洞、芳村等处的教堂职工，珠江两岸太古仓、渣甸仓、亚细亚和美孚煤油仓的工人陆续参加了罢工，甚至外国人的家庭雇工也加入了罢工行列，参与者共达三千多人。广东区委并指定由冯菊坡、刘尔崧、施卜、李森、林伟民、陈延年组成"党团"，负责接待从香港返回广州的罢工工人。

6月23日，广州、香港两地罢工工人，广州四郊农民，黄埔军校官生，驻穗军警，广州商、学、妇女各界团体在广州市东较场召开市民大会。谭平山主持中央会场，廖仲恺发表演讲，胡汉民代表国民党中央宣读《告全国人民书》，李启汉（李森）代表广东各界对外协会宣读解决上海五卅惨案的条件。大会通过收回海关、收回租界、取消一切不平等条约等项决议。会后，五万多人举行示威游行，队伍经惠爱路转永汉路，出南堤至西濠口，沿途秩序井然。至下午2时多，各界队伍经西堤沙基口，过沙面东桥头，到达了沙基马路一带。当领头队伍已经转入内街，"岭南学生及湘军将抵西桥口时，沙面沿岸英兵即匍伏沙包内，突发机关枪扫射。""同时白鹅潭及沙基口之英、法、葡国兵舰纷纷放机关炮大炮助击，弹如雨下。"①游行民众猝不及防，纷纷中弹倒地，当场被打死者五十多人，重伤一百七十多人。黄埔军校教官曹石泉（共产党员、第一师第三营营长）、岭南大学教员区励周等人，遇难于此。是为震惊中外的"沙基惨案"。

广州国民政府积极支持省港罢工，宣布封闭市内的赌馆、烟馆和会馆，改作工人宿舍、食堂或活动场所。7月7日，国民政

---

① 钱义璋：《沙基痛史》，广东人民出版社1995年版，第13页。按：1925年6月24日，葡驻穗领事柯达函复胡汉民，否认葡舰开炮。

府发布《维持罢工会决议案之训令》，批准罢委提出的七项要求：一、暂拨东园为罢工委员会办事处；二、广州市征收半月租捐交中央银行，专为援助罢工之用；三、饬令各口岸禁止粮食出口；四、广东建设厅与罢工委员会筹商筑黄埔、石井两公路；五、计划将黄埔筑成商埠；六、令广东商务厅劝谕商民援助罢工工人；七、责成各华商烟草公司捐助罢工工人。[①] 罢工开始时，集中广州的罢工工人达十余万人，罢委每天需支出 7000 至 9000 元。为解决经费问题，国民政府按月给罢委拨款 3 万元，另外向海内外发动捐赠。截至 1926 年 6 月，国民政府共拨给或以租捐形式转来 280 万元，国内捐款 25 万元，海外华侨捐款 113 万元，拍卖英货 40 万元，罚款 20 万元。国民政府拨款占罢委总支出 500 万元的一半以上。因得到国民党中央、国民政府的支持帮助，罢工工人在食、宿等方面有了保障，坚定了信心。邓中夏说："这次罢工是由共产党发起而成的"；他同时指出："中国国民党帮助我们，国民政府帮助我们，省政府帮助我们"；"假若当时不取得国民党的帮助，的确罢工不到一个星期便要垮台"。[②] 国民政府各项政策措施也得到工人的支持，罢工委员会表示说："我们工人阶级对于国民政府的态度，斩截说一句话，就是'绝对拥护'的"。[③]

　　省港大罢工激发了广州市民强烈的爱国心，得到了市民支持。大量罢工工人进入广州市区，难免给市民生活、交通带来不便，但由于罢委良好的组织和工人高度觉悟，市内一切正常，治安秩序良好，以至扒手敛迹，偷窃现象减少。对香港的封锁，促进了广州航运业、商业的发展。据《字林西报》记者报道："广州航

①　《维持罢工会决议案之训令》，《广州民国日报》1925 年 7 月 22 日。

②　邓中夏：《中国职工运动简史》，人民出版社 1949 年版，第 239 页。

③　《工人之路特号》，1925 年 7 月 2 日。

运业从未听闻过有这样的繁荣，我到广州那一天，黄埔与广州之间有二十七艘海洋定期轮船。平均每日有船三十艘在港口。"①

省港大罢工爆发后，香港机器停转，车辆不行，航运商务停顿。据当年的统计，香港每年进出口货物达 1.5 亿金镑，折合华币 25.2 亿元，因为这次罢工的发生，每月将损失 2100 万元，每天损失 700 万元。②罢工纠察队封锁各港口、码头，严禁粮食、生猪运往香港。国民政府并派铁甲车队开赴深圳，协助罢工纠察队开展封锁和缉私斗争。港英当局于 7 月 27 日召开"公民大会"，致电英皇，请用武力进攻广州，驱逐"过激党"。而伦敦政府基于种种考虑，未敢言战。

省港罢工委员会

为领导罢工运动，香港、广州两地的罢工工人成立了省港罢工工人代表大会（此处的"省"指广东省城广州，"港"指香港），作为省港罢工的"最高议事机关"；由罢工工人代表大会选举产生罢工委员会，作为"最高执行机关"。

7 月 3 日，省港罢工工人代表大会选举产生"中华全国总工会省港罢工委员会"，由林伟民、李启汉（代表中华全国总工会）、曾子严、黎福畴、梁德礼、陈瑞楠（代表沙面罢工工会团体）、苏兆征、何耀全、麦捷成、陈锦泉、张锡三、李堂、麦扬波（代表香港方面罢工工会团体）共 13 人组成。③林伟民当日以中华全

---

① 引自 [英] 伍德海主编：《中华年鉴》（1926—1927）。

② 邓中夏：《省港罢工概观》（1926 年 8 月），《中国工运史料》，1982 年第 1 期，第 28 页。

③ 《工人之路特号》，1925 年 7 月 4 日。

国总工会委员长身份，主持第一次会议，选举罢工委员会委员长、副委员长等。苏兆征当选为罢工委员会委员长，何耀全、曾子严当选为副委员长，杨始开当选为秘书长。罢工委员会聘请汪精卫、廖仲恺、黄平、杨匏安为顾问。

罢工委员会之下，设干事局，以李启汉为局长，黎福畴、李堂为副局长。干事局分置文书、宣传、庶务、招待、交通、游艺、交际7部，分别以邓启谱、邓伯明、冯永垣、梁子光、谭海珊、朱霞生、冯敬为主任。罢委特设财政委员会，由苏兆征兼任委员长。此外设会审处、拍卖局、法制局、审计局、筑路委员会、工人医院（后来增设骑船队、工商审查仇货委员会、工商验货处、北伐运输委员会等）。出版《工人之路特号》，邓中夏任主编，先后由郭瘦真、蓝裕业任主笔。

中共广东区委特成立罢工"党团"，由邓中夏、李森、苏兆征、黄平、冯菊坡、刘尔崧、施卜、林伟民、陈延年（后增加何耀全、陈权、罗珠、彭松福等）组成，先后由邓中夏、李森任书记，此为省港罢工运动的领导核心。①

省港罢工工人代表大会，集议事权、审核权、监督权于一体，按每50人产生一名代表的比例，由各业工人代表八百多人组成，隔日开会一次。代表大会于罢工的16个月期间，共审议了议案283项，凡与罢工有关系的重大问题，均经大会审查与议决，一切须取决于公意。代表大会对罢委及干事局有决定、制约和监督之权，可制裁有违法舞弊、腐化变质或破坏罢工行为的职员，撤换不称职的干部。代表大会所产生的省港罢工委员会及干事局和

---

① 《中共广东区委关于省港罢工情况的报告》（1925年7月），中央档案馆、广东省档案馆编：《广东革命历史文件汇集》甲6，1982年，第31页。

各委员会，是一套组织严密、机构健全、富于效能的执行机关，可依法处置一切与罢工相关的事宜。以上省港罢工工人代表大会、省港罢工委员会和干事局，是各有职能、各司其职、权界明确、上下逮通的工人自治权力机关，体现了工人阶级所具有的组织性、纪律性，体现了权力设置的民主精神和法治原则，并体现了管理的合理、有序和有效，因而，卓有成效地促进了工人阶级的团结和工会组织的统一，增强了罢工运动的战斗力。

7月5日，省港罢工工人纠察队在东园成立，以黄金源为总队长，邓中夏为训育长，徐成章为总教练。纠察队设总队、大队、支队、小队和班。每支队108人，每大队432人。初编为5大队、18支队；1925年8月增为6大队、22支队，实有二千六百多人；后扩充至三千多人。纠察队建立训育员制度，总队设训育处和训育长，大队设训育主任，支队设训育员，实际从国民革命军党代表和政治部主任制度演绎而来。中共广东区委从黄埔军校、铁甲车队中抽调军事干部，充任纠察队各队干部和教练。是年10月，纠察总队改组为纠察委员会，改总队制为委员制，徐成章、何清海、邓中夏、黄金源、林炳、黎栋轩、廖祝三7人为委员，下设军务、军法、军需、秘书、调查等处。省港罢工纠察队是在罢委领导下、受国民政府支持的工人武装队伍，成立后陆续开赴各地，驻守东起汕头、西至北海的千里防线，执行维持秩序、截留粮食、严拿走狗、侦缉工贼的任务。罢工一年多内，历战数十次，队员死难者达一百八十多人。

省港罢工委员会设会址于东园。此处原为清代广州水师提督李准的私家花园，后变成广州市民活动中心，辛亥以来广州许多重大事件，多在这里发生。省港罢工爆发后，经国民政府批准，设罢工办事处于此处。东园遂成为省港罢工工人代表大会、省港罢工委员会及其干事局、省港罢工纠察队总队部的所在地，成为南中国工人运动的领导、指挥中心。

省港罢工期间，中共广东区委和中华全国总工会在罢工工人中先后创办宣传学校、工人补习学校、妇女劳动学校、工人子弟学校等十多所学校，大力开展职工教育。宣传学校由冯菊坡任校长。省港罢工本身就是一所大学校，大量罢工工人经过学习和各项实际运动的锻炼，提高了政治文化素质，由此走上献身中国革命的道路。

初时，省港罢工实行罢工、排货、封锁三结合的策略，宣布禁止所有外国船只进出广东各港口，抵制一切外货和外币，反对"一切帝国主义"。随着斗争的深入，罢工领导者发觉这一政策有促使各国与港英一致行动，联合对广州实行反封锁，使广州四面受敌的可能，乃决定变更策略，变反对"一切帝国主义"为"单独对英"。8月1日，罢工工人第七次代表大会通过"特许证"制度，规定"凡不是英国货、英国船和经过香港者，可准其直来广州"，以期打通广州至上海和海外的航线，有效封锁香港，并改善广东经济状况。20日，罢工委员会进而提出贯彻这一原则的"善后条例"及有关"补充条例"。"单独对英"的策略有效拆散了港英与各国的联合，美、日各国公司陆续领证复业；原设于香港、沙面的商行也搬来广州开业；各国商船闻风而来。这对坚持罢工，保障广东经济独立发展，起了十分重要的作用。[1]

当省港罢工深入发展时，港英又于8月25日召开"公民大会"，再次电请伦敦对广州使用武力。东江陈炯明、南路邓本殷呼应港

---

[1] 邓中夏：《省港罢工概观》（1926年8月），《中国工运史料》，1982年第1期，第26页。

英，扬言出兵广州，一举推翻国民政府。在深圳、顺德、东莞、番禺、香山（后改名中山）等地执行封锁和缉私任务的罢工工人纠察队，经常受到袭击。罢工封锁线遭到破坏、纠察队员遭惨杀的事件屡屡发生。11月初，在深圳沙鱼涌执勤的罢工纠察队和铁甲车队，突遭大规模袭击，两队队员共死难15人。当内外夹攻，斗争异常尖锐时，罢工工人与国民政府紧密合作，"差不多相依为命，有存则俱存，亡则俱亡之势"。① 在国民政府东征、南征之役中，罢工工人组织运输队、宣传队、卫生队开赴前线，纠察队奉令镇守后方。东征、南征的胜利，又有力支持了省港罢工，罢工封锁线从东起深圳，西至前山，扩展为东起汕头，西至北海。

面对以上形势，罢工委员会认为解决罢工时机已到，由国民政府和罢委派出代表专员，与港方华商代表、港英代表进行接触和交涉。11月下旬，双方代表在香港、广州两地开始正式谈判。近三百人的各国华侨参观团亦于此时到广州参观，慰问罢工工人，希望罢工问题早日得以解决。

省港大罢工的坚持

香港总督史塔士主张以强硬手段处置罢工，结果不但未能平息风潮，反而使英国利益大受损失。英国政府于8月中旬将史塔士撤去，改任金文泰为总督。省港罢工委员会于此时拟出香港、沙面工人之复工条件，几次派出代表同港英交涉和谈判。然而金文泰却拒绝这些条件，并于1926年1月25日宣布停止解决罢工

---

① 邓中夏：《省港罢工概观》（1926年8月），《中国工运史料》，1982年第1期，第8页。

的谈判。2月间，中共广东区委和中华全国总工会在香港发动了第二次大罢工，又有一万多名工人离港返穗，广州市民发起了第二次"援助罢工周"。群情激昂，罢工运动展现出新的形势。

在省港大罢工的推动下，香港、广州工会纷纷成立，工人运动进一步高涨。为加强工人自身的团结，排除封建帮会思想的影响和敌对势力渗入，中共广东区委和中华全国总工会领导开展了省港工会统一运动，提出改造旧式工会，组织新型工会，要求按产业或职业类别统一组建工会。这一倡议得到广州、香港各工会的积极响应。1925年11月，省港印务工人的四大团体率先合并为统一的省港印务工会；省港运输业工会、金属业工会、洋务工会等，也于1926年春分别按产业实现了统一。

这时，中华全国总工会副委员长刘少奇因受湖南赵恒惕迫害，于1926年2月到达广州。受中共广东区委和"全总"的委派，刘少奇致力于开展工会统一运动，他指出实现了工会的统一，就等于筑起了保障工人利益、争取罢工胜利的"炮台"，因而把工会统一运动形象地称为"炮台政策"。经过深入细致的工作，香港各工会于4月16日在广州召开代表大会，宣告成立香港总工会，统一了香港的工会组织。在广州方面，广州工人代表大会于4月1日召开会议，选举产生工人代表大会执行委员会，后又于6月和10月召开了第二和第三次工人代表大会，加入工人代表大会的工会共二百多个，会员达19万人。工会统一运动壮大了广东工人阶级队伍，壮大了共产党领导的工人组织，并带动了广东各界革命团体的大联合。1926年夏季，广州虽然发生了"中山舰事件"，但革命形势仍然继续高涨，工人运动方兴未艾。

省港罢工推动了广州市民运动的高涨。1926年2月22日，粤海关税务司贝尔（英籍）以罢工纠察队扣留八艘未经查验之货艇，"妨碍"其行使职权为借口，宣布停止起卸货物，实行海关"封关"，企图通过海关箝制广东经济，窒息广东对外贸易。此为1926年粤海关"封关事件"。为此，广州工农商学各界于26日举行10万人示威游行，对"封关事件"提出强烈抗议，挫败了把持粤海关的英人，使海关得以重启。

1926年6月，中华全国总工会创办劳动学院，以邓中夏为院长，李耀先为教务主任，刘少奇、恽代英、萧楚女、熊锐等为教授。劳动学院以"培养职工运动人才"为宗旨，主要课程有"工会组织法"、"职工运动史"、"省港罢工"、"广东工会问题"、"罢工战术"等，学生有陈郁等。劳动学院培养了大批工人运动干部，对广东工运发展起了推动作用。

1926年5月，第三次全国劳动大会在广州召开。到会代表共502人，代表全国699个总会和分会，一百二十四万多工会会员。中共中央发出《致第三次全国劳动大会信》，号召"全国工农及一切劳苦大众大团结"，"抵抗一切特权阶级的压迫，以至获得我们政治斗争的初步胜利。"苏兆征、邓中夏、李立三、赵世炎、项英等出席了大会。邓中夏致开幕词，刘少奇作《一年来中国职工运动的发展》的报告。刘少奇的报告指出中国工人阶级在革命中已发挥了伟大的作用，工人运动已有长足的发展，事实证明工人阶级在革命中的领导地位是"确凿不移的"①。中共中央发来"祝词"。大会通过了《中国职工运动总策略决议案》等，其中对省港罢工问题也作了决议，肯定这场罢工"组织之严密与政策适当"，肯定了工会统一运动，号召工友坚持斗争到底。大会选举苏兆征

---

① 刘少奇：《一年来中国职工运动的发展》（1926年5月），《中国历次全国劳动大会文献》，工人出版社1957年版，第61页。

为中华全国总工会执行委员会委员长。

1926 年 7 月，国民政府出师北伐。罢委组织运输队、卫生队、宣传队、交通队、慰劳队等随军出征。在北伐途中，罢工工人牺牲近百人（罢工一年多来罢工工人总共牺牲 881 人）。[①]

北伐战争开始后，鉴于国内外形势发生巨大变化，罢工领导机关认为在维护罢工工人利益的前提下，应采取适当步骤结束罢工，以巩固已成为北伐后方的广州革命根据地。6 月 5 日，国民政府代理外交部长陈友仁致函港督，提出双方各委派三名代表谈判，未能得到回应。7 月 15 日至 23 日，陈友仁同港英代表在广州就解决省港罢工问题进行谈判，港英方面拒绝谈解决罢工的具体办法，而提出所谓"实业借款"，企图进一步控制华南经济，谈判卒无结果。在这种情况下，省港罢工工人代表大会于 9 月 30 日召开第一百六十六次会议，决定变更政策，在给罢工工人予津贴，从粤海关抽取 2.5% 进口货物附加税，奢侈品加征 5% 附加税，作为结束罢工后津贴工人的费用，安排工人工作，保存罢工委员会和香港各工会机关，保存纠察队的前提下，以撤回纠察队、停止封锁的形式，结束这次罢工。10 月 10 日，省港罢工委员会发表《停止封锁宣言》。至此，长达 16 个月之久的省港大罢工宣告结束。

省港罢工坚持一年又四个月，[②]震动全国和世界，充分体现了中国工人阶级和香港、广州市民崇高的爱国精神，体现了工人

[①] 《中华全国总工会省港罢工委员会致国民党国民政府函》（1926 年 8 月 9 日），《中国工运史料》，1981 年第 1 期，第 185 页。

[②] 1926 年 10 月 10 日省港罢工委员会宣布取消对香港的封锁，罢工运动至此历时共一年又四个月。有的研究者认为取消封锁只是罢工策略的改变，罢工运动并未结束，罢工委员会仍然存在，直至 1927 年四一五罢工委员会被迫转入地下，罢工运动才算结束。

阶级伟大的力量。省港大罢工是中国国民革命运动的重要组成部分，其组织规模和斗争水平达到了以往历次罢工运动所未能达到的高度，其策略艺术"达到了最高的形式"[1]。这与工人阶级进一步的觉醒和工人运动的迅速发展有关，与大批工运干部的进步成长有关，是中华全国总工会、中共广东区委加强对工人运动领导的结果，也是国共合作推动的结果。数十万罢工工人及支持罢工的广州、香港市民，充当了广州国民政府的柱石。省港罢工期间，罢工委员会所在地东园甚至被人称为"东园政府"，或曰"工人政府"，以俨然政府的姿态作用影响于省港各地。东园是广州四大革命活动基地之一，群英荟萃，海内外许多著名的革命者、工运干部聚集于此，国际工人运动的一些领导人（如台尔曼等）也到过东园。

---

[1] 邓中夏：《中国职工运动简史》，人民出版社 1949 年版，第 254 页。

"廖案"能见度

1925 年 8 月 20 日，中国国民党中央执行委员会委员、国民政府委员、军事委员会委员、黄埔军校党代表廖仲恺，被刺杀于国民党中央党部门外。此为中华民国史上一宗扑朔迷离、在一定程度影响并改变了历史走向的突发事件。此案许多谜团或疑点，至今未能破解。这除了恐怖事件本身的诡秘性使人难以全面窥测外，案发后不断添加的一些人为因素，更降低了案情的能见度，以致今天对"廖案"的梳理，仍有许多不甚了了的东西。

烟 雾 弥 漫

"廖案"发生前夕，广州正处于所谓多事之秋。孙中山逝世（1925 年 3 月 12 日）后，国民党被置于有多种走向、多种发展可能性的岔路口上，历史进入敏感的、躁动不安的时段。廖仲恺不仅身在时代的风口浪尖，也处于国民党矛盾漩涡的中心，是一位关键性的政治人物。他因何被谋杀？社会舆论普遍猜测：

（一）"反共产"势力所为。在国民党内，廖仲恺联共态度鲜明，一直被视为"亲共"、"祖共"分子。孙中山逝世后，国民党内"反共产"口号不断高涨，一时甚嚣尘上。廖被看作是"共产党的工具"，甚至被认为是共产党。舆论普遍认为"廖案"是"反共产"的势力暗中制造的。

（二）反对汪派掌权者所为。孙中山逝世后，围绕着国民党最高权力的第一轮角逐，是在胡汉民、汪精卫二人间展开的。1925 年 7 月，经过驱逐杨（希闵）刘（震寰），并经过一番台上、台下的较量，广州国民政府宣告成立，由汪出任政府主席和军事委员会主席，成为广州政坛的一号人物。廖仲恺当时持"拥汪"的态度，在以汪代胡的过程中，起了相当重要的作用。然而，驱逐杨、刘与改组政府，均为牵涉面很广，将引发诸多争议，并对大局带来震撼性影响的重大事件。汪派排胡出局易，而排除胡的政治影响难。更为主要的，是汪并非"最高"的合格人选，勉强上台，只能造成政局的更加动荡。汪不免身陷危局，包括廖在内，都成为杨、刘派及拥胡派势力之众矢之的。

（三）仇视、破坏工农运动的势力所为。1925 年 6 月爆发的省港大罢工，是中共广东区委发动、并得到广州政府支持的反帝爱国运动。廖仲恺实际上参与了对省港罢工的策划和领导，他不但以党、政高官的身份对罢工给予多方面的支持和帮助，甚至公开出任省港罢工委员会顾问。省港罢工遭到港英等多种势力的反对和抵制，身为罢工之"坚强后盾"，廖无异于将自己置于罢工的反对者、破坏者的刀刃之上。

可见当时的廖仲恺，确已卷入漩涡中心，处于高危地带。柳亚子 1935 年 6 月所撰廖仲恺纪念碑的"碑文"，称廖"以一身而系革命前途之安危"。上述任何一种理由，都可能使廖招致杀身之祸。

综观历史，凡政局动荡之时，总是不测事件的多发之时，总是会有人以制造谋杀等恐怖事件为手段，去实现他们的企图。恐怖袭击，说到底也就是追求"成本"最低化，而"成效"最大化的一种行为。唯是之故，"廖案"从一开始就被社会舆论认为是一宗在广州政局十分动荡的时段发生的、与政海波澜的起伏密切相关的政治谋杀案，乃是有其道理的。

不过，别的动机也不是不可能的。因为廖仲恺重权在握，在广东活动尤其是主持粤政多年，常与军、政、商界形形色色的人物打交道，素以铁面无私、疾恶如仇著称，长期以来，难免不得罪人，不种下怨恨。所以，心怀私恨者伺机报复，这种可能性也是会存在的。但无论是出于政治原因，还是出于私恨，谋杀廖仲恺对广州政坛所产生的政治地震，那是没有什么不同的。

梅光培、郭敏卿、梁博的被捕

"廖案"发生后，国民党广州当局在鲍罗廷的参与、支持下，决定成立由汪精卫、许崇智、蒋介石组成的"廖案特别委员会"，"授以政治、军事、警察全权，以应付非常之局势。"① 查办"廖案"，成为压倒一切的当务之急，被摆到最重要的位置上。侦查、审讯期间，波澜起伏，牵连面极广，并扯进了大批上层人物。事态正如粤语所谓崛（秃）尾龙拜山——搅风搅雨。广州陷入了政局更加动荡、社会更为不安的局面。

当廖仲恺中枪时，廖的卫士当场将凶手之一陈顺击伤，其他的杀手则已逃亡。陈顺，外号"斗零"，时任花捐局稽查，粤军南路司令部军事委员。现场拾获陈顺使用的大号曲尺手枪，并从他的身上搜出襟章、枪照及一纸写有数字的名单（"分银单"）等物。枪照是粤军南路司令部梅光培发给的，"分银单"上有吴培、梁博等名字。根据这些线索，广州市公安局局长吴铁城于案发当

---

① 《蒋介石年谱初稿》，档案出版社1993年版，第408页。

日，传梅光培到局讯问，扣留了梅氏，并拘捕了为陈顺填发枪照的粤军南路司令部参谋郭敏卿。

陈顺在医院时，已处于时昏迷、时清醒状态。由国民政府秘书长陈树人、广州地方检察厅厅长区玉书等，在医院盘问，并作了笔录。这份笔录未见公布，但在1926年2月《广州民国日报》刊登的"廖案"特别法庭的审讯记录中，可以读到若干内容：一、今早与梁博、冯灿、吴培等数人在万福茶楼饮茶，饮茶后同赴惠州会馆，刺杀廖仲恺。① 二、冯灿分得55元，吴培分得155元，梁博分得40元，陈顺分得80元。此款在"新海珠"酒店面交。② 三、在澳门，系由黄福芝"主使"，黄"使横手"运动陈顺，初许给一万元，要陈顺"运动"吴培、冯灿、黄基、梁博。③ 四、陈顺说，他原本不认识廖仲恺，后由黄（基）指认，方认得开枪。此外，陈公博所撰《苦笑录》一书写道：（陈顺）"昏迷时频频呼叫大声佬，大声佬是朱卓文的浑号。"8月24日下午，陈顺在医院死去。

广州市公安局并于案发当日逮捕了与陈顺过往密切的梁博，被捕者还有梁博家里的佣人林星，《国民新闻》的赵士伟等。梁博，广东三水人，当年29岁，为广州公安局的"侦缉"。据悉，梁博、郭敏卿、陈顺、吴培、陈细等，均为朱卓文的旧部。民国十二、三年之交，朱卓文任"游击总司令"时，他们曾在朱部任事，后来，朱又推荐梁博、陈顺、吴培、陈细等，到花捐局当稽查。而朱卓文及上述各涉案人员，均已经潜逃。

---

① 《廖案第三次审讯详情》，《广州民国日报》1926年2月9日。

② 《廖案第四次审讯详情》，《广州民国日报》1926年2月10日。

③ 《廖案第四次、第七次审讯详情》，《广州民国日报》1926年2月10日、17日。

被检举的"大塘会议"

8月23日，即案发后的第三天，粤军第三军军长李福林带来"人证"，向汪精卫、许崇智、蒋介石举报胡毅生（胡汉民的堂弟）、魏邦平、朱卓文、林直勉。其中说：8月初在文华堂"曾亲眼看见并亲耳听见"朱卓文与林直勉坐在一起，"口口声声说非杀廖仲恺不可"。"廖案"特委于是下令拘捕胡毅生、林直勉、魏邦平等。林直勉被捕，而胡毅生、魏邦平等脱逃。

关于李福林举报的内容，在汪精卫当时的谈话、文章中，仅公开了上述朱卓文、林直勉等扬言杀廖的部分，而其中还有些内容，未曾公布过。据当时任许崇智卫士连连长（稍后为宪兵营营长）的林祥所述，当年7月间，粤军将领李福林、魏邦平（粤军总部高等顾问）、梁鸿楷（粤军第一军军长）、梁士锋（旅长）、张国桢（第五师师长）、杨锦龙（旅长）等，曾在李福林的家乡——广州珠江南岸的大塘村，召开"反共倾覆政府的会议"，内容是"拟首先推翻许崇智、蒋介石，重组政府"。廖仲恺被害后，李福林害怕东窗事发，乃"出面自首"，将"会议"的情形及与会人员，连锅端出。① 因是之故，当"廖案"特委下令拘捕胡毅生、朱卓文、魏邦平、林直勉时，蒋介石即提出要"剪除谋叛军队"，并且在"未曾商准许总司令"的情况下，首先派其团长沈应时逮捕了粤军第五师师长张国桢，同时抓获了杨锦龙。

李福林的检举，因牵进了许崇智部粤军的许多将领，使身为

---

① 林祥：《梁鸿楷等大塘会议倾覆政府事泄被扣案》，《广东文史资料存稿选编》第2卷，广东人民出版社2005年版，第574页。

国民政府常委、军事委员会委员、广东省务主席、并且是"廖案"特委成员的许崇智，深深陷入了困境之中。许崇智起初不但不同意逮捕张国桢，而且在决定逮捕梁鸿楷等人的时候，明确表示"拒绝执行"，因而，只得由苏联顾问鲍罗廷出面做工作。鲍罗廷1926年2月在北京向来自苏联的布勃诺夫使团作报告时，详谈"廖案"前后情况，其中说他"花了许多天时间，设法迫使许崇智去同梁鸿楷作斗争。"鲍的手法是向许挑明"胡汉民与廖仲恺谋杀案有关这一事实"，"所以决定要把他（胡）赶出一切机关。人们甚至谈到要逮捕胡汉民"。他接着说："我们这样处理胡汉民，立即对许崇智起了作用，所以他表示同意逮捕梁鸿楷。"[1] 正是在鲍的"迫使"之下，许崇智于8月25日以开会为由，召梁鸿楷、梁士锋、郑润琦（第三师师长）、招桂章（总部舰务处长）至粤军总部，当即拘捕梁鸿楷、梁士锋、招桂章，而放出郑润琦。接着，蒋介石出动兵力，分别解散了梁鸿楷、杨锦龙、梁士锋在广州及西江的各军队。

梁鸿楷、张国桢等人被捕之后，汪精卫、蒋介石乃指派曾任大本营军需总局局长、潮梅军军长的罗翼群，会同欧阳格、周恩来，共同组成"军事法庭"，对梁鸿楷等人进行审判。从1925年4月起兼任黄埔军校军法处长的周恩来，被指定为审判长。蒋介石当时对罗翼群说："他们（梁鸿楷等）个个满脑肠肥，捞钱不少，全都是你的熟人。我拟请你去和他们家属商量，共同筹足一百万元报效给政府，作为东征的开拔费，如能办到，我便从宽处理他们。"蒋并且说这是"照上年审判程天斗的办法"来处理的。后

① 《鲍罗廷在联共（布）中央政治局使团会议上的报告》，《共产国际、联共（布）与中国革命档案资料丛书》第3辑，北京图书馆出版社1998年版，第115页。

来，蒋介石又说不要张国桢、梁士锋、杨锦龙的"报效费"。结果，张国桢、梁士锋、杨锦龙三人被枪决；而梁鸿楷等人在"报效"了一笔金额后，获得了释放。①

胡氏兄弟的疑点

"廖案"发生后，身为国民党中央政治委员会主席的胡汉民，一开始就被认为是涉嫌人物。案发之日，他已被排除在"廖案"三人特委之外。在文华堂攻击、漫骂过廖仲恺的胡毅生，很快被锁定为重要追查目标，这条线索随即追到他的堂兄胡汉民头上。胡汉民于是更被牵进案中，被怀疑为杀廖主使者。汪精卫妻陈璧君回忆说："全市哗然，谓杀廖君者，必为胡汉民。"在"廖案"的涉嫌者中，最尖端的人物，就是胡氏兄弟。8 月 25 日，当蒋介石派军队搜捕胡毅生时，士兵包围并搜查了胡汉民的住宅。胡描述说："房门外枪声大作"，大批人"冲到房中"。胡汉民乃被移居于黄埔军校，等于软禁。

当时，胡汉民对自己所蒙受的怀疑，曾经断然予以否认，说"此案毫不知情"，并且说这是"以'莫须有'三个字，置我予死地"。②当胡居留黄埔，四受责难时，戴季陶对传媒发表谈话，说胡汉民是个很平和之人，委婉提出对胡汉民、胡毅生兄弟应区别对待，而"决不能相提并论"。9 月 15 日，汪精卫在国民党中央常会上说："胡毅生虽与汉民同志为兄弟，然胡毅生此次谋杀

---

① 罗翼群：《记孙中山南下护法后十年间粤局之演变》，《广东文史资料》第 25 辑，广东人民出版社 1979 年版，第 155 页。

② 《申报》1925 年 9 月 9 日。

廖仲恺同志举动，汉民同志事前毫不知情，何能代为负责？"①

然而，汪一边说对胡氏兄弟要"区别对待"，另一面却以"廖案"特委的名义，决定"胡汉民出洋"。鲍罗廷的态度更是"必须让他（胡）离开"。当胡去国之际，汪精卫对记者发表了谈话。

记者问："君与汉民同患难共死生二十余年，近日得毋稍有芥蒂？"汪答："君曾读《孟子》否？'桃应问曰，舜为天子，皋陶为士，瞽瞍杀人，则如之何？孟子曰：执之而已矣。'瞽瞍且然，何况于象？吾辈书呆，即未闻近世革命党人律身行己之义，何至不读《孟子》。若因此而有所芥蒂于心，死何面目见总理乎？"②

汪实际上是趁机将胡"请"出广东，送往万里之外的俄国。与此同时，汪又以参加国民外交代表团的名义，将林森、邹鲁等人派赴北京。邹鲁当时被认为是胡派得力干部之一，在讨伐杨、刘及成立国民政府等问题上，与汪、廖、许、蒋持有不同的意见；邹并指与"廖案"沾边。汪显然也是借查案之机，将不同政见者"请"出广东，投畀有北。

那么，胡汉民兄弟与"廖案"的关系，到底怎么样呢？

胡毅生之涉嫌"廖案"，是因为他有反廖言论。作为自我辩解，胡毅生、林直勉等都自陈公开骂廖不等于阴谋杀廖。胡毅生逃走后致书汪精卫，辩称其反廖言论是在公开场合说的，"然一面公然骂廖，一面秘密杀廖，同人虽愚，宁至于此！"胡并斥责汪是"据耳食之谈，以为信谳，枉法弄权"。③胡毅生还发表《告

---

① 《国民党第一零八次会议纪》，《广州民国日报》1925年9月24日。

② 《汪精卫先生之重要谈话》，《广州民国日报》1925年9月26日。

③ "胡毅生致汪精卫书"，引自"胡汉民关于廖案情经过之自述"，中华民国史事纪要编辑委员会：《中华民国史事纪要》（1925年7月至12月），中华民国史料研究中心1975年印，第256页。

内外同志书》，申明他与杀廖没有关系。

案发之初，胡毅生受社会舆论、特别是受查案侦探"重视"的程度，不在朱卓文之下。但到了国民党第二次全国代表大会（1926年1月）时，他却似乎已经淡出了办案者的视线。陈公博在那次大会上曾应代表要求，以"廖案"特别法庭检察委员的身份，作"关于廖案检察经过"的报告，陈对胡毅生的定性，仅仅是"无聊政客"四个字。他当时公布了一份"廖案人犯"名单，无论是在"主要的"还是"间接关系的"部分，都剔除了胡毅生之名。稍后，"廖案"检察委员会《关于廖案之公判请求书》和陈公博在特别法庭上的"论告"词，也都没有提到胡毅生。那么，是不是因为胡毅生这时尚未捕获归案，仍然潜逃在外，才不便于点他的名呢？看来不是的。因为同样是潜逃在外的朱卓文，就不但屡被当局提及，而且被指为"主谋正凶"，还受到悬赏通缉。国民党二大是查办"廖案"呼声最高的时候，胡毅生在这种时候，以及在稍后特别法庭的审讯中，悄然消失于办案者的视线之中，这应当不是偶然的。

前面说过，"廖案"发生将近一个月（9月15日）时，汪精卫在国民党中央常会上，公开为胡汉民辩解，说他对此案"毫不知情"，"何能代为负责"？为胡将来一旦重出作了保留。到国民党二大时，不过两三个月时间，因西山会议派的出现，胡的政治地位便发生了微妙的变化，从一位因涉嫌"廖案"而放逐海外者，变成了汪、蒋的"统战对象"。在缺席情况下，胡在二大高票当选为国民党中央委员，并选进中央常委。这是因为汪、蒋需要争取胡汉民共同对付他们当时最主要的政治反对派——西山会议派的缘故。这一点，应当就是胡毅生之所以被"廖案"特别法庭的检察官、审判官"忽略"了的原因所在。在"廖案"中，胡氏兄弟这时似乎已经解脱矣。从此之后，不仅胡汉民在国民党中的"领袖"地位没有改变，而且事过境迁，胡毅生也当上了国民政府委员、"国大"代表、"总统府"顾问，抗战时还被蒋介石安排到党史编委会工作。1957 年，胡毅生病逝于台北，于右任写的挽联云："离乱悲元老，存亡忆故人"。看起来，胡氏兄弟涉嫌"廖案"的那笔历史旧账，在国民党人那里，已经忘得差不多了。

然而，胡氏兄弟虽然因为上述"政治需要"而脱身，但历史的谜团，不等于就此烟消云散。1926 年 2 月，鲍罗廷在北京向苏联使团谈"廖案"时说到：当有人问胡汉民"是否该干掉廖仲恺"时，"他（胡）的回答是沉默不语"。[①] 陈公博 1939 年所撰《苦笑录》一书，提到"廖案"发生前，一名叫李天德的铁血团成员问胡汉民："外间有人说先生（胡汉民）要杀廖仲恺，是不是？"当时"胡先生不答"。身为"廖案"检察官的陈公博，在当年"廖案"特别法庭上虽然"忽略"了胡氏兄弟，而事过之后，他所爆出的这条材料，却与鲍罗廷当年对苏联使团所述，何其相似乃尔！鲍、陈均据而认为胡汉民是杀廖的"默许"者。陈公博还明白说："自然不是胡先生当面指使凶手，但团体里酝酿暗杀廖先生，而胡先生不加制止，这是事实。"[②] 鲍、陈所言，虽然仍未能进一步落实，但事关重大，焉能不了了之？故胡氏兄弟与"廖案"的关系，未能漂白于天下。提到"廖案"，人们总还会提到他们兄弟俩。

---

① 《鲍罗廷在联共（布）中央政治局使团会议上的报告》，《共产国际、联共（布）与中国革命档案资料丛书》第 3 辑，北京图书馆出版社 1998 年版，第 115 页。

② 陈公博：《苦笑录》，东方出版社 2004 年版，第 20 页。李天德 1923 年 6 月任大本营侦探长。

许部粤军的悲哀

李福林举报的"大塘会议"，从实际的情况分析，可能是粤军军官们的一次吃喝之谈。当时李福林、魏邦平、梁鸿楷、张国桢等人，对汪、廖、许、蒋奸灭杨（希闵）刘（震寰）、改组政府，内心存有不满。当廖仲恺、蒋介石派黄埔军校学生搜查赌馆时，又与李福林的"福军"发生过冲突，双方拔枪相向，关系十分紧张。李福林担心他会与杨、刘一样，遭到奸灭的命运。可以想象，这帮人当时的谈话，可能很"出格"，借助酒兴，什么反叛、反骨的话，都会随口而出。他们之被整肃，看起来乃是"咎由自取"。

那么，梁鸿楷这几个人的情况怎么样呢？

毛思诚撰《蒋介石年谱初稿》，1925 年 8 月 25 日条下，有"发见港英谋覆政府，以梁鸿楷为总司令，魏邦平为省长之大阴谋"一语。这是蒋对魏、梁等人定下的基本调子。此时汪、蒋的言谈和文章，说到魏邦平、梁鸿楷，多是这个说法。然而，到了国民党二大时，陈公博那篇"廖案检察报告"，仅仅将魏邦平和梁鸿楷定性为"失意军人"，不但未将他们列入"廖案"人犯名单，而且连"勾结港英"、"谋覆政府"这八个字，也没再提及。这其中的奥妙，应当就是前文提到的梁鸿楷等在"报效"了一笔金钱之后，已经获得了释放。据罗翼群说，梁鸿楷等五人"合共献出报效费三十三万元"；而林祥则从梁鸿楷的弟弟梁振楷的口中，得知"一共缴款十六万元"。数目无论多少，梁鸿楷等人在缴纳金钱后而获得了释放，这是实有其事的。故《申报》1925 年 9 月 24 日的国内专电所谓："在黄埔监守梁鸿楷之学生军一连，受莫雄、郑润琦运动，巧（18）私释放。……黄埔之杨锦龙、谭启秀、林直勉、梁士锋，闻亦与梁鸿楷同时逃脱……"这一报导是不确实的。同样，《广州民国日报》1925 年 10 月 12 日刊出的"梁鸿楷终身监禁"的消息，也是靠不住的。梁鸿楷被释放后，还与李福林合办防务经费（番摊），获得了厚利。①抗日战争时梁鸿楷出任国民政府军事委员会中将参议、广东省政府顾问，1956 年死于台湾。上述"报效"内幕，既然并非出于虚构，那么汪、蒋加在梁鸿楷等人头上涉嫌"廖案"与"推翻政府"的大帽子可信程度如何，就应当打个问号了。

在梁鸿楷一案中被处死的张国桢，广东南海人，早年与蒋介石同在援闽粤军总部任参谋，与蒋积有怨恨。叶少华（曾任第四军军法处处长）所撰《有关张国桢的若干情况》一文说："蒋介石对张国桢，早在'廖案'发生的两年前，已萌杀机了。"案发之时，张国桢自辩他与"廖案"没有关连，曾经说"廖死关我屁事"。当有人劝他逃走时，他又说："戆居，我都使走（别犯傻，难道连我也需逃走）？"②蒋介石不经许崇智的同意，擅自逮捕并置张国桢于死地，这其中是否另有隐情？当然是个谜团。又有资料说："被拘留于粤军总部的杨锦龙、梁士锋，许崇智下台时，总部的人忘记将他们释放，蒋介石知道，又忙派人将他们两人杀了。"③他们的死，同样是不明不白的。

然而，梁鸿楷、张国桢等被捕后，许崇智所遇到的麻烦，并未成为过去。9 月 5 日，许崇智奉命担任"财政监督"，不过

① 林祥：《梁鸿楷等大塘会议倾覆政府事泄被扣案》，《广东文史资料存稿选编》第 2 卷，广东人民出版社 2005 年版，第 578 页。

② 叶少华：《有关张国桢的若干情况》，《广东文史资料存稿选编》第 2 卷，广东人民出版社 2005 年版，第 582 页。

③ 李朝彦：《我所知道的张国桢和张被蒋介石杀害的经过》，《广东文史资料存稿选编》第 2 卷，广东人民出版社 2005 年版，第 602 页。

几天（即 9 月 9 日）时间，蒋介石即向汪精卫告状，说"[许崇智不顾大局]，把持财政，心欲限制本军的发展，可胜慨然。"①很显然，由汪、许、蒋三人组成的"廖案"特委，这时只剩下了汪、蒋二人。自从 8 月 25 日之后，许崇智实际上已经被排出了权力中心，成为边缘人物，并始终未能走出他所身陷的困谷。

事态的进一步发展，是蒋介石于 9 月 19 日以广州卫戍司令的身份，以"解决反革命各军"的名堂，出动军队，宣布广州全市戒严。蒋派出的军队包围了许崇智的住宅，"四面放枪"，实行武力威逼。夜 10 时，蒋介石给许崇智送去了一封长信，以劝许"不如暂离粤境，期以三月师出长江，还归坐镇，恢复令名"的口气，令其立即去职。毛思诚编《民国十五年以前之蒋介石先生》将这封信解读为："盖当时公（蒋）欲出师长江，以图本党之发展，而许不赞其行故也。"似乎是因为许不赞成"出师长江"，才遭致蒋的不满，其实，《蒋介石年谱初稿》附有此信全文，其措辞强硬，咄咄逼人："廖案发生，阴谋暴露，而害党叛国者，均为吾兄所部，而吾兄不引咎自责，幡然悔悟，知人之不明，用人之不当，竟酿成此巨变惨剧，岂不可痛。"斥责许崇智"空谈革命，口是行非，信用已失，名誉扫地。"②全文二千多字，字字是逼许下台之利刃。

---

① 《蒋介石年谱初稿》，档案出版社 1993 年版，第 421 页。按：原稿蒋已将 [ ] 内的话删去。

② 蒋介石：《致许崇智函》（1925 年 9 月 19 日），《蒋介石年谱初稿》，档案出版社 1993 年版，第 425—428 页。谨按：《广州民国日报》1925 年 9 月 24 日报导此信内容，有"此次专断之故，不外仍以拘捕张国桢之苦衷以解决此案。事前所以不陈明者，盖恐囿于感情，不能迅速解决也。""吾兄以平日待下太宽，遇事易为部下感情所惑，每至姑息养奸。此事如兄难以为情，最好暂行离粤，俟介石将一切乱事及不肖分子扫平之后，再请回粤主持，为期仅三月而已。"《蒋介石年谱初稿》所载致许之函，并无这些文句。故此信事后是否经过改动，值得研究。

　　许崇智当时打电话给汪精卫，询以何故？汪即回函，大意谓："余虽一书生，但敢信非威力所能屈。余决不因在卫戍司令威力之下，便妄赞同蒋氏此项措施。实为认定此事，非如此解决不可。"又谓："余敢信介石对公事虽毫不假借，不讲感情，但决非余不讲感情之人。为先生计，为大局计，亦莫善于暂行赴沪，一任介石将此一切难题，及感情上不能解决之难题解决后，即请先生回。"汪精卫在对媒体发表的谈话中，明确支持了蒋介石，说党内外"若因此事有不谅于介石者，余愿分其谤也。"① 在万不得已的情况下，许崇智只好卸职，在陈铭枢的"护送"之下，登上了开往上海的轮船。粤军第四师师长许济，亦被令卸职随行。

　　9月19日夜，蒋介石又逮捕了广东财政厅厅长李基鸿和军需局局长关道。其理由是"因李、关侵蚀国帑，接济反革命军也"。其实，李基鸿是廖仲恺死后才担任省财政厅厅长的，上任不到一个月。

　　9月20日，蒋介石又派出军队，到东莞的虎门、莞城、石龙一带，分别包围、追缴粤军第三师师长郑润琦、第三旅旅长莫雄所部的枪械。郑、莫既未沾"廖案"的边，也未参加什么"大塘会议"，当8月25日许崇智诱捕梁鸿楷等时，郑曾应召至总部，问明情况后已经放出。而莫雄还被许派赴广九路，执行解散粤军林树巍部的任务。现在，郑、莫所部却被戴上了一顶"反革命军队"的帽子，被收拾得一干二净，郑、莫狼狈而逃。如果说，胡汉民离境还蒙上一层"客气"的外衣，还给他开过"欢送会"的话，那么许崇智及郑、莫等人的问题，则完全是用枪杆子解决的。

　　《许济自传》写道：当其时有人曾问于许崇智，何以让蒋如

---

① 《汪精卫先生之重要谈话》，《广州民国日报》1925年9月26日。

此作为呢？许崇智回答说："孙先生去世不久，我若与之（蒋）争论，不知者，意我为党见不合，及以我为权力而争。我桑梓十余年来，被新旧军阀、官僚祸害，人民精疲力尽，谁能分别？惟有看他行践如何。革命事业正与不正，自有公论，那时人人得而诛之，讨伐岂能少我一分子？"许济写到这里，对蒋介石使用了"恶毒阴险，混淆黑白，甚于袁氏陈逆等"的字句，可见其心中的不平。①

总而言之，许崇智的"跟斗"，是因李福林的检举而栽倒的，而李端出的东西到底有几斤几两？却是个哑谜。许崇智被罢官卸职，其部下被驱逐、被逮捕、被枪毙，其部队被并吞。②许崇智的这个"跟斗"，栽得不可谓不重矣。故就实际而言，在"廖案"查办过程中，许崇智是受牵连最广，受打击最重的一位。

"廖案特别法庭"的审判

1925年8月25日，广州国民政府令设"廖案"特别法庭。几经更迭，在1926年1月国民党二大召开期间，这个特别法庭正式成立，检察委员会以朱培德、李福林、岳森、吴铁城、甘乃光、陈树人、陈公博、周恩来、陈孚木为委员，朱培德为主席委员；审判委员会以卢兴原、李章达、杨匏安、谭桂萼、林祖涵、王懋功、

---

① 《许济自传》，1956年，《广东文史资料存稿选编》第1卷，广东人民出版社2005年版，第465页。

② 1931年4月30日，国民党中央监察委员邓泽如、林森、萧佛成、古应芬弹劾蒋介石，重提蒋氏逐许一案，文曰："许崇智同志献身革命，无有宁息，驰驱闽粤，功业彪炳。蒋氏觇其不备，夺其兵柄，迫令离粤，取而代之。革命粤军，多予消灭。张国桢、杨锦龙、梁士锋，皆曾致力革命，以隶属许部，悉予诱杀。"这段话可作为观察本案的参考。

沈应时为委员,卢兴原为主席委员。① 法庭审判适用法律,为"暂行新刑律"。国民党中央政治会议决定,"不准廖案人犯有延聘律师之权"。②

当国民党第二次全国代表大会召开时,应代表的要求,审判委员杨匏安在会上作"廖案"侦缉情况的说明;检察委员陈公博则公布了一份本案"人犯"的名单,"主要的"是:朱卓文、苏汉雄、吴培、冯灿、陈细、梁博、郭敏卿、黄基;而有"间接关系的"是:梅光培、林直勉。③ 上文说到,胡毅生、魏邦平、梁鸿楷等人,均未列名其中。

1926 年 1 月下旬,检察委员会主席朱培德向审判委员会提出《廖案之公判请求书》,将梁博、郭敏卿、梅光培、赵士伟、林星,送上法庭,称梁博、郭敏卿有"共同杀人之所为",梅光培有"间接助成他人杀人之所为",赵士伟有"诈财之所为",林星"对谋杀亦有知情之嫌疑",请法庭予以审判。④ "廖案"特别法庭于本月 25 日开庭,由检察委员陈孚木陈述检察经过,廖仲恺夫人何香凝作有关陈述。至 2 月 12 日,在审判委员会主席、法律专家卢兴原的主持下,审判委员会共进行了七次审讯,先后对梅光培等 6 人作了讯问,并听取了张勋、陈一新(卫士)、区玉书、廖朗如、陈树人等十多位有关证人的证词。⑤

6 月 2 日,陈公博代表检察委员会作本案"论告",指出:

---

① "廖案特别法庭"本拟以林森等为检察委员,以林翔、詹大悲、林云陔为审判委员,这些人后来未参与"特别法庭"工作。

② 《不准廖案人犯请律师》,《广州民国日报》1926 年 2 月 23 日。

③ 《陈公博报告廖案检察经过》(1926 年 1 月 14 日),《中华民国史档案资料汇编》第 4 辑(上),江苏古籍出版社 1991 年版,第 281 页。

④ 《廖案之公判请求书》,《广州民国日报》1926 年 3 月 5 日。

⑤ 廖案第一至第七次审讯详情,《广州民国日报》1926 年 2 月 3 日至 17 日。

郭敏卿为"主要凶犯"，"实犯有直接间接杀人行为"，应请处以"杀人罪"；梁博为"廖案正凶"，应请处以"杀人罪"；梅光培负"间接责任"，应请处以"间接杀人罪"；林星对案情自有预闻，应请严重处分。陈公博代表检察委员会的"论告"还指出：潜逃在外的朱卓文、黄福芝，均为"廖案主谋正凶"。①

7月13日，"廖案"特别法庭宣判：梅光培、郭敏卿送国民革命军总司令部"军法审理"；梁博处以死刑；林星被判处三年有期徒刑。8月初，梁博被执行枪决。②8月24日，国民党中央第十次政治会议接受广东各界纪念廖陈二公殉国周年大会的"请愿书"，其中有请政府"处郭敏卿于极刑"一语。据此，中央政治会议决议："函总司令部，克日将郭敏卿处于死刑"。③稍后，国民革命军总司令部军法处通过"军法会审"，决定释放梅光培。

从法庭的审讯记录得知，梁博之被处死，主因是凶手陈顺指其参与杀廖；在陈顺身上搜出的"分银单"上，有梁分得40元的字样；案发之日中午，当外界尚不明内情时，梁即对家人说，此系"斗零（陈顺）、苏仔（苏汉雄）所为"。但梁不承认有参与杀廖的行为，辩称"分银单"是他们贩卖鸦片所得。而郭敏卿与陈顺关系密切，陈顺使用的手枪及枪照，皆郭敏卿所提供；案

---

① 《廖案昨日论告详情》，《广州民国日报》1926年6月3日。在2月10日第六次审讯时，审判长卢兴原认为赵士伟"不归廖案特别法庭"审理，而移送广州地方检察厅。故赵未列入"论告"名单。

② 据《广州民国日报》1926年8月4日："并将梁博提出枪决"；又该报8月11日："从犯梁博虽已于日前正法，但正犯朱卓文，至今仍在漏网"。

③ 《中央政治会议决案：郭敏卿死刑》，《广州民国日报》1926年8月25日。该报9月1日还有一则消息："现中央政治会议决着军法处迅即判决此案，昨三十日总部军法处已将郭敏卿提回，交公安局暂管云。"军法处对郭案审理的情况及郭敏卿何时被执行死刑不详。

发后当警方对郭执行逮捕时,郭关闭铁闸"拒捕"。故郭亦被认为是此案主要凶犯而被处死。

梅光培之涉嫌"廖案",起因是他给陈顺发过枪照。后法庭查明枪照是郭敏卿以梅的名字填发,梅不认识陈顺,对此并不知情。然而,陈顺在医院的那份供词记录,却有"可叫梅光培来保我出去"一句,梅既称不认识陈顺,为何陈会向梅求保?故梅仍有可疑之点。针对这一点,国民政府秘书长陈树人在法庭上作了陈述,说明当日在医院讯问时,提问者(陈树人、区玉书等)鉴于枪照乃梅光培所发给,为使陈顺开口答供,"故当时先曾提及梅光培名字,实非由凶手陈顺自行忆及。且我等亦曾向陈说,谓如梅光培来,当可救汝等语,或因此陈顺乃有此供。"陈树人还签了字,以示郑重。①陈树人的说明,使梅光培得以最后解脱,没有按检察委员会的"论告"处以"间接杀人罪",并得以释放。梅旋即在报上刊登《梅光培启事》:

光培去年以廖案涉嫌被留,备承诸同志乡族戚友关垂,感铭五内。本月十一日已蒙政府讯明省释,回复自由。惟精神疲弱,尚须调养,未遑踵候,谨登报鸣谢,藉伸微忱。②

8月初,"廖案"特别法庭具文中央政治委员会和国民政府,呈报结束。③

以上,除了国民政府令设之"廖案特别法庭"、国民革命军总司令部军法处的"军法会审"、国民党中央政治会议有关的"议决"之外,为审判梁鸿楷、张国桢等曾组织过"军事法庭"(前文),为审判林直勉又组织过"特别法庭"(见下文),可见"廖

---

① 《廖案第四次审讯详情》,《广州民国日报》1926年2月10日。
② 《梅光培启事》,《广州民国日报》1926年9月17日。
③ 《廖案特别法庭呈报结束》,《广州民国日报》1926年8月4日。

案"之审讯，称得上反反复复，业经多次矣。然而，虽然经过了兴师动众的侦查和审讯，但不等于"廖案"全案已经告破，其案情依然不清不楚。有一些内幕尚未揭开，主要责任人并未逮捕归案，绳之以法。总的说，"廖案"至今仍然是个悬诸史乘、未完全侦破的重大疑案。

林直勉与魏邦平

林直勉是国民党元老，1922年6月陈炯明炮轰总统府时，曾掩护孙中山脱离险境，为孙中山所信任，先后任孙中山、胡汉民秘书。汪精卫在国民党二大的政治报告中说，林直勉被捕后，有数页"供词"，承认要"推倒"廖仲恺，"但谋杀廖仲恺是不知情的"。即承认有反廖言论，而不承认有参与杀廖的行为。陈公博在国民党二大公布的名单，本已经将林直勉列为与本案有"间接关系"者，但或许是意识到不应仅以反廖之言而入杀廖之罪，故朱培德《廖案之公判请求书》及陈公博后来在特别法庭的"论告"，均没有再提及林直勉。

然而，林直勉也曾被送上过法庭。据林祥所撰史料："因其（指林直勉）地位高，并且有关国策问题，非普通法庭可以审问，国民政府特组织一个特别法庭审讯之，地点在粤军总部，以朱培德、谭延闿、李烈钧（李此时似不在粤，此处存疑——引者）为法官，朱培德为审判长，以宪兵营长为护庭法警。"这位宪兵营长，就是林祥自己。林祥亲见，当林直勉在法庭上陈述他反对容共的主张时，为朱培德所驳斥。[1] 林直勉后被禁于虎门炮台。1927年春

---

[1] 林祥：《梁鸿楷等大塘会议倾覆政府事泄被扣案》，《广东文史资料存稿选编》第2卷，广东人民出版社2005年版，第580页。

得陈铭枢、吴稚晖、邓泽如营救，获得了释放。当国民党广州市党部设宴欢迎他出狱时，称他为"忠诚的国民党同志"。①

案发后出逃的魏邦平，后来对人谈过他受追捕时的经历，说他当时得到一对德国夫妇的掩护，登上沙面英舰，潜往香港。汪、蒋曾谓魏涉案至深，咬定魏就是"受了香港政府二百万元的贿赂"，"阴谋推翻革命政府"之人。然而，这宗与港英"勾结"的莫大罪案，却是"廖案"中能见度最低的一个问题。烟笼雾罩，实在让人摸不着北。

汪精卫在国民党二大的报告说：林直勉"供词"说当他参与倒廖时，"有一个人说这事是一定成功的，香港方面有二百万元的帮助。林直勉听见这句话，很觉得不安，从此就托病不管这事。""二百万元"之说，似来源于此。然而林直勉"供"过这番话吗？查林直勉所撰"党狱"一文写道："问官：'英人图粤，以二百万元运动你等作乱，你知之乎？'余曰：'不知。只略闻邓泽如言，风闻魏邦平有谋反之说，此外别无所闻。'"②按林所述，是"问官"首先挑明"二百万元"的话题来讯问他，但他已断然否认曾与闻此事。林紧接着写到"廖案"发生后，邓泽如曾到林家谈话，故文中"只略闻"邓泽如语一句，是案发后林在家里听到的由邓传来的"风闻"，并非如汪所说（案发前）有人向林讲过"二百万元"之事。汪转述林的"供词"是否确实，在林直勉写的材料中，并未得到印证。

---

① 林直勉 1927 年 4 月被释放。"粤海关情报"是月 30 日有涉嫌"廖案"重要人物林直勉（英译中时错译为林逸民）被释放的记录。广东省档案馆：《广州起义前后的全国时局——粤海关情报记录译辑》，1982 年，第 19 页。

② 林直勉"党狱"，引自"胡汉民关于廖案情经过之自述"，中华民国史事纪要编辑委员会：《中华民国史事纪要》（1925 年 7 月至 12 月），中华民国史料研究中心 1975 年印，第 254 页。

汪的报告还提到杨锦龙也讲过"二百万元"的问题，但未说明细节，未交代清楚杨是在什么情况下、向什么人讲到这一点的。案发后几天，当古应芬到黄埔探望胡汉民时，古说："这是甚么话？既说刺仲恺，又说是受英国人运动，以二百万元谋叛，又说运动登同（李福林）造反……"可见案发初，"风闻"不胫而走，初时并与李福林有关。问题可能就是"问官"执以为词，套问在狱之人，又以耳食之言，波及其余。故"二百万元"云云，其来源是不明晰的。

魏邦平与梁鸿楷，最初被指为与这"二百万元"有关，魏并被蒋说成是"廖案要犯"。然而，到底有没有这"二百万元"？魏、梁等有无接受过这"二百万元"？均未经查实。事情不久即出现了变化：梁鸿楷被捕后因缴纳"报效费"而被释放，而潜逃在外的魏邦平，与胡毅生一样，逐渐淡出了办案者们的视线。在陈公博的名单中，魏只不过是一位"失意军人"而已，在检察机关的"公判请求书"、"论告"书中，都找不到魏的名字。不但"廖案要犯"这顶大帽子被忽略，连"二百万元"一事也没再提起了。并且，魏邦平不像朱卓文那样受到明令通缉。

据魏邦平亲属撰写的一份资料：约1928年，魏邦平携子女游历日本，遇何香凝于俄国皇后号邮轮。据称，何当面对魏说："当年认你涉嫌主谋，殊不应该，真该说'对不起你'。"[①] 魏1935年9月逝世，国民政府西南政务委员会发出"褒扬"魏邦平的通令。1936年广东省政府还将魏的故乡，命名为"邦平乡"。

---

① 魏秀灵（魏邦平女）：《先府君魏公邦平行状》，手书，复印件。

"主谋正凶"朱卓文

关于朱卓文，汪精卫及"廖案"检察委员会都指出他是"廖案"的"主谋正凶"。案发现场拾获的陈顺的手枪，被梅光培"认出"是朱卓文的用枪；为该手枪填写"枪照"的郭敏卿，列名于陈顺"分银单"上的梁博，以及陈死前断续提到的那些涉嫌人物，多数是朱卓文的旧部；朱任过香山县长，被廖仲恺免职，曾结怨于廖；而朱也有反廖言论，被检举曾在文华堂扬言"非杀廖仲恺不可"。故朱被认为是"廖案"最直接、最主要的涉案者。

"廖案"发生一年后，潜逃在外的朱卓文发表《致海内外同志书》，其中说"（廖仲恺）乃竟丧心病狂，献媚共党，始而鬻身，继而卖党，终且卖国。攘窃党部最高权位，制造阶级战斗，凡我同志，谁不欲得而甘心？去岁八月，廖氏之骤遭阻击，实为民最后之裁判。"①这段话表明，对于廖仲恺，朱卓文的确怀有怨恨之心，确有谋害他的意图。

朱卓文与"廖案"的关系如何？多年之后，他有一番自我表白，语谓：

维时余等一般老同志在广州南堤有一俱乐部，名曰南堤小憩，余傥居其间。大家对此赤燄甚为切齿，酒酣耳热之际，骂座不已。后来诸人为抽薪止沸计，决议铣其渠魁。习知俄顾问鲍罗廷、加伦与汪精卫、廖仲恺等，每日必集东山百子路鲍公馆会议，乃密遣死士伺机以炸弹、机枪击之，务使群凶同归于尽。下手前一日，

---

① 朱卓文：《致海内外同志书》，引自中华民国史事纪要编辑委员会：《中华民国史事纪要》（1925 年 7 月至 12 月），中华民国史料研究中心 1975 年印，第 246 页。

余诚赴义诸死士，当熟勘地形，以利进退。讵此辈血气之侪，于东山茶寮中，竟将此谋泄闻于卫戍部某侦缉员，某急上闻。时吴铁城任卫戍司令（按：吴系公安局长，非卫戍司令），闻讯大惊，即以电话向余诘询，严责顾全大局，切勿使伊为难，反复以公私情谊劝止。余以事既如此，知不可为，遂亦作罢。……一星期后，某日余方午睡，陈瑞同志匆匆自外归来，言杀廖事，神色自若。余知事非寻常，必有大患，即探囊出港纸二百元与之，促其离穗。世人所谓朱某杀廖，如是而已。①

朱卓文这段话欲以表明，他对杀廖一事虽有预谋，有布置，部分行动亦已开始实施，但因计划泄露而半途"作罢"。所以，"一星期后"廖之被杀，与他是没有关系的。然而，廖终于被害，这是不是他的谋杀计划继续执行？朱未能举出反证之词。更何况，他还拿出钱来，帮助涉案者（陈瑞）逃离呢？故朱的这番自我表白，未能洗白他自己。

至于黄福芝、冯灿、吴培、陈细、黄基、苏汉雄，以及梁博、郭敏卿等，多数是朱卓文的老搭档、老部下。法庭的审讯记录表明，他们有的人曾经合伙贩卖鸦片，有的在香港参与过杀人。有资料指出：黄福芝在陈炯明执政时，任广州警察局侦探队长，与陈炯明关系密切，有"杀人王"的称号。②而围绕在黄周围的那几个人，可能是一群职业杀手。陈顺死前供称："在澳门黄福芝主使"。③以上，除梁博、郭敏卿被捕并处死之外，其余始终未被捕归案。

① 朱卓文与《中山日报》编辑谈廖案旧事，中华民国史事纪要编辑委员会：《中华民国史事纪要》（1925年7月至12月），中华民国史料研究中心1975年印，第247页。
② 张慕融：《港英政府扣留粤军兵船事件》，《广东文史资料存稿选编》第1卷，广东人民出版社2005年版，第446页。
③ 《第七次审讯廖案详情》，《广州民国日报》1926年2月13日。

朱卓文涉嫌"廖案"的情况，因关系人多数漏网，其内幕还有不够明朗的地方。主要是：关于陈顺的手枪，梅光培"认出"曾为朱所使用，但陈顺自供"枪是在金陵酒店向滇军官中买来的"，这枪究竟是怎么来的？关于朱卓文与黄福芝的关系，黄是否受朱的指派而"主使"杀廖？当谋杀计划一度"作罢"后，是否又在黄的"主使"之下继续执行？还有，朱卓文说的那位"陈瑞"，陈公博说的那位"李天德"，以及下面将要说到的"方镜如"，是不是黄福芝暗杀团队中的成员？而朱卓文的背后，又还有些什么人物？这些都不清楚。故朱卓文涉案内情，能见度也很低。

虽然如此，而就涉案之深而言，朱卓文应有资格居于榜首。他一直是广州当局缉捕的主要对象，案发后即遭追捕，并屡次被通缉。1926年1月14日，国民党二大责成第五军长李福林、广州公安局长吴铁城"于一个月内"将朱卓文拿获归案。为此，广州市公安局于1月18日"限令"、2月4日"再令"加紧缉拿朱卓文。8月10日，国民党中央政治会议又议决："悬赏三万元"，缉拿朱卓文。耐人寻味的是，1927年7月23日，国民党中央政治会议电饬广州政治分会，以曾因共产党"把持"为辞，将1925年8月20日至1926年3月20日期间发出的通缉令，宣布"一律作废"，但该电报却又强调"被控与廖案有关的朱卓文"的通缉令不在"作废"之列。① 由此观之，即使时过境迁，国民党也没有放过朱卓文，他的历史旧账，并没有被"忽略"。

朱卓文后来化名（朱元鼎）出任中山县土地、建设两局局长。1935年5月在中山被捕，被陈济棠下令就地枪决。

---

① 粤海关1927年7月23日情报，广东省档案馆：《广州起义前后的全国时局——粤海关情报记录译辑》，1982年，第63页。

方镜如其人

罗翼群1962年撰有《廖仲恺先生被刺前后》一稿，提到与"廖案"有关系者，还有一个重要人物——方镜如。罗文写到：

一九六一年我又从黄余铭（中山人，黄之兄弟与朱卓文有兰室之谊）方面获知刺杀廖仲恺之真凶为方镜如。据黄称："方镜如为中山隆都濠涌乡人，曾在朱卓文部下任职，平日以枪法准确见称。在廖案发生前，朱卓文、胡毅生、林树巍三人曾在广州市南园酒家密谋行凶。方镜如当事发后弃枪潜逃，曾赴香港躲避一时，以后又潜回隆都，在涌头乡友人李公藩（朱卓文旧部，曾任中山隆都区警察署长职）家中躲藏数天，并亲口对李公藩说及杀廖的经过。一九三二年间，我在中山县立小中学任教，李公藩在间谈中曾将方镜如刺廖事实向我透露，并谈及方镜如已于廖案发生后第三年，因在家乡包烟庇赌，无恶不作，被防军捕杀。"

罗翼群于是写道："照黄君所说，则刺廖致死者之凶手，实为方镜如。"[1]

方镜如的名字，并未出现于陈顺的供词，也未进入"廖案"的探员、检察官和审判官的视线。读了罗翼群的文章之后，笔者于访寻史料时，发现了一点有关的蛛丝马迹。中山县隆都地区，曾有所谓"竞进长生社"的土匪组织，主持者即为刘成、方镜如等。1926年8月7日《广州民国日报》刊有《二十师剿办中山土匪》的报导：

---

① 罗翼群：《廖仲恺先生被刺前后》，《文史资料选辑》第85辑，文史资料出版社1983年版，第18页。

　　（中山）县属竞进社匪首方鉴，又名方镜如，串同青年堂匪李公藩、刘榕等，专事劫掳奸淫焚掠。该邑良民受其害者，不知凡几，控案屡屡。自国民革命军二十师六十团李团长奉令到县清乡，大剿土匪，刻已将匪首方鉴、刘榕等，先后拿获。惟著匪李公藩畏罪潜逃。……当经李团长亲讯明确，且方、刘两匪，亦认案不讳。遂将两匪提出正法，以除民害云。①

　　由此可知，方镜如（方鉴）、李公藩，史上确有其人，方并有"匪首"之称号。故罗翼群根据黄余铭、李公藩所述，指出方镜如是 1925 年 8 月 20 日参加刺杀廖仲恺的杀手，这是很值得注意的一则史料。然而，"廖案"发生将近一年后，当负责侦查、审理此案的官员们对这一线索尚浑然不觉，而方参与杀廖的秘密尚未暴露之时，在另一宗剿匪之案中，方镜如业已落网，并已被枪毙矣。

谁 是 赢 家

　　廖仲恺是 1924 年国民党改组的领导者之一，是不可多得的集爱国情怀、治理才干与刚毅意志于一身的杰出人物。他被谋杀是国民党、国民革命运动不可弥补的重大缺失。共产党人失去了一位肝胆相照的朋友。在不长的几个月内，孙中山、廖仲恺相继去世，终使国民党历史上的"孙中山时代"，无奈地画上了一个句号。这个党的前途莫测、充满变数的"新时代"，在廖死之后，迈开了它的第一步。

---

　　① 《二十师剿办中山土匪》，《广州民国日报》1926 年 8 月 7 日。与此相关的报导还有 8 月 12 日《枪决大帮抢匪快闻》等。

"廖案"发生后，在鲍罗廷的支持下，汪、蒋抢先取得了查办"廖案"的主动权和发话权，共同导演了一场政治与军事的博弈。众所周知，谋杀案本是极其诡秘的，有的有线索可寻，而有的根本没什么蛛丝马迹可找。搞谋杀不必事前开会动员、兴师动众、大造声势，一切都由杀手们躲在暗角里，瞄准机会行事。作案者逃之夭夭，而耸动社会视听的种种"风闻"，可能都只是些假象。案发之后，真真假假、是非莫辩的传闻不胫而走，谣言不翼而飞；有人被猜测、受怀疑，甚至于人人自危；有人急于洗刷自己，检举、告密者大行其道；更有唯恐天下不乱者，乘机推波助澜，兴风作浪。这种局面，让掌握话语权的办案者们，遂有可以运用的空间。汪、蒋正是借办案之机，利用波云诡谲的形势，以铁的手腕，来从事这场博弈的。这一过程，说穿了，是在"革命"旗号下演出了一场新的权力倾轧。国民党偏离1924年改组的方向，其政治质变与组织分裂，应当是从这里打开缺口的。

汪、蒋查办"廖案"的动作，最主要的就是排胡与逐许，这是他们之间的一笔政治交易。蒋助汪排胡，是为巩固汪的"最高"地位扫除障碍；汪助蒋驱许，是为蒋独掌军权打开通途。有人说，排胡与逐许，均出于鲍罗廷指示，而汪、蒋只不过是两位执行者而已。鲍当然是事件的幕后指挥者，他对布勃诺夫使团作的那篇报告，已道出了他们当时搅风搅雨的一些内部情况。鲍甚至这样说："需要玩弄权术，需要随机应变，需要利用一个反对另一个……"[1]作为高等顾问，在国民党的这次关键性的转向中，鲍的作用确实不应低估。然而，这是不是就意味着当时只有鲍在

---

① 《鲍罗廷在联共（布）中央政治局使团会议上的报告》，《共产国际、联共（布）与中国革命档案资料丛书》第3辑，北京图书馆出版社1998年版，第135页。

那里独断专横，指手划脚，而汪、蒋只是唯唯诺诺，被动执行呢？当然不是的。试看汪、蒋二人，当时配合得何其默契，手法何其老到，这哪像是在他人摆布之下，心不甘、情不愿地做作出来的呢？连《邵元冲日记》都这样写道："现由介石分逮多人，将兴大狱。"权力倾轧之心，汪、蒋均未能免。尤其是蒋对倒许，机关算尽，步步为营。他9月19日那封《致许崇智函》，每一个字都是逼许下台的利剑，这如果不是出自蒋氏之心扉，难道他人所能代为？这样"中国式"的倾轧故事，又岂是姓鲍的所能教唆得出来的？

在办案过程中，鲍、汪、蒋各怀心思，都想左右历史的走向，然而历史却未必按他们所框定的路线行进。鲍罗廷曾说："从许崇智离开时起，一切立即进展神速，不知怎么一下子都活跃起来了。……我们的决定始终得到准确无误的贯彻执行。"①他们都以为"拨了萝卜地皮宽"，清除胡、许，广州将从此太平。然而胡、许离粤后，被汪顺手"请"出广东的那位邹鲁，却在北京与谢持、林森等组成了一个公然向汪精卫、向广州国民党中央说"不"的政治联盟，那就是"西山会议派"。邹鲁等人不惜以另立中央，另行召开国民党全国代表大会的强硬手段，与广州国民党对着干。汪派排斥异己的结果，是制造出更为难缠的政治反对派，因而陷入新的、更深的政治危机。为此，汪只好向被他放逐海外的胡汉民招手，一心将胡从老对手变成新盟友。上文说过，胡汉民涉嫌"廖案"的问题，本来并未查清，从鲍罗廷这时的谈话看，他们起码掌握了胡"默许"除廖的一条线索。出于政治的需要，这样

---

① 《鲍罗廷在联共（布）中央政治局使团会议上的报告》，《共产国际、联共（布）与中国革命档案资料丛书》第3辑，北京图书馆出版社1998年版，第116页。

的线索被搁置起来了。更为戏剧性的是，汪精卫欲挟蒋自重，从而巩固并加强自己的"最高"地位，殊不知他却把一位最危险的对手拉上台。在不久后的中山舰事件中（1926年3月），汪逼于蒋的种种压力，黯然离职，并离开了广东。那时，通过不断地扩张，蒋已军权在握，汪再没有任何可以制衡、掣肘蒋的东西了。汪是查办"廖案"的主角，但他并没有赢得那场纵横捭阖的博弈。

"廖案"发生前，蒋介石的职务是黄埔军校校长、粤军参谋长，他不是国民党中央委员，也不是国民政府委员，他无疑是因进入"廖案"特委才进入国民党最高权力的核心的。而蒋介石的关键性的起步，应从以武力驱逐许崇智、并吞粤军算起。这事实上是蒋（在汪许可之下）以武力向他的上司（许是总司令，蒋是参谋长）夺取军权的行为，是蒋扩张军事实力、进而篡夺国民党最高权力的发端。有此一端，才有往后囚禁熊克武（1925年10月）、驱逐王懋功（1926年2月）和逼汪去职（中山舰事件）等事端的发生。从倒许开始，几个月时间内，蒋靠着手中的枪杆子，一步步攀上了中国国民党权力的巅峰。故就蒋而言，倒许是开端造衅之举，对他今后的发展，有着非同寻常的意义。乍看起来，那一场博弈的赢家，不是别的人，而是蒋介石。

然而，蒋却为此输掉了他的道德与人格。正是从倒许开始，阴谋家、野心家的帽子，稳然戴到了他的头上。这时在广州政坛出局的胡、汪，此后仍然是蒋的对手，他们以种种形式，长期同蒋比权量力。也是从这时开始，蒋在国民党的营垒之内，给自己制造了一个越滚越大的"反蒋派"，当时受此打击的莫雄，就是其中的一员。莫雄历史上的反蒋故事，许多人都熟知。蒋介石后来败出中国大陆，与蒋自己所制造的"反蒋派"的斗争，那是分不开的。因此说到底，蒋也不是什么赢家。

周恩来主政东江的历史意义

缘于东征军政治工作的开展

1925年10月，国民政府举行第二次东征。11月东征军扫荡了陈炯明、林虎、刘志陆之"粤军"，东江底定。11月4日，东征军总指挥部总政治部主任周恩来率本部成员，先行进入汕头市。当月21日，广州国民政府任命周恩来为东江各属行政委员。① 此为周恩来、也是中国共产党人主持地方行政工作的开端。这一年，周恩来二十七岁。

当国民政府在广州成立（1925年7月）时，其"组织法"规定各省地方行政，分为省、行政区、县和市。广东省政府之下，设广州、北江、东江、西江、南路、琼崖6个行政区，每区设一行政委员，代表省政府处理本区政务。6个行政区共辖94个县。各区行政公署属省政府之派出机关，各区行政委员实际上是地方行政首长。东江行政区包括现时的惠州、汕头、梅州、汕尾、河源、潮州和揭阳7市，当时共设25县。东江地区是国民政府以革命战争的手段收复的第一个地区，国民政府为什么会任命共产党员周恩来担任这一地区的行政首长呢？这是一个首先值得探讨的问题。

查广东惠属、潮属、梅属地区，清代设惠潮嘉道，辛亥革命

---

① 《中华民国国民政府公报》，1926年，第十六号。

后政区调整，先设潮循道，后道治撤销，以地方治安关系设善后督办或绥靖委员，其制屡设屡废。从历史上看，这是一个吏治腐败，乱时多而治时少的地方，历来是治理的难点和关键所在。所谓"治粤先治潮"，"潮治即粤治"也。东征军收复东江时，广州国民政府成立未久，正是左派掌权，思有所作为之时，期望于军事行动之后，对东江进行一番改造和治理，以实现"从战争到政治"、"从军政到训政"的平稳过渡；并取得经验，推广各地。这应是国民政府改革东江政制，物色行政首长的出发之点。故周恩来之被任命为东江各属行政委员，并非偶然。总的来说，这是共产党人努力于国民革命，在实际斗争中赢得人民群众的信赖和拥护，并赢得国民党左派和各界同盟者信任的结果。

国共合作建立后，共产党人积极投身反帝反封建斗争，组织领导了轰轰烈烈的工农革命运动，开创了革命的新局面。以两次东征和南征为中心的统一广东之役，共产党人发挥了重要的作用，不仅动员组织广大工、农、学生、市民支援革命战争，而且有许多共产党员投身革命军中，参加征战，或在一定程度上参与对革命军的领导。周恩来主持的军队政治工作，刷新了黄埔军校和革命军的面貌，密切了军政、军民关系，提高了战斗力，推动了革命军的胜利进展，保证了革命战争的胜利。共产党人在革命运动中表现出来的政治远见、奋斗精神、处事才干以及同人民群众的血肉联系，是非常突出的，并深得各方人士的赞誉和钦佩。总之，共产党人之所以能在战争胜利之后被推上政权的舞台，是有广泛而深厚的人民基础的。

周恩来在两次东征中所主持的军队政治工作，属于战时政治工作，是黄埔军校政治教育、政治工作在战争期间的开展，不但要从事本校、本军的政治工作，而且担负着处理军政关系、军民关系、友军关系的职责，涉及的内容很广。第一次东征时，蒋介石在东莞商务分会的讲话中提出："兴利除弊，乃政治部之责任"；政治部"专管与人民有关系之事"。周恩来在这个会议上还讲到"实行民治，县长民选"的问题，明确提出了改革地方行政的目标。①黄埔军校政治部当时实际上负有在革命军所到之处开展建党（国民党）、建政工作的任务。第一次东征途中，周恩来以政治部主任的身份"规定各项什税附加五厘，为教育经费。"②实际上已开展了地方行政工作。第二次东征（1925 年 10 月至 11 月）时，东征军总政治部明确负有开展地方行政工作责任。"当东征军出发之初，关于克复地处理地方行政事宜，为利便办理起见，概由东征军总指挥部政治部办理。"针对东江吏治腐败的状况，总政治部拟定了"政治设施方案"；针对"东江各县、区设保卫团，此为劣绅之渊薮。士绅辄分数派，互争盘踞，以事敲诈"的情况，（政治部）"故于东江各属县长，多所更换"。第二次东征途中，周恩来发布了一些行政命令、指示，如荐任县长，解散贿选议会，着各县署为工会、农会和党部拨款等。周恩来说："自东征以来，军事时期之行政事务，在事实上东征军总指挥部政治部已成立一行政机关。"因此，第二次东征结束之后由周恩来主政东江，显然是由东征军总政治部工作自然过渡、发展的结果。

然而，周恩来初时并不愿意就任东江各属行政委员这一职务。曾经以"年轻学稚"、"才不胜任"为由，一再致电广州国民政府，要求"准予收回成命，另简贤能"③。并且亲到广州，向国民政府主席面陈此情。直到 1926 年 1 月底，尚未正式就职。究其原

---

① 《东莞各界对黄埔革命军的信仰》，《上海民国日报》1925 年 2 月 18 日。
② 《本部政治工作报告》第 5 号，1925 年 10 月 30 日。原载《人道》，1926 年第 1 期。
③ 《中华民国国民政府公报》，1925 年 12 月，第十八号。

因有三：

其一，是他自己说的"年轻学稚"，"无补新猷于万一"。特别是他此时还被任命为国民革命军第一军副党代表，"军中政治工作，已时切复悚之虞。"或许在他（或中共广东区委）看来，军队工作较之政权工作更重要些。

其二，是共产党员"做官"，当时在党内是一个新问题，至少是有争议的问题。在此之前，共产党员几乎没有人到政府"做官"。中共在同国民党合作的过程中，主要以开展工农运动作为自己工作的重心，或者参与国民党的党务工作和军队政治工作。在广州国民政府16名委员中，没有共产党员。这同陈独秀的指导思想是有关的。陈独秀担心共产党对国民党"包办"太多，担心共产党员参加政府会变成"官僚"。故要求共产党以"在野党"自居，限制共产党员到国民政府"做官"。周恩来此时不愿"做官"，可能与此有关。

其三，具体说到在潮梅地区"做官"，更是一个敏感的问题。第一次东征（1925年春）时，革命军于驱逐陈炯明势力之后，曾任命张民达（许崇智部粤军第二师师长）为梅州五属绥靖督办，蒋介石为潮汕十属绥靖督办。而蒋介石却于1925年4月2日下午在汕头进见许崇智，"痛劾张民达，以作战为营业，避重就轻，冒功黩货，滥委人员，把持税收财政诸状。"[①]张民达乃粤军之名将，作战勇敢，叶剑英时任张师之参谋长，叶剑英称张"不爱钱，不怕死，不应酬，无嗜好……洵为近代将官难能而罕睹，殆天生一具革命军人模范者也。"[②]蒋之谗张，其症结就在于蒋欲占据整

---

① 《蒋介石年谱初稿》，档案出版社1993年版，第333页。

② 广东省政协文史资料委员会编：《张民达烈士纪念集》，1996年，第124页。

个东江，而不欲张民达插手于梅属行政。又据《邵元冲日记》：（1925 年 4 月 29 日）"介石谓，潮梅一带拟组织政治局〈行政局〉，推予（邵）主持"；（5 月 7 日）："推余（邵）任潮梅海陆丰各属行政局长"。[1] 这说明，蒋介石早已觊觎东江政权，并已内定了到潮梅海陆丰主政之人。这是任何一个要到东江地区"做官"的人都会注意的问题（第二次东征占领汕头后，何应钦为潮汕善后督办）。故周恩来在《电告克复潮汕》中说："职愧无以当此"，"分电总指挥（蒋介石）、何代督办（何应钦），请其早日回在汕主持"。他当然看到了这个问题的关键。

政权建设与革命运动共进

周恩来再三请辞，而不获批准，乃于 1926 年 2 月 1 日，正式宣布就职。并着手组织行政公署，以熊槊为机要秘书，吴乾夔为第一科科长，林修雍为第二科科长，彭汉垣为第三科科长。在上述背景和条件之下，周恩来出任东江各属行政委员，担任管辖数十个县的地方行政首长，被历史推上政权的舞台，这件事实际上突破了陈独秀不要"做官"的框框，开创了共产党员主政的先河。事情虽然并非出于主动，但客观上为中共打开了新的工作领域，对共产党人摸索、积累政权工作的经验，有着重要的意义。

周恩来走上东江政坛之日，从国民革命的全局来看，是革命战争步步向前推进、革命运动深入进行之时；而在东江来说，则已经进入"由战争到政治"的过渡时期。周恩来说：革命军荡平东江之后，"军事时期渐告结束，训政时期于斯开始。"明确指

---

① 《邵元冲日记》，上海人民出版社 1990 年版，第 146、第 150 页。

出东江已经进入新的历史阶段，要实行有别于战争时期，而与"训政"时期相适应的政策。

为开拓东江工作局面，周恩来抓紧党的工作，1925年11月在汕召开惠潮梅各县党部（国民党）代表大会，周以国民党东江组织主任身份作《党务经过报告》，会议发表"宣言"，提出要大力整顿、改造国民党，加强党的政治训练和宣传工作。随后成立国民党潮梅特别委员会，主要成员为赖先声、赵慕儒、彭湃、赖炎光、范其务、詹展育、邓颖超等。以上各人，多数为中共党员。12月，成立了中共潮梅特别委员会，以赖先声、蓝裕业、丁愿、郭瘦真、杨石魂为委员，赖先声为书记。① 以上赖、蓝、郭、杨等为广州学生，是周恩来选调到东江地区工作的。

周恩来主政东江的指导思想，是政权建设与革命运动相结合，即一方面通过推进革命运动而推动政权建设；另一方面通过建立、巩固革命政权以保护和推动国民革命运动。针对当时东江"革命之基础欠佳"和陈炯明"潜伏之余孽，时欲乘机蠢动"的情况，周恩来领导下的东江行政公署，以国民革命的政纲、政策为准则，致力于对东江地区进行革命的治理。

（一）铲除苛政，澄清吏治，除旧布新。东江历史上曾是军阀残民以逞、吏治腐败的地方。针对"苛政猛于虎"、贪官当道的社会现实，革命军于克复惠州、潮汕、梅属后，即致力于铲除苛政，澄清吏治。宣布解散贿选议会，针对官场上权钱交易、论价卖官的风气，大张旗鼓地加以扫荡。撤查了卖官贪污有据的饶平县县长陈无那、澄海县县长林贤瓒、普宁县县长方庭芝、惠来县县长陈公任等。原"潮梅军"副官长杨占黎在革命军入汕后，

---

① 《团粤委特委报告》第7号，1925年12月5日。

仍然卖官获利，东征军总政治部查明其罪行后，经批准后予以严惩。东江社会极大震动，汕头的报刊发表《究办卖官》的短评，赞扬此举"给令利智昏的贪官们以巨大的惩创"。[①]

按国民政府的规定，东江、南路各行政委员的职权为：1、督率所属各县县长处理地方行政事宜；2、对于所属各县县长，得先行任免，再行报告于省政府。[②]周恩来先后以东征军总政治部主任和东江行政委员的名义，报请广东省政府，分别任命范其务为汕头市市长；温其藩、罗师扬、江董琴、刘琴西、刘侯武、陈卓凡、陈庸分别为五华、兴宁、梅县、陆丰、潮安、揭阳、丰顺县县长。从周恩来任用的行署职员及各县县长的人选看，多为老国民党人。在革新政制的前提之下，尽量任用旧人，这体现了周恩来的人格魅力，能揉合各方，团结和吸纳各种人物共同工作。新政权在周恩来领导下，大力发动群众，肃清军阀余孽，废除苛捐杂税，解散地方民团各项工作，使东江各地在较短的时间内，得到了稳定，使"革命之基础欠佳"的地区，变成"革命基础已稳固"的地区。

（二）禁绝烟（鸦片）、赌，为民除害，安顿地方。烟、赌为社会两大祸害。东江烟患极烈，赌风蔓延，不但烟馆、赌馆林立，而且到处种植罂粟（鸦片）。1924年9月18日（东征之前）普宁县曾召开会议，议决全县种鸦片2.5万亩；该县流沙区约有25%农田沦为烟地。周恩来主政东江，即发布禁烟、禁赌的命令，查禁各地烟馆、赌馆，并采取强制措施，禁止种植罂粟。周恩来冲破重重阻力，坚决查处了运载鸦片的五福公司，使吸毒、赌博

---

① 静肃：《究办卖官》，《汕头星报》1925年12月3日。
② 《中华民国国民政府公报》，1925年，第十六号。

之风得到一定程度的抑制。与此同时，东江行政公署还采取措施，安顿灾民，救济失业，恢复交通，恢复生产，等等，使东江各业逐步走上正轨。

（三）大力扶持工农运动。唤起民众，扶助农工，引导农民、工人加入国民革命，是国民政府的基本方针。周恩来在东江，放手发动民众，积极扶持和领导工农运动，推动了工农运动的健康发展。1925 年 11 月，惠阳县农民协会成立时，周恩来指示从抄得的逆产中，拨出千元作为活动经费。同时，他又通令各县县署，每月拨款 300 元，作为国民党县党部的筹备费。不久，周恩来又指示从没收的十万元逆款中，提出 2 万元作为开展工运、农运的活动经费。

周恩来通过行政手段，扶持国民革命运动，但注意到社会上各种复杂的状况，注意鉴别形形色色的社会团体，按照不同的情况区别对待。周恩来对那种"有碍革命的秩序，非反帝国主义，亦非反对军阀，更非为自己的生活"而发起的罢工，鲜明地表示反对，说"这种罢工，完全是无意义的，简直可以说是反革命的"。同样，他也反对"利用农会之名，实行家族主义妄自械斗"；反对学生"干涉教职员的职权，胡乱生事"等等。兴宁县有一所谓"农会筹备处"，此为"纯系官僚"所组织，"且未报省农会核准"，"核与章程不合"。周恩来了解情况后，即电令取消。周恩来这种区别对待、耐心引导的态度，与当时党内外对待民众运动或是笼统支持或是一概反对的态度相比，是截然不同的。由于东江行署的大力扶植和正确引导，在短时间内东江各地的国民党党部与民众团体，亦复春笋怒生，有长足之发展与进步，这就大大巩固了革命政权的基础，使之牢固地根植于人民之中。

具有开拓意义的东江行政会议

周恩来主政东江时，积极引导人民参加政治，大力开拓人民参政的途径。周恩来指出：至所谓自由平等，乃民众大多数之自由平等，非某一阶级或个人之自由平等，必须民众去求之，方可得也。①他还说："限期召集各种行政会议，引导人民参加政治，聊期实现总理训政主张之初期，立潮梅革命之基础。"他发挥了孙中山关于实行普遍民权，建立为一般平民所共有非少数人所得而私的民主制度的思想，努力加强政府与人民合作，开拓人民参政的途径。1926 年 2 月 1 日，周恩来在永平酒店四楼招待汕头各界代表，宣布"施政方针"。指出：训政方期开始，"一定要使人民知道政府政策实施之目标，然后合作可成。"他请各界代表对政府的"施政方针"严加批评。汕头市商界、工界、教育界、学联界、农界、报界、妇女界、警察界、市党部及海外同志会代表七十多人参加了会议。与会者纷纷表示拥护东江行署的新政策。会议决定发表《各界联合宣言》，表明政府与人民已发生密切的关系，共同做国民革命的工作。②

周恩来主政东江，最具开拓意义的，是主持召开了东江各属行政会议。这次会议，是努力引导人民参加政治，积极沟通人民与政府合作，为民主政治的实施而迈出的重要一步。这次会议，可以称得上是东江历史上首次召开的具有人民代表大会性质的会议。

---

① 《汕头各界代表大会详情·何应钦周恩来之演说》，《广州民国日报特刊》1926 年 2 月 12 日。

② 《总政治部宴请本市各界代表大会详志》，《岭东民国日报》1926 年 2 月 4 日。

　　东江各属行政会议于 1926 年 2 月 22 日至 3 月 3 日在汕头隆重召开。召集会议"宣言"说："今者军事时期渐告结束,训政时期于开始。启政府与人民合作之机,开东江革命政治新纪元。本公署特召集东江各属官吏及人民代表,齐集一堂,共论革命治理。"这是"为人民实行参与革命政治之第一步,即政府与人民合作之先声。"①东江各属县（市）长、各教育局长及农工商学妇团体代表出席了会议。中共党员恽代英、邓颖超、刘尔崧、杨嗣震等作为特邀代表,参加了会议。周恩来在会上作《政治报告》。

　　周恩来认为,"民主政治的怎样实施,是目前最迫切的工作。"而民主政治的实施,其着眼点又在于实现人民的"自治"。周恩来在 1924 年 12 月所撰《工农阶级与广州市选》一文中说过："真正共和国必许人民以自治,且必许拥护共和最力之平民以自治。"②他对这个问题作了具体的阐述:在乡村当图实现农民的自治;在城市当早日开成县民会议、省民会议以及人民团体的代表会议;农会当谋其更大的发展;商会、工会当更须促成其统一;教育会当图根本上的整顿;学生会首须助其团结。而在这些问题上,召开人民代表会议,则是一个至关重要的问题。周恩来还指出:中国旧式议会已经破产,应代之以孙中山倡导的职业团体代表会议。而东江行政会议,出席者多为职业团体代表,因此,应以这种职业团体代表会议的方式,召集国民会议。周恩来主持的东江行政会议,以职业团体代表参政议政的形式,取代旧式"议会",积极沟通政府与人民的关系,启政府与人民合作之机,具有开拓的意义。

　　周恩来主政东江,即已开始规划如何开发和建设东江,体现

---

①　《东江各属行政会议纪略》,《政治周报》,1926 年第 9 期。

②　伍豪（周恩来）:《工农阶级与广州市选》（1924 年 12 月 1 日）,《农工旬刊》第 9 期。

了共产党人振兴中华、造福人民的远大目光和抱负。周恩来一到东江，就将"如何扶助人民求得幸福，如何实现党纲及政策"作为己任。他指出，革命者不仅仅以铲除苛政为满足，而应当从事"积极的建设"。东江初定，周恩来就将如何开发、建设东江，提上了议事日程。东江行政会议的主要内容，就是讨论制订市政、县政计划，制订教育、实业、水利、交通各项计划。会议收到提案及计划书297件，报告书及调查表254件，涉及各地户口、财政、教育、交通、实业、治安等具体问题。会议通过议案93件，包括治河、浚港、造林、筑堤，开辟省道、县道、街道等建设提案。①其中有疏浚汕头海口，发展对外交通，以谋东江工业、商业之发展；以官办或官督商办的办法，责成各县开通电话，并速建无线电台；优待小学教师，增加教育经费，发展平民教育；等等。这些计划、议案，虽然由于形势瞬息万变而在周恩来主政时无法实施，但它充分说明，共产党人一旦掌握政权，就能够运用政权，积极领导生产建设，努力造福于国家人民。

东江各属行政会议后，周恩来根据会议的决议，电请国民政府颁布"国民会议组织法令"。"国民会议"是中共中央为解决时局而提出的并为孙中山接受的政治主张。周恩来说："今者北方时局混乱，帝国主义者军阀自身呈崩溃之象，全国人民复以自身环境之关系，需要真正统一之国民政府。而先总理所发起之国民会议实为适应此需要之唯一手段。"他建议："先由广东各地职业团体代表（依总理所规定）开人民代表会议，将来由县而省而国得尽力推行，以促成全国国民会议之实现。"收到周恩来呈文后，国民政府发出第一六〇号令，令法制委员会起草"国民会议组织

---

① 《东江各属行政会议纪略》，《政治周报》，1926年第9期。

法"，呈候核定颁布。①

东江各属行政会议实属前所未有、十分引人注目的一次会议。当时南路、琼崖、西江、北江各行政区，都没有开过这样的会议。如上所述，这是东江有史以来第一次类似"人大"的会议。汕头、广州各地报刊，逐日大篇幅报道了这次会议的情况。

当周恩来主持东江行署工作时，广东南路、琼崖等地陆续为革命军所收复，各路行政公署相继建立。同时，北伐战争已进入酝酿、准备的阶段，国民革命正由南而北，向全国推进。在这种情况下，如何解决"由战争到政治"的衔接问题，实现孙中山所说的从"军政"到"训政"的过渡，成为国民革命深入发展亟待解决的问题。因此，周恩来主政东江，以国民革命的政纲治理地方的实践经验，就显得特别可贵。它对于当时各地建立和发展革命政权，具有指导意义。

1926年3月15日，以"东江各属行政委员周恩来呈称第一军副党代表事繁责重不能兼顾"，国民政府令免去其东江各属行政委员兼职。②

周恩来长于行政之才，后来被称为"人民的好总理"，最终在共和国总理任上，劳瘁而逝。出任东江各属行政委员，是周恩来施展其行政才干的开始，可以这样说，这是他走向人民共和国总理的起点。

---

① 《中华民国国民政府公报》，1926年，第二十八号。
② 《中华民国国民政府公报》，1926年，第二十七号。

从"廖蒋配"到"汪蒋配"

——中山舰事件前的汪蒋关系

1925 年 3 月 12 日，孙中山逝世。8 月 20 日，廖仲恺被戕。孙、廖之死，让历史走进了一个极为敏感的、躁动不安的时段，不仅将国民党置于有多种走向、多种发展可能性的岔路口上，也让孙中山手创的黄埔军校，同样面临着何去何从的问题。

孙中山逝世后，胡汉民的"代帅"地位，即受到了挑战。1925 年 4 月底和 5 月中旬，廖仲恺、许崇智、蒋介石、朱培德、加伦避开胡汉民，在东征前线的汕头，召开过两次秘密会议。两次会议除了密筹回师广州，讨伐滇、桂军外，实际上还有更重要的议题：筹划改变广州政府体制，调整国民党权力架构，更换最高领导人。5 月 8 日，从北方返至香港的汪精卫，不回广州，而特意绕道前往潮州，同蒋介石"倾谈"。10 日汪、蒋二人在汕头再次"长谈"。据毛思诚编《蒋介石年谱初稿》记述：汪在谈话中告诉蒋说，"总理病督中，犹以微息呼介石，绵惙不已"。意思是孙中山临死之前，念念不忘（以微息呼）蒋介石，并且"绵惙不已"。这一信息，在有关的史料中，似乎还未见过，这是不是汪随口说来让蒋听了感动呢？这就很难查考矣。反正蒋听了很受用，不但"呜咽良久"，并且"感其（汪）亲爱也"。[①] 也就是说，

---

① 《蒋介石年谱初稿》，档案出版社 1993 年版，第 352 页。

蒋即对汪产生了好感,两人即时拉近了距离。此为汪、蒋结盟的开始。5月13日,汪在汕头参加了廖、许、朱、蒋等人的第二次秘密会议。在胡汉民、汪精卫的第一轮权力角逐中,蒋明显是站在拥汪的一边。汪之成为广州政坛一号人物,蒋显然起了推动作用。

这年8月20日,"廖案"发生。此后,广州开始了汪、蒋在政治、军事上的联手运作。他们一度密切配合,脉脉相契。正如李宗仁所说:"中山逝世后,汪、蒋曾亲如手足,全力排除中央其他领袖,如胡汉民、许崇智等。"直到对付西山会议派时,他们还是互相合作的。然而在关涉到黄埔军校,关涉到军队的问题时,他们的关系却是微妙的。"合作"的背后,潜伏着许多变数。

廖仲恺生前,是黄埔军校党代表,被称为军校的"慈母"。黄埔军校之筹办、招生、经费筹措、干部配备、教学训练直至"校军"、"党军"的组建,无一不是廖苦心孤诣,惨淡经营,亲力亲为,无一不浸透着廖的汗水与心血。更为重要的是,廖身为国民党之党代表,代表党掌握着军校、军队的方向。他是舵手,是"党"的威力、意志在军校、军队中的体现。党代表制是孙中山创办黄埔军校的心机所在。孙长期周旋于各种军队之间,却多次为各种军人所反噬,深知对有枪在手的军人,不能不有所监控与制衡。军中设党代表,以党领军,以"党权"制约"军权",是孙结合自身的经验教训、借鉴苏俄红军体制长期思索的结果。孙中山所设计的黄埔军校领导班子,让廖任党代表,蒋任校长,即所谓"廖蒋配",也是对二人之品行观察、权衡所致。廖仲恺与蒋介石,当然是思想、个性各不相同的人物,而廖的资历、地位、能力、人脉及他在各个方面的影响力,均有超出于蒋的因素。从实际效果看,"廖蒋配"是黄埔军校得以在艰难中筹创、发展的一个重要的原因。

廖仲恺突然死去，黄埔军校的"廖蒋配"被打破，廖对蒋的影响、制衡因素不再存在。天平失衡，大厦倾仄，处在这一历史关头，黄埔军校何处去？特别是孙中山决定的党代表制，即党管军队的体制（以"党权"制约"军权"）能否坚持？又让谁代表党来掌握军校和军队？这自然就成为万众瞩目的问题了。

这时，汪精卫是国民政府主席。胡汉民因"廖案"被"请"出局后，又由汪"代理"国民党中央政治委员会主席。能顶替廖仲恺，以国民党的形象出现，继任黄埔军校党代表的，看来只有汪精卫了。1925年9月14日，国民党中央执行委员会推汪为"党军"和黄埔军校总党代表；10月2日，汪正式就黄埔军校党代表职。"廖蒋配"一变而成为"汪蒋配"，这是一个未免让人猜度多端的组合。

在国民党内，汪精卫够资历，但在为人、处事诸方面，却有欠缺，尤其是缺乏原则的坚定性，易于随风摇摆。他只是主要因为被俄方看好而勉强上台，而不是一个得到普遍认同和接受的人物。汪热衷于搞政治，然而不会玩政治，上台伊始接二连三地搞"地震"，借故造势，将胡汉民、许崇智及一帮政治异己势力（林森、邹鲁等）排出了广东（这部分人初时并不都是反汪的），一心将国民党搞成清一色。从实际效果来看，这是打破平衡，撤去缓冲势力，并非是一种明智的作为。令人更有联想的是，汪本身缺乏内在的、盖得住蒋的能力与气度，在与蒋联手掌政时，他只是一味想得到蒋的支持，急于让蒋的枪杆子，来支撑、配合他的笔杆子，因而，在拉蒋的过程中，过分地取悦甚至取媚于蒋，在很多地方、很多场合，自觉不自觉地充当了蒋的吹鼓手，为蒋抬轿子、吹喇叭，这无异于在蒋的面前自我示弱和自我矮化。有的人因之担心，汪顶替了廖仲恺的岗位，可能起不到廖的作用。汪任黄埔军校党代表，可能会导致军校中党的地位、作用的弱化。在许多人看来，汪蒋配，是跛足而配。

10月2日，举行黄埔军校党代表就职典礼。汪的演讲，一开始就称自己"不敢担任"，接着又讲了一个"哲学家的驴子"的故事。说一头驴子拉着沉重的车辆，一路上，人们不断往车上增加什物，最后驴子倒了，车子也翻了。汪显然在埋怨自己负载过重，但从这番话也可以听出，他是把"党代表"当作是往他的驽车上添加的"什物"来看待的，看作是一种额外的、过分的、让他不堪承受的负重。作为一篇就职演说，这样子破题，实在是于理不直，于气不壮，自我矮化；通篇演讲，也未涉及如何治校和如何治军。这就让人感到他是底气不足，倦于职守，对"党代表"这样的重任亦漫不经心，在全校教官、学生面前，露出了他的弱点与欠缺。

总之，孙中山、廖仲恺逝世后，在国民党内，"军权"盛于"党权"的态势，逐渐形成。

自然，汪并不是一位不作为者。为了挤进军校和军队，为了在这一他未曾开垦过的领地中找到属于他的位置，他还是搞了不少动作的。汪任党代表的决定刚刚作出（9月14日），《广州民国日报》即于9月23日发表《旧军新化的问题》一文，大造其势，说军队设党代表，"无论什么军的号子，都操之党代表的手里，而不操之于军官的手里。"[1]可谓未见其人，先闻其声，出场之锣鼓，敲得不落凡俗。汪自己也大讲"党治"，强调"党"高于政府，高于军队，高于军校。他的原话是："国民政府是国民党的政治部，军事委员会是国民党的军事部，所以无论什么军队或军校，总是

---

[1] 《旧军新化的问题》，《广州民国日报》1925年9月23日。

国民党的……"当孙、廖逝世，胡汉民出局之后，这时讲突出"党"，其实就是要突出汪。汪欲借"党"而自我升值，谁听了，都会心知肚明。

1926 年 1 月 12 日，当国民党在广州召开第二次全国代表大会时，国民政府军事委员会议决：陆军军官学校改组为中央军事政治学校，19 日任命蒋介石为校长。这是汪出任军事委员会主席、国民革命军总党代表、黄埔军校党代表之后作出的一个不小的动作。据《蒋介石年谱初稿》记载："军事委员会议决改称埔校为中央军事政治学校。汪主席提议：'国民革命军事、政治教育，有统一之必要，宜合并军校暨各军所立学校，改组为中央军事政治学校，分军官班、军官预备班、入伍生班，仍于埔校为校舍。'各委员全体通过。"①即载明为汪的"提议"，说明这出于汪的意旨。汪 3 月 1 日在中央军事政治学校成立典礼上的"训话"中，也说明这件事在去年（1925 年）12 月就"决定"了（蒋这时还在潮汕），可见，这是汪的一个自选动作。军校缘何改名、改组？汪给出的理由，是"统一"两个字，即让国民党统管各军、各校。汪说："无论什么军队和军校，总是国民党的，都要本着党的政策去做，无所谓特别的党校，亦无所谓特别的党军。"这里讲的"特别"，很容易就让人听出是暗指蒋的黄埔军校和第一军有点儿"特别"了，隐约释放出此后他作为"总党代表"，将会一碗水端平，让国民党领导下的各校、各军，享受同等待遇的意向。这些话，自然是说给蒋之外的谭延闿、朱培德、程潜这些人听的。在军校校名上加上"政治"两个字，亦应当出于汪的斟酌，为的是让这所学校添上可以认作是属于汪的标记。汪当时可能已注意到蒋的

① 《蒋介石年谱初稿》，档案出版社 1993 年版，第 515 页。

"承受能力"，在他的"训话"中，再次为蒋评功摆好，说"蒋校长的人格和他的奋斗精神，本党各同志，都是极端的钦敬，所以我们拿蒋校长的人格改组这个学校，同时并请蒋校长依然担任本校校长。"①3月8日，改组后的黄埔军校，举行开学典礼。综观汪在军校改名、改组中的所作所为，可知汪并不甘于将"党代表"做成仅供摆设的"花瓶"，而要有点儿作为，不仅要在黄埔军校打下他的烙印，而且要在国民革命军全军施加点儿影响，让谭、朱、程等有所体察。

当军校改名、改组还在步步进行时，汪精卫又于1926年2月6日，通过军事委员会作出决议，将黄埔军校的教导师，改称为国民革命军第二十师，直辖于军事委员会，归广州卫戍司令部指挥节制。②这更加是汪要干预军队、并干预蒋介石的一个非同一般的动作。1925年夏（廖仲恺还在世），当国民政府大力整顿军政时，曾经决定在黄埔军校实行"校"、"军"分立，将黄埔"校军"（教导团）从黄埔军校中独立出来。对此，蒋介石可能是持有不同的主张的，故从当年10月起，即另行组建黄埔军校教导团，至年底，已经先后组成了三个团。1926年1月4日，蒋又将教导团的三个团，正式组编为黄埔军校教导师，由王柏龄任师长，包惠僧任党代表，刘峙任副师长兼参谋长；王文翰、叶剑英、李杲分别任第一、二、三团团长。1月27日、28日、30日，蒋风尘仆仆，不辞劳苦，先后到广州西村、广州北较场和东莞虎门三个地点，分别检阅了这三个团。可见，黄埔军校教导师是蒋一手经营的部队，与"校"、"军"分立的意旨，颇有互相抬杠

---

① 汪精卫：《黄埔军官学校成立典礼训话》，《汪精卫文选》，上海仿古书店发行，1936年，第190页。

② 《蒋介石年谱初稿》，档案出版社1993年版，第536页。

之意。黄埔军校教导师正式成立不过一个月，蒋刚刚分途去检阅过部队，返回广州，气还未喘过来，就要改变名称，脱离黄埔军校，全部收归于军事委员会。汪的这一个动作，可以称得上是晴空霹雳，猛然劈到了蒋介石的头上。蒋当时的感受，应当是大出意外，连做梦都不曾想到。

身为国民政府主席、军事委员会主席和军校军队总党代表，对于黄埔军校改名、改组，对黄埔军校教导师改名及改变隶属关系，汪可能认为他有这样做的权力，也有这样做的充足理由。如果廖仲恺还活着，他可能也会这样做，或者会做得顺顺当当。但汪的遭遇却不是这样，他惹上了麻烦。1 月 12 日军校改组的决议通过，13 日蒋说了句"谁人可侮，人贵自强耳"！意思显然是说他受人欺侮了。15 日，蒋向军事委员会请辞第一军军长职。据《蒋中正先生年谱长编》：（19 日）蒋"对鲍罗廷、汪兆铭的主张'心辄不乐'"。蒋说："我以诚往，彼以诈来，非可与共事之同志也。"[1] 他又说："欲避退不能"，"群疑众谤"。并以"心闷足痛"为由，避不出席国民党二大的闭幕式。按理说，军校改名、改组，规模扩大，校长未换，对蒋并无损害，蒋不应有所反弹。但是蒋显然心有所忌，因为蒋的品性加上他对于汪的了解，决定了他对汪欲插足黄埔军校的举动，不可能抱听而不闻、视而不见的态度。蒋对汪添加于校名上的"政治"两个字，更有不同的看法。本年 10 月 22 日，蒋在北伐前线致电国民党中央执行委员会和国民政府："中央军事政治学校，请仍改为党立陆军军官学校"。[2] 可见，他对此是耿耿于怀的。蒋此时满腔的怨气牢骚，总之是冲着汪而

---

① 吕芳上主编：《蒋中正先生年谱长编》第 1 册，台湾"国史馆"，2014 年，第 437 页。
② 《蒋介石年谱初稿》，档案出版社 1993 年版，第 753—754 页。

来的，是对汪欲染指黄埔军校的反感情绪的宣泄。

对汪变动黄埔军校教导师的举动，蒋介石的反弹，更为明显。据《蒋介石年谱初稿》记载：蒋感到"处境屯厄"，"急思解除军职"，多次提出辞职，不但拒不就任刚刚于2月2日任命的国民革命军总监之职，而且于2月9日提出辞去军事委员会委员和广州卫戍司令的职务。蒋说："闷坐愁城，不如意事连续而至，所谓屋漏适逢连夜雨也。公私两败，内外夹攻，欲愤而自杀……"（2月18日）教导师改名为第二十师之后，蒋于2月10日、2月16日、2月19日仍然使用"教导师"的名称，对部队发号施令，这说明他并不认同、不接受新的名称。最让蒋感到纠结的，可能还在于汪决定将教导师划归于广州卫戍司令"指挥节制"。蒋本来是广州卫戍司令，蒋出发东征后，从1925年10月12日起，由王懋功（第二师师长）代行这一职务。此时，王懋功被认为是汪精卫的人，与汪走得很近。用周恩来后来的话说，是——"第二师王懋功接近当时国民党左派汪精卫。"[1]仅这一点，已经不免让蒋有所疑忌矣。虽然，军事委员会已经决定让蒋重新担任广州卫戍司令，但是或者越是这样，蒋就越觉得不对劲，越觉得这是一个已经设计好了的、等待他往里钻的套子，分分钟都有引爆的可能。这让蒋介石"一月以来，心坎憧拢，时自提防"[2]。这件事情的后果十分严重，直接导致了后来"王懋功事件"（2月26日）的爆发，种下了蒋、汪破裂的根子。

对于汪精卫来说，1926年1月国民党二大的召开，算是他的皱眉舒展的一段日子。在几个月时间内，胡（汉民）派政治势力

① 周恩来：《关于一九二四至二六年党对国民党的关系》，《周恩来选集》上卷，人民出版社1980年版，第119页。

② 《蒋介石年谱初稿》，档案出版社1993年版，第540页。

和许（崇智）派军事势力因"廖案"而被削弱，胡、许相继离粤，但与汪政见相左之分子，却在北京搞了个"西山会议派"，结果，有将近半数的中央执行委员，站到了反汪、反对广州国民党中央和国民政府的一边。汪排斥异己的结果，是制造出更为难缠的政治反对派。汪派掌权的合法性，成为颇受质疑的问题。而现在，国民党二大总算召开了，有代表大会的支撑，这种危机，可以认为是过去了。到了这个时候，汪是不是觉得他可以伸展一下自己的手脚了呢？是不是认为他应当出来理顺"党"、"军"关系，发挥党代表的作用，让孙中山、廖仲恺创建的党代表制度得以延续下去呢？他有这种想法，不是不可能的。前面讲的军校改名和教导师改名、改制，就是国民党二大期间及二大闭幕后不久发生的。这两件事，均与汪的权衡、思考相关，可以看作是汪基于上述思考而精心选择的两个带突破性的动作。但如上所述，汪遇到了阻力，招来了蒋的猜忌和怨恨。他并未达到预期目的。

至此，事态已经很清楚，船到码头，车到站，汪的"党代表"的角色，只能当到这里为止。他进不了军校，进不了军队。在黄埔军校，党代表体制的实际存废，已经不再是遥远将来的事情了。

随之，中山舰事件爆发。逼于蒋的军事压力，汪表示"不复欲与闻政治军事矣"，离职远去。

"中山舰事件"剖析

——以国民党内"党权"与"军权"之博弈为视点

以往中外学者对"中山舰事件"作过大量的研究。本文着重关注于这一事件所折射的国民党内的党、军关系之颉颃。首创于黄埔军校的党代表制度,旨在建立以党领军,以"党权"制约"军权"的机制。而孙中山、廖仲恺逝世后,国民党内"军权"盛于"党权"之势渐成。"中山舰事件"虽表现为多种复杂关系的纠缠,而重心则是"军权"对弱势"党权"的反制。此为"中山舰事件"之实质所在。

2·26 拘王懋功:剑有所指

1926年春初,汪精卫、蒋介石心境各异。新年伊始,蒋的心情就不好,与汪总有隔阂,格格不入。这一对曾经的政治合作伙伴,缘尽恩断在即。

正是这个时候,在广州的苏联顾问团,人员发生了变动。1925年7月,军事总顾问加伦离开广州,由季山嘉(古比雪夫)任军事总顾问,奥尔金(拉兹贡)任季山嘉之政治助手。第二次东征时,因鲍罗廷有"从军队中召回共产党员"的主张,季山嘉、奥尔金于 1926 年 1 月联名致函中共中央，对此表示反对。① 季山嘉并致信苏联驻华使馆武官叶戈罗夫："近一个时期，我与鲍罗廷同志在关于中国共产党人在军队中的作用问题上发生了原则性的意见分歧。"二人发生了"争吵"。季山嘉说："我认为，他（鲍）做了他所能做的事情，更多的他做不了。"② 季山嘉明确要求挪走鲍罗廷。鲍遂于 2 月初离开了广州。鲍一走，季山嘉成为广州顾问团的主持人。

季山嘉是一位很有个性的、"直来直去"的人物。鲍刚离开广州，季山嘉、蒋介石之间的摩擦，即已产生。蒋说：季山嘉"针砭规戒之言甚多，而其疑惑戒惧之心，亦昭昭明矣。""欺凌侮辱，诚令人格丧失，无地自容矣！"③ 令蒋特别担心的，更在于蒋认为汪、季二人越走越近，抱得很紧，汪不但唯季氏之言是听，而且有可能与季氏联手，要将他踢出广东。实际上，汪这时是绝对看好蒋，对蒋寄予厚望的。蒋疑心汪、季合谋，诱其离粤，是蒋的自居重心的心理作怪，草木皆兵，过度防范。

然而，不甘于将党代表当作花瓶摆的汪精卫，对军校、军队却有所动作。国民党二大闭会后不几天，汪作出了关于黄埔军校教导师更改名称、并改变其隶属关系的一项决定。这是令蒋介石最难以接受的一件事。此事后果极其严重，使蒋与汪、季的关系，走到了破裂的边缘。

---

① 《古比雪夫和拉兹贡给中共中央执行委员会的信》（不晚于 1926 年 1 月 13 日），《共产国际、联共（布）与中国革命档案资料丛书》第 3 辑，北京图书馆出版社 1998 年版，第 18 页。

② 《古比雪夫给叶戈罗夫的信》（1926 年 1 月 13 日），《共产国际、联共（布）与中国革命档案资料丛书》第 3 辑，北京图书馆出版社 1998 年版，第 15、16 页。

③ 蒋介石日记，1926 年 2 月 7 日、2 月 11 日、2 月 16 日，引自《蒋中正先生年谱长编》，台湾"国史馆"，2014 年，第 441 页。

关于黄埔军校教导师，要从1925年秋季的"校"、"军"分立说起。

广州国民政府成立（1925年7月）后，为"统一军政"，政府决定在黄埔军校实行"校"、"军"分立，将原来直属于黄埔军校的教导团，从黄埔军校中分离出来，另外组编国民革命军，隶属于国民政府军事委员会。涉及军队的问题，蒋历来是敏感的。例如，成立"党军"，本来是孙中山生前的决定，但当年5月廖仲恺提议将黄埔军校教导团改编为"党军"时，蒋即有被触逆鳞的反应。蒋的"日记"（5月10日）写道："仲恺改教导团为'党军'，余认其有意防范撤我兵权，但我望其自不叛党而不配防范介石也。"这是写得很直白的一段文字，表明黄埔军校之"廖蒋配"，尚有未为人知的一面。这也是蒋视军队为其禁脔、容不得他人染指的一段自白。因此，对"校"、"军"分立，蒋显然是有所保留的。原来的教导团分离出去了，从当年10月起，蒋即着手组建新的黄埔军校教导团。至是年年底，已经先后组建了三个团。1926年1月4日，蒋又将教导团的三个团，正式升级为黄埔军校教导师，由王柏龄任师长，包惠僧任党代表，刘峙任副师长兼参谋长。1月27日、28日、30日，蒋风尘仆仆，先后到广州的西村、北较场和东莞的虎门，分别检阅了这三个团。可见，所谓黄埔军校教导师，是"校"、"军"分立的决定实行之后，蒋逆向而行、一手经营、悉心打造的部队。

就在蒋分别检阅教导师三个团的后几天，2月6日，汪精卫通过军事委员会作出决定：将黄埔军校教导师改名为国民革命军第一军第二十师，直属于国民政府军事委员会，归广州卫戍司令部指挥节制。[1] 这一决定的要害，不在于改变名称，而在于让教

① 《蒋介石年谱初稿》，档案出版社1993年版，第536页。

导师与黄埔军校脱钩，其用意显然是要制约蒋的军权。这是继决定黄埔军校改名、改组之后，汪进一步要干预军校、军队的一个非同一般的动作。

与此同时，汪还采取经济手段，将黄埔军校的经费从三十万元减至二十七万元；将第二师的经费从十二万元增至十五万元。①

对于汪精卫、季山嘉干预军校军队、改变教导师隶属关系的举动，蒋介石的反应，是"急思跳出环境"，"辞一切军职"，迅即于2月9日提出"辞"去各项军职。蒋的资料显示，在一段时间内，他"终日愁闷"，"如坐愁城"，"忧患疑惧"，"抑郁忿恨"，"语言恍惚"，"心坎憧拢"。

经过一番酝酿后，蒋出手反击。打击的对象，锁定为王懋功。

王懋功，字东臣，保定军校第二期毕业，黄埔军校第三期入伍生总队长，国民革命军组建时，任第一军第二师师长。王懋功本来与蒋关系密切，一向得到蒋的重用。盖广州卫戍司令部成立时，蒋为司令，1925年秋因出发东征，从10月12日起，蒋将广州卫戍司令这一职务，交王懋功代行。可见蒋、王之间，关系非同于一般。汪精卫在决定教导师改名、改变隶属关系时，明确指定这个师此后归于广州卫戍司令即归于王懋功"指挥节制"，并在经费上，向王的部队作了倾斜。这让蒋十分纠结，对王懋功可信与否，起了疑心，进而对王产生了一连串的联想与猜度。

蒋后来（4月9日）在致汪函中说："委任李（宗仁）、黄（绍竑）为第八、第九军长，而季山嘉特留第七军长一缺以待来者。此缺非其预备王懋功叛弟后即以此为报酬乎？"4月21日蒋在"训话"

---

① 《蒋介石致汪精卫书》（1926年4月9日），引自蒋永敬：《国民党兴衰史》，台湾商务印书馆2009年版，第191页。

中说:"现在广东统编有六军,广西有两军,广东是第一、二、三、四、五、六各军,照次序排下去,广西自然是第七、八军了,但是第七军的名称偏偏搁起来,留在后面不发表,暗示我的部下先要他叛离了我,推倒了我,然后拿第二师和第二十师编成第七军,即以第七军军长报酬我部下反叛的代价。"①这样,蒋认定汪精卫、季山嘉以第七军军长为诱饵,诱王叛蒋;并断定王已经变了心,已倒向了汪、季的一边。

在这里,蒋用做算术的方法,"算"出王懋功已经靠不住。而王作为当事人,对此却另有说法。王出局后被押送上海,于3月7日致函张静江,谓:"此事因何发生,始终未奉介公明示,不敢悬断。"就是说,他不知因何获罪。王此函对自己在广州的政治表现,作了一番自我剖白,当中无一字涉及所谓第七军。②蒋怀疑汪、季以第七军军长诱王,在王致张静江函中,找不到相应的说明。

事情到了这个地步,王懋功如何自我表白,已经不重要。蒋介石说:"此人(王)狡悍恶劣,惟利是视。昔日以其少有才气,期其感化,今则愈趋愈下,其用心险恶,不可复问,外人不察,思利用以倒我,不思将来为害党国与革命至于胡底,故决心驱除之。"③2月26日,蒋对王懋功实施拘捕,撤销王之师长职,次日派副官陈师曾押送赴沪。蒋说:"凡事皆有要着,要着一破,则

① 《蒋介石年谱初稿》,档案出版社1993年版,第572页。
② 《王懋功关于未从孙文主义学会勾结西山会议派反共遭恨和表示忠于蒋中正致张静江函》(1926年3月7日),《中华民国史档案资料汇编》第4辑(上),江苏古籍出版社1991年版,第358—359页。
③ 蒋介石日记,1926年2月26日,引自《蒋中正先生年谱长编》,台湾"国史馆",2014年,第443页。

一切纠纷不难自解。一月以来,心坎憧忧时自提防,至此略定!"①

蒋介石拘捕王懋功,是蒋一个多月以来抑郁心理的迸发,是敲山震虎,以军事的手段,宣示对汪精卫、季山嘉介入军队的不满。质言之,是对"党权"制约"军权"的不满。棍子打在王懋功的身上,而锋芒所指,则为汪精卫、季山嘉。周恩来后来说:蒋拘捕王懋功,是"向汪精卫做了第一次示威"。②这一事件是中山舰事件的预演。

3·20 出兵:重拳打在影子上

王懋功被逐,汪没有特别的反应。几天之后(3月1日),中央军事政治学校正式成立,汪、蒋一同出席典礼,好像什么事都未发生过。汪嗅觉不灵,或曰欲反制而无力。而蒋之内心,则更为警惕,说"疑我、谤我、忌我、排我、害我者,渐次分明"③。事实上,蒋已形成了被迫害的幻觉,日益把汪、季和中共作为假想敌。

这时,黄埔左右两翼军人的对峙,进一步尖锐、激烈。青年军人联合会常务委员李之龙,此时任国民政府海军局政治部主任。李在任上查获陈肇英(虎门要塞司令)走私,据实报告。"结果,军事委员会将陈肇英查办"④。1926 年 3 月 10 日,欧阳格(海军学校副校长)以恐吓手段,逼海军局参谋厅长兼中山舰长欧阳琳离职。欧阳格此举,实为觊觎中山舰长之职。《广州民国日报》于 12 日登出欧阳琳离职消息,文中说:"政府以李之龙暂摄局

① 《蒋介石年谱初稿》,档案出版社 1993 年版,第 540 页。
② 周恩来:《关于一九二四至二六年党对国民党的关系》,《周恩来选集》上卷,人民出版社 1980 年版,第 120 页。
③ 《蒋介石年谱初稿》,档案出版社 1993 年版,第 544 页。
④ 李之龙:《3·20 反革命政变真相》,1927 年 4 月。

务",并谓"前日李之龙到该舰解释党代表条例时,并将该舰中水兵等十余人平日有舞弊嫌疑者扣留,听候查办云"。①日后,国民政府任命李之龙暂代海军局长、参谋厅长、中山舰舰长;而李之龙则转荐中山舰副舰长章臣桐,代理该中山舰舰长。欧阳格欲对中山舰舰长取而代之,并未如愿以偿。在这里,黄埔军校孙文主义学会与青年军人联合会之纷争,一时表现为争夺海军和中山舰控制权的斗争。

3月18日,因商船"定安"轮遭土匪抢劫,船局请黄埔军校派船保护。时校内无船可派,军校管理科交通股股员黎时雍,致电交通股驻省(广州市)办事处,请派船只以应急。股员王学臣接电话后,报告交通股股长、驻省办事处主任欧阳钟。欧阳钟乃于本日夜间到李之龙家,转请海军局派船。时李之龙外出,当夜回家阅信后,决定派"中山"、"宝璧"两舰前往。据海军局值日官记录:19日上午6时,宝璧舰出口;7时中山舰(章臣桐率)出口。抵达黄埔后,章臣桐向教育长邓演达请示任务,邓答云"不知"。下午,因为已到广州的布勃诺夫使团参观的需要,经李之龙打电话请示蒋介石后,中山舰于6时从黄埔开回广州市区。②之后所谓中山舰"异动",其经过的情形,大致如此。

蒋对中山舰往返于黄埔,十分警觉。蒋说,他没有下过调舰的命令,因而甚觉"稀奇"。这时,又有人向蒋报告:"季山嘉(搞)阴谋"。③蒋遂认定季山嘉已布置"设法陷害"的陷阱。蒋对此

---

① 《广州民国日报》1926年3月12日。

② "海军局值日官记录"(1926年3月19日),李之龙:《3·20反革命政变真相》附件二。

③ 蒋介石4月21日"训话",其中有"有人说季山嘉阴谋"一语。按:"有人"指欧阳格、陈肇英等。

最初的反应，是要离开广州，暂避汕头。19日下午乘车前往天字码头，准备登船而去，5时于途中改变了主意，折回东山寓所，与部属"竟夕密议"，决定发动事变。

蒋介石"日记"写道：（3月19日）"会客，准备回汕休养，而乃对方设法陷害，必欲使我无地自容，不胜愤恨。下午五时，行至半途，自思如何，必欲私行，予人口实，志气何存，故决心回寓，牺牲个人，一切以救党国也。"

20日凌晨，蒋坐镇广东造币厂（广州卫戍司令部），下令全城戒严。第二十师师长王柏龄派陈肇英、欧阳格率兵占领海军舰队和中山舰，并到文德路文德楼拘捕李之龙。稍前，还诱捕了中山舰代理舰长章臣桐。第二师师长刘峙率部包围省港罢工委员会所在地——东园，收缴了罢工纠察队的枪支，还包围了苏联顾问的住宅，收缴了其卫队的武器。广州市公安局局长吴铁城以"保护"为名，派兵包围国民政府主席汪精卫的住宅。第二师党代表缪斌则以列队训话为名，当场拘捕团党代表胡公冕等四十多名共产党员。蒋并发出了抓捕张治中、邓演达、恽代英、高语罕四人的命令（中途收回）。周恩来说："把我也软禁了一天"。

蒋发动中山舰事件，其据以发难的"理由"，一谓中山舰"异动"；二谓李之龙搞"劫持"。这两点，洵出于误判与幻觉。

（一）所谓中山舰"异动"。中山舰往返于黄埔，蒋未下过调舰之令，他据此认为李之龙是"矫令"而为。前面说过，李之龙派舰的决定，是根据黎时雍、王学臣、欧阳钟三人的传达而作出来的。黎时雍的话是："速派巡舰一只，运卫兵16名前往保护（定安轮）"。王学臣以为黎的话系出于"教育长邓演达之谕"，在电话中要欧阳钟与海军局交涉时，添加了"邓演达之谕"一句，还将"速派巡舰一只"，变成"派巡洋舰一二艘"。而欧阳钟则将黎、王的话传达为:"奉蒋校长命令,有紧急之事,派战斗舰两艘开赴黄埔,听候蒋校长调遣。"欧阳钟所办调舰公函写道:"顷接黎股员电话云:奉教育长谕,转奉校长命,着即通知海军局迅速派兵舰两艘开赴黄埔,听候差遣。等因奉此,相应通知贵局迅速派兵舰两艘为要。"① 可见,在传达派舰任务的过程中,传言几经变样,有人掺了私货。所谓"奉教育长谕,转奉校长命"一语,是欧阳钟掺加进去的。

欧阳钟是孙文主义学会的成员,与欧阳格为叔侄关系。欧阳钟掺假而传,当非无意。章臣桐说:欧阳格"打电话"给欧阳钟,让他交涉派船。② 李之龙说:王柏龄、陈肇英、欧阳格等"造作假的命令来要船"。③ 故欧阳钟之掺假,是"孙会"有意谋划的行为。王柏龄坦言:"中山舰云者,烟幕也,非真历史也。而收其功之总枢,我敢说,是孙文主义学会。"④ 蒋对此失之明察,将"孙会"的有意掺假,误判为李之龙"矫令"而行,中了孙文主义学会的圈套。

(二)所谓李之龙"劫持"。事发时,蒋并未说明其受"陷害"的具体情由,市面所传,只是共产党要"暴动"、要"攻打黄埔"等等。事隔一个月,4月21日,蒋才在他的"训话"中,亮出底细:"有人说季山嘉阴谋,预定是日待我由省城乘船回黄埔途中,想要劫我到中山舰上,强逼我去海参崴。"⑤ 按照蒋的说法,中山舰之"异动",是一宗由季山嘉、汪精卫策划,李之龙执行的

① 杨天石:《蒋氏秘档与蒋介石真相》,社会科学出版社2002年版,第115页。

② 《章臣桐自述》,未刊稿,1962年。

③ 李之龙:《3·20反革命政变真相》,1927年4月。

④ 王柏龄:《黄埔创始的回忆》,《黄埔军校史料》,广东人民出版社1982年版,第373页。

⑤ 《蒋介石年谱初稿》,档案出版社1993年版,第576页。

"劫持"阴谋，目的是要把蒋绑架到中山舰上，强行送往海参崴。他之发动事变，是先发制人，防患于未然。

当时，汪精卫正在患病，从3月16日起，"眩晕至不可支"，19日下午2时曾"猝然晕倒"于国民政府常委办事室内。①如汪欲举事，此非其时。布勃诺夫使团此间正在广州（3月10日抵达），季山嘉此时如有"劫持"之谋，必先请示使团，而俄方的资料，无此痕迹。当中山舰往返于黄埔（即所谓"异动"）时，李之龙也不在舰上，19日晚被捕于睡床，并无"劫持"之迹象。再说，中山舰只是一艘普通的炮舰，吨位不大，装煤不足，航速不高，不宜于远航。所有这些，均不支撑"劫持"之说。

李之龙被捕后，蒋介石派员严加讯问。负责审讯的军法处长马文车说："开庭提审二次，李之龙连称冤枉，对所谓'通同共产党劫持蒋介石之事'，坚不承认。"蒋遂加派第二军军法处长戴贞缵参与会审，庭讯多次，仍无所得。②盖李之龙根据欧阳钟传达的指令派舰，手续清楚，经过透明。蒋派人倒海翻江，查抄全城，却找不出李搞"劫持"的证据。

蒋4月21日的"训话"说："有人说季山嘉阴谋"。也就是说，当中山舰移动时，"有人"向蒋告了密，提供了"情报"，进了谗言。马文车《中山舰事件的内幕》一文说：19日夜，马文车在蒋处听欧阳格说，共产党阴谋"劫去蒋校长，送往海参崴转送莫斯科。"③

① 汪精卫致中央执行委员会请假函（1926年3月21日），引自中华民国史事纪要编辑委员会：《中华民国史事纪要》（1926年1月至7月），中华民国史料研究中心1975年印，第251页。

② 马文车：《中山舰事件的内幕》，《文史资料选辑》第45辑，文史资料出版社1964年版，第6页。

③ 马文车：《中山舰事件的内幕》，《文史资料选辑》第45辑，文史资料出版社1964年版，第4页。

可知"劫持"之言，出自欧阳格。所谓"劫持"，是中山舰事件之症结所在。史实说明，"劫持"的故事洵出于想象，根本就不存在。蒋显然神经过敏，为假象和谗言所迷惑，杯弓蛇影，作法自惊。震惊中外的中山舰事件，是蒋介石以幻觉当作真实，悍然出手之举。

蒋介石3月22日说："这件事是否是不利于我们黄埔，或不利于政府本党，现在还未调查的确，……尚未审问明白"。① 此为事发后蒋的首次公开讲话，支吾其词，说明这时他对事实的真相，已有所察觉。经过一番了解，更心知肚明，尤其是明白了所谓"劫持"，全系子虚乌有。蒋随即于4月2日，以"联合右派，不利于党也"之名，"扣留舰队司令欧阳格"。② 蒋并对王柏龄、陈肇英、徐桴等，一一有所处置，同时下令撤销第二师第五团第三营营长李树森之职。《广州民国日报》4月7日对李树森一事有所报道，谓中山舰事件的发生，是李树森"之措置无方，行动乖谬所致"③。这几个动作，实际上是对假传命令、进说谗言、制造乱局者的惩处。4月14日，蒋释放李之龙。至此，所谓中山舰"异动"，所谓李之龙搞"劫持"，实际上已得到澄清。李之龙之获释，表明在中山舰事件中，犯错者是蒋介石，而不是别的什么人。

梳理中山舰事件的史料，可知暗中设局者，是"孙会"之骨干，是欧阳格等人以造假、进谗的手段迷惑于蒋，进而欲夺取海军及中山舰之控制权；而从蒋介石方面说，他昧于事实，冒然而动，

---

① "召集官佐学生训讲"（1926年3月22日），《蒋介石年谱初稿》，档案出版社1993年版，第548页。

② 《蒋介石年谱初稿》，档案出版社1993年版，第553页。

③ 《二师营长李树森撤差原因》，《广州民国日报》1926年4月7日。李树森，黄埔一期学生。

将一段时间以来对汪精卫、季山嘉的疑惧诉诸兵变。然而，重拳却打在影子上，扑了一空。

虎门之谋：蒋将错就错，对汪上纲定性

事件发生后，卧病在床的汪精卫，于 20 日上午在会见来访的谭延闿（第二军军长）、朱培德（第三军军长）和陈公博时说："我是国府主席，又是军事委员会主席，介石这样举动，事前一点也不通知我，这不是造反吗？"又说："我在党有我的地位和历史，并不是蒋介石能反对掉的！"[1]21 日傍晚蒋探视汪时，汪极为恼怒。蒋的"日记"写道："观其怒气冲天，感情冲动，不可一世。"[2]汪这时的反应，显然非同于王懋功被逐之时，不再是默然承受。当时，宋子文、李济深、邓演达、谭延闿等，曾到苏联顾问团住地，商议"严厉反蒋之法"。汪布置第二军、第三军、第四军联合反蒋。谭延闿并已备好专车，准备到粤北调兵。[3]周恩来说："这时，谭延闿、程潜、李济深都对蒋不满"，"各军都想同蒋介石干一下"。[4]第二、第三两军已准备从西江、北江向广州移动。[5]

这时，中共广东区委负责人陈延年、周恩来及任国民党中央

① 陈公博：《苦笑录》，东方出版社 2004 年版，第 33 页。

② 蒋介石日记，1926 年 3 月 21 日，引自《蒋中正先生年谱长编》，台湾"国史馆"，2014 年，第 448 页。

③ 方鼎英：《我在军校的经历》，《第一次国共合作时期的黄埔军校》，文史资料出版社 1984 年版，第 78 页。

④ 周恩来：《关于一九二四至二六年党对国民党的关系》，《周恩来选集》上卷，人民出版社 1980 年版，第 120 页。

⑤ 梅原：《朱培德对政治工作的"欢迎欢送"》，《文史资料选辑》第 45 辑，文史资料出版社 1964 年版，第 47 页。

宣传部代理部长的毛泽东等，主张反击蒋介石。毛泽东提出动员在广州的国民党中央执行委员、中央监察委员秘密集中于肇庆，依靠驻肇庆第四军独立团（叶挺独立团），联合各种力量，召开大会，发表通电讨蒋。①

然而，布勃诺夫使团否定了联合反蒋的计划，主张妥协，决定撤换季山嘉等。谭延闿、李济深等跟着转变了态度。汪精卫陷于孤立，于3月21日致函国民党中央执行委员会，请假养疴。文曰：

> 兆铭自3月初旬以来，屡患眩晕，初尚勉力支持，及至19日下午2时，在国民政府常务委员会办事室内，猝然晕倒，迭经军医监李奉藻、卫生局长司徒朝、德医戴美林诊治，均称心脏收缩失常所致，非静养不可。当此多事之日，兆铭以一身兼数职，本当力疾办事，无如甫一起坐，则眩晕不支，迫不得已，祇得请假疗治。所有中央执行委员会委员、政治委员会委员、国民政府委员会委员、军事委员会委员、总党代表诸职，均请暂派员署理，是所至祷。②

初步摆脱事发之初所陷困境的蒋介石，于3月23日具文呈军事委员会，内称："惟此次事起仓卒，处置非常，事前未及报告，专擅之罪，诚不敢辞。""应自请从严处分"。③所谓自请"处分"，应当是出于息事于汪的考虑。3月24日，布勃诺夫带着被撤的季山嘉、罗加乔夫、奥尔坚等，离开广州。

3月25日，汪精卫致函国民党中央监察委员会委员张静江，

① 茅盾：《中山舰事件前后》，中共广东省委党史研究委员会办公室、广东省档案馆编：《中山舰事件》，1981年，第307页。

② 中华民国史事纪要编辑委员会：《中华民国史事纪要》（1926年1月至7月），中华民国史料研究中心1975年印，第251页。

③ 《蒋介石年谱初稿》，档案出版社1993年版，第550页。

文谓：

> 静江先生道鉴：先生来而弟去，不得一见，至深怅然。二三月来，弟屡患眩晕，初以为过劳则然，漫不经意，至本月17、8、9等日，眩晕至不可支，始延医诊视；至22日始察出病源。然弟虽卧病，何必屏人不见？此情不为他人言之，不能不为先生言之也。弟本期与介石共事，至最后之一息；然以20日之事观之，介石虽未至疑弟而已厌弟矣；疑不可共事，厌亦不可共事也。然弟不与介石共事，又将与何人共事乎？此弟所不为者也；故即使病愈，亦惟致力于学问，以所获心得供国人及同志参考，不复欲与闻政治军事矣。此信抵左右之日，即弟已离去广州；乞先生转告介石努力革命，勿以弟为念。此上。敬请大安。弟兆铭，15年3月25日。①

汪致张静江函与汪21日的请假信，相隔仅4天时间，而基调已大不一样。请假信是真病告假，而汪致张函，则是向蒋摊牌，表明不再与蒋共事。马叙伦的《石屋续沈》一书，收录了汪的这封信，认为这封信"关系二十年来大局至深"；并谓汪"能忍而不能忍"。言下之意，是汪不应当走出这一步。而汪的这一举动，却让蒋极为不安。蒋的"日记"谓：（阅其致张人杰书）"称余疑其、厌其，所以不再任政治、军事之事，彼之心迹，可以知矣！为人不可有亏心事也。"②3月26日上午，蒋致书于汪，也提出"请假"；并致函谭延闿、李济深、宋子文（财政部长），告假"休养"。蒋说："政治生活全系权谋，至于道义，则不可复问矣。精卫如

---

① 汪精卫：《致张静江函》（1926年3月25日），引自《马叙伦自述》，中国大百科全书出版社2012年版，第316页。

② 蒋介石日记，1926年3月25日，引自《蒋中正先生年谱长编》，台湾"国史馆"，2014年，第448、第449页。

此作态，则其见陷之计显著，可不寒心。"①

这一天（3月26日）下午，蒋即离开广州，乘中山舰到了虎门。27日凌晨3时，宋子文追至蒋所入住的沙角炮台，"述诸同志意，劝勿离此"。② 宋子文的这一举动，打消了蒋"离此"的念头，蒋的"年谱"写了三个字："公允之"。这是对汪、蒋关系，也是对历史走向有重大影响的一步。

在虎门，出现于蒋的身边的，是陈立夫、张静江、陈肇英这一批人。陈立夫时任蒋的机要科长，事过境迁之后，发表《北伐前余曾协助蒋公作了一次历史性的重要决定》一文，当中说：3月19日当蒋坐车往码头，准备乘船出走时，就是他在汽车上劝蒋留下来干，说："有兵在手为什么不干？"蒋于是半途返回，继而策划出兵。张静江于事发之后，说蒋"临机应变"，"极称为天才"，是蒋的得力幕后推手。陈肇英在他的《八十自述》中称，蒋3月19日也采纳了他的"反击"的建议。以上三人，陈立夫是蒋虎门之行的随行者，张静江拖着病腿而来，陈肇英是虎门要塞司令，他们是为蒋出谋划策的政治谋士。虎门之旅，是蒋为摆脱中山舰事件后于他不利的影响，思考出路之旅；是谋划全局，左右事态变动之旅。

蒋介石3月28日的"日记"写道：

政局不能从速决定，甚恐夜长梦多也。某兄始以利用王懋功离叛不成，继以利用教育长陷害又不成，毁坏余之名节，离间各军感情，鼓动空气，谓余欲杀某党，欲叛政府。呜呼！抹杀余之事业，余所不计，而其抹杀总理人格，消灭总理系统，叛党卖国，

---

① 《蒋介石年谱初稿》，档案出版社1993年版，第551页。
② 《蒋介石年谱初稿》，档案出版社1993年版，第551页。

一至如此，可痛乎？①

"日记"中的这段文字，是蒋的内心隐衷的直白，是虎门谋略的要点。文中的"某兄"，指的是汪精卫。这是蒋对汪的政治总清算，不但列举了汪的多条"罪"名，而且将汪的问题，定性为"叛党卖国"。罪名之重，上纲定性之严，达到了顶点。这说明蒋已不再将汪的问题看作是国民党的内部问题，而是把他推向敌对方面，将汪的问题升级为敌我问题；不再认汪为国民政府主席、军事委员会主席，而是将他当成必须打翻在地的敌人。这不是蒋抓到了汪的什么新"罪证"，而是将错就错，单方面地对汪的问题性质往上拔高。值得注意的是，这段文字在《蒋介石年谱初稿》中有所改动，"叛党卖国"四字在"年谱"中改为"仇党卖党"；而《民国十五年以前之蒋介石先生》一书，则全部删去了这段文字。这或可视为蒋后来对汪的定性，有所修正。但3月28日"日记"所写，却是他当时真实思想的表达。此为虎门之谋的要害所在。

至此，蒋介石对汪精卫的政治态度，已经完成了从拥汪、联汪、到疑汪、忌汪，再到反汪、倒汪的转变。国民党二大之后，蒋对汪有诸多的疑忌，然而直到3月20日之前，他还只是埋怨汪"受谗已深，无法自解"（3月14日）而已，尚未讲到汪的问题是敌我问题。如果说，中山舰事件本身是一个动态的过程，事发之初蒋并没有具体、明确的目标，没有通盘的计划，还只是行一步，看一步，见招拆招的话，那么，经过在虎门几天的思索和谋划，蒋已谋定了他的方略。3月28日的"日记"对汪的政治清算和上纲定性，意味着在蒋的意识深处，已经不再模糊与朦胧，已经收

---

① 蒋介石日记，1926年3月28日，引自《蒋中正先生年谱长编》，台湾"国史馆"，2014年，第449页。

拢了目标，决心要拉汪下台，取而代之。这一天，可以视为中山舰事件之演变成为逼汪去职、夺汪之权的事件之转折点。

4·16 会议：蒋逼汪去职

4月1日，蒋从虎门返至广州。次日，黄埔军校教育长邓演达谓："3月20日镇压中山舰及缴俄顾问卫队械事，疑近于反革命行动。"蒋"正色厉声"，以"革命党应事事以革命行动出之"作答；并说"如他人为之，则为反革命，而以余与总理为之，则无论何人，应认为革命应取之态度。"①还说要"改正党代表制"，理由是：首创者有"废除之权"。由此可见，从虎门回来后，蒋的言语与气势，已经完全没有十天之前那十分"沮丧"、"自请处分"的味道。

这时，汪精卫仍在广州，随时可以销假复职，这是蒋不乐与闻的。为此，蒋十分注意窥测汪的动向，极力堵塞汪的再出。

蒋还在虎门时，《广州民国日报》于3月29日登出了《汪主席最近之病状》一文，谓汪"胃甚强，能安睡，精神亦佳，大约十天之内，便可痊愈。"这显然是制造汪要销假复职的舆论。4月7日，《广州民国日报》又登出了一篇同一题目的文章，文中说：据秘书曾仲鸣说，"其病已有向愈之希望"，"病势日就减轻"，"斯为可慰耳"，"医生仍禁见客"，云云。②也就在这一天，张静江访蒋，告诉蒋说："倾接精卫函，似有欲出意。"这是汪放出的准备复职的风声。

---

① 《蒋介石年谱初稿》，档案出版社1993年版，第553页。
② 《汪主席最近之病状》，《广州民国日报》1926年4月7日。

蒋对此极为警觉。在4月7日的"日记"上,蒋写道:(汪)"似有急急出来之意,乃知其尚欲为某派所利用,不惜党国之败坏也。"为此,蒋即于4月8日与张静江、谭延闿、朱培德、宋子文聚谈。所谈之内容,《蒋介石年谱初稿》表述为"会商大局,及请汪复出事"。① 而从事态的发展看,"请汪复出"四字是要打个问号的。

4月9日,蒋介石致函汪精卫,将其心中对汪的忌恨,全盘托出。主要内容有三点:一是指责汪间离"青军会"、"孙会"的关系。盖前时汪对两"会"干部训话中,有"土耳其革命成功乃杀共产党;中国革命未成,又欲杀共产党乎"一语,蒋说"此语是引起共产党与各军官之恶感,无异使本军本校自相残杀也。"二是指责汪在俄人欲排蒋离粤时,"竟顺其(季山嘉)意而赞成之,惟恐不惶。""恐触其(季)怒,反催弟(蒋)速行。"三是指责汪、季擅减军校经费,积压第一军军饷,以第七军军长的位置,诱王懋功叛离。而当蒋提出辞职后,汪既不批准,又留中不发。② 蒋的这一封信,是对前日汪表示"欲出"的快速回应,措词严厉。故昨日蒋等人所谓"请汪复出",实应解读为"阻汪复出"。

这一段时间,蒋接连在各种不同场合反复说:"我要讲也不能讲","因为这种内容太离奇太复杂了,万万所想不到的事情,都在这革命史上表现出来";"我因为这全部经过的事情,决不能统统讲出来,且不忍讲的";"还有很多说不出的痛苦,还是不能任意的说明";"今天还有我不忍说的话,我只有我个人知道"。这些话,均是针对汪而说的,是不点名的讨汪之言论。

---

① 《蒋介石年谱初稿》,档案出版社1993年版,第559页。
② 《蒋介石致汪精卫书》(1926年4月9日),引自蒋永敬:《国民党兴衰史》,台湾商务印书馆2009年版,第190—192页。

4月15日，张静江、谭延闿、朱培德到黄埔蒋的住处谈话，谈话的内容是"改选主席事"。蒋的"日记"写道："余赞成之"。他们私下密议了一宗关乎汪的前途命运的事件。16日下午，蒋由黄埔军校返至广州市内，与张静江、朱培德、谭延闿、李济深"商议改选主席事"。经过一番策划之后，于即日下午4时赴国民政府召开联席会议。

4月16日之"联席会议"，性质非同一般。4月17日，《广州民国日报》以《昨日国民政府开军事政治两委员会联席会议》为题，对会议的情况作了简要报道：

查是日与会者，有蒋中正、谭延闿、朱培德、李济深、伍朝枢、宋子文、古应芬，甘乃光等军政重要人，内容异常严重，直至7时半始散会。闻是日议决要案：（一）在汪主席病假期内，公推蒋中正为军事委员会主席，谭延闿为政治委员会主席。（二）对于此次北方政变，发表对内对外宣言。（略）①

关于这个会议的名称，《广州民国日报》的报道称之为"军事政治两委员会联席会议"；而《蒋介石年谱初稿》称之为"中央党部国民政府联席会议"；②台湾出版的《中华民国史事纪要》一书，也写作"中国国民党中央执行委员会与国民政府联席会议"。③如上所述，这是15日张静江与蒋、谭、朱三位军事将领事先（开会之前增加了李济深）所策划的会议，参会者的8人之中，蒋、谭、朱、李是手握军权者，当时在广州的国民政府委员、国民党中央执行委员汪精卫、林祖涵、陈公博、杨匏安、彭泽民、

---

① 《昨日国民政府开军事政治两委员会联席会议》，《广州民国日报》1926年4月17日。

② 《蒋介石年谱初稿》，档案出版社1993年版，第569页。

③ 中华民国史事纪要编辑委员会：《中华民国史事纪要》（1926年1月至7月），中华民国史料研究中心1975年印，第341页。

何香凝以及这一期间经常出席国民党中央党部常务会议的中央候补执行委员毛泽东、许甦魂、邓演达、邓颖超、陈其瑗等，均未参加会议。故这个"联席"会议，参会者是经过选择的，会议的召开，并非符合程序的操作。这个会议，是汪精卫仍然在广州、"病势日就减轻"、并有"欲出"表示的情况下，让汪缺席而决定"改选主席"这一重大问题的会议，实际上向汪夺权的会议。《广州民国日报》报道说"内容异常严重"，此非言过其实，故意夸张。

汪精卫对这件事的反映，是迅速的和明确的。4月21日下午，蒋"见军事委员主席汪皓电，颇为骇异"。并说"政治症结与危象，洵难臆测也"。①"皓电"即18日（"改选主席"会议消息见报之次日）所发之电，让蒋"颇为骇异"者，应当是汪这时仍然亮出他的"军事委员会主席"的招牌，这表明汪并不承认16日的"改选"为有效。

为此，4月21日之夜，在送别退出第一军的党代表和共产党员的晚宴上，蒋发表了长篇讲话，不点名地对汪作全面的指责和攻击，将4月9日致汪函中所列出的汪阻碍北伐、逼蒋赴俄、间离两"会"、诱王（懋功）叛离等，化为口语公之于众。而最为值得注意的，是这篇讲话第一次公开讲了"劫持"的问题："想要劫我到中山舰上，强逼我去海参崴"。前文已说过，此事乃子虚乌有，经过反复折腾，查不到证据。蒋此时将这一明知是谗言与谎话再端出来，是要制造"爆炸性"听闻，其急于堵绝汪的出路的用心，可谓一目了然。

4月底，鲍罗廷返回广州，随之与蒋订"君子协定"，基本点是联蒋。汪无力反制于蒋，又失势于俄人，其结果只有黯然离

---

① 《蒋介石年谱初稿》，档案出版社1993年版，第569页。"皓电"内容未详。

开广州。

　　总而言之，在中山舰事件中，蒋介石将他对汪精卫的猜忌和怨恨，诉诸武力，发动了一场震惊中外的军事行动。蒋的棍子虽然打在共产党员的身上，锋芒实际对准了汪精卫。对此，历来不乏明眼人，如谭延闿当时就对陈公博说："什么[反对]共产党，这是介石反对汪先生罢了！"① 然而，长期以来确有不少人为其表象所迷惑，摸不着北，对此议论纷纷，莫衷一是。谜底，是蒋介石自己拆穿的。1926年秋北伐战争开始后，广州等地刮起大规模的"迎汪"风潮，要把在中山舰事件中离职远走的汪精卫"迎"回来。9月间，当"迎汪"呼声节节高涨时，蒋在武昌城下的李家桥，对加伦、蒋先云（当时蒋的秘书）等人讲过一段话，据蒋先云转述："……他（蒋）并说去年三月二十日事件，并不是国民党与共产党之斗争，乃是他与汪精卫之斗争。"② 当时在李家桥前线的邓演达、陈铭枢、陈公博等，也听蒋讲过类似的话。③ 可见，对中山舰事件的逼汪实质，蒋介石早有明晰的自我解读。

　　纵观中山舰事件的经过，蒋从铤而走险开始，到全面得手而告终。这一事件的性质，从黄埔军校、国民革命军来说，是校长、军事首长驱逐党代表的行为；从国民政府来说，是军方驱逐政府首脑的行为。汪其人实无足道者，而蒋之拥兵自重，以"军权"抵制"党权"的作为，则不会因此而扭曲为直。这一事变深刻影响着黄埔军校、国民革命军和国民党此后的走向。在黄埔军校的历史上，这是个带关键性之节点。

---

① 陈公博：《苦笑录》，东方出版社2004年版，第42页。
② 《中央军校各期学生昨日举行讨蒋大会》，《汉口民国日报》1927年4月23日，广东革命历史博物馆编：《黄埔军校史料》，广东人民出版社1982年版，第484页。
③ 陈公博：《苦笑录》，东方出版社2004年版，第44—45页。

北伐"迎汪"运动

"迎汪"问题的提出

北伐战争前期，当国民革命军第四军、第七军、第八军一路顺利，沿途革命民众运动迅猛发展时，身为北伐军总司令的蒋介石，在军事和政治上，却遭受不少挫折，遇到了一些新的挑战。综合来说，这些情况主要是：

（一）北伐开始时，蒋介石极力扩张个人的实力，排斥异己，但是遭到了各军、各派的抵制。当时中共中央的文件说："于是党权、政权、军权皆集中于总司令一身，蒋所在地，就是国民党中央所在地，国民政府所在地；蒋就是国民党，蒋就是国民政府，威福之甚，过于中山为大元帅时。蒋之中派分子，系以浙江人及黄埔系组成，现时党中、军中、政府机关以至广东大学握重权者，多此两系分子，大遭各派各军之忌。"①

（二）蒋亲率的部队在两湖、江西战场上，遭受了一系列的挫折。随蒋介石参加北伐的是国民革命第一军第一师（师长王柏龄）和第二师（师长刘峙）。这是在中山舰事件后排除了共产党员的部队。这两个师在北伐中军纪荡然，战斗力锐减，在两湖出尽"洋相"，在江西遇敌即溃，吃了败仗。蒋介石对此无法加以

---

① 《中央局关于最近全国政治情形与党的发展的报告》（1926 年 9 月 20 日），中央档案馆编：《中共中央文件选集》第 2 册，中共中央党校出版社 1983 年版，第 242—245 页。

掩饰，承认说："此次出师，第一、第二师成绩皆不良。"①并多次斥责这两个师的官长。北伐前期迅速崛起的是唐生智的第八军、李宗仁的第七军和李济深（陈可钰率）的第四军。两湖的军事、政治和群众运动，蒋均插不上手。

（三）北伐开始后，代理国民党中央常委主席、负责留守广州的张静江，滥施国民党中央和国民政府的权力，打击共产党员和左派，压制工农运动，庇护工贼，并借"北伐"巧立名目，加重人民负担，因而引起了广州市民的反感和抗议，被称为"昏庸老朽，腐败无能"。

（四）因前方失利，后院起火，蒋之名声"一落千丈"。广州地区郁积着的一股反蒋情绪，因之逐渐浮现，并日益申张开来。何香凝、宋子文、甘乃光、陈友仁等首先发出不平之鸣，他们"不满于现状，要求有所改变"，要恢复左派在政治上的指导权。出于对蒋介石的权力扩张的不满，第四军军长、黄埔军校副校长李济深也站到蒋的对立面，"常常恭维向报（指中共中央刊物《向导》）的议论。"②

在上述情况下，蒋介石一度求助于中共中央。"蒋介石派胡公冕（黄埔教官、北伐军总政治部政治大队长、中共党员）同志来上海见仲甫（陈独秀）"；"派人请仲甫及伍廷康（维经斯基）同志赴汉"；"盖自知地位之危险，仍望我们能援助他。"③"蒋入长沙后，见军事政治全在唐生智手，民众力量全在 C.P. 手，

---

① 《蒋介石年谱初稿》，档案出版社 1993 年版，第 709 页。

② 《瞿秋白由粤回来报告》（1926 年 9 月），《广东区党、团研究史料》，广东人民出版社 1983 年版，第 415 页。

③ 《中央给广东信》（1926 年 9 月 26 日），中央档案馆编：《中共中央文件选集》第 2 册，中共中央党校出版社 1983 年版，第 261 页。

遂向我们及俄同志表示请维持一军，维持黄埔，维持蒋之总司令威信，招致已经退出一军之 C.P. 分子回去工作"。① 很显然，在遇到麻烦的时候，蒋希望共产党人能伸出援手，帮助他走出困境。

当时，由于种种原因，国民革命营垒中各种人士对蒋的对立和抵制，要通过某种迂回曲折的形式来进行，即以怀念过去来表达对蒋系掌权的不满，以召回旧人来约束和抵制蒋的势力。"迎汪"的口号，应时而响起。所谓"迎汪"，是欢迎在中山舰事件中被逼离职的国民党中央政治委员会主席、国民政府主席、军事委员会主席汪精卫从海外归来，销假复职，重新主持国民党中央和国民政府的工作。这是广州各界非蒋派人士在蒋掌权后抑郁心理的引发，实际上是对"中山舰事件"、"整理党务案"的变相抵制和否定。此前，国民党中央海外部长彭泽民已于 5 月下旬提出"慰问汪精卫、请汪销假"的提议。这是"迎汪"的先声。随后，江苏、安徽、湖北、广西等省党部陆续发出"请汪复职"的通电，各地有关的提案、信函或电报，不断传至广州。

是年 7 月 16 日，汪精卫从海外寄回了一封信，主动要求恢复工作。这封信于 8 月下旬寄达广州，全文如下：

中央执行委员会常务委员会公鉴：兹奉五月二十日手示，敬悉一切。前因病请假，幸蒙许可，原期早日调理就痊，照旧奉职，嗣因病势非旦夕可愈，而所任各职，关系重大，又未便久悬，故不敢不提出辞职。兹奉否决并暂准假休养，深感待遇之宽，及责望之殷。惟弟自念献身革命事业，一切畏难卸责之思想，固不容

① 《中央局关于最近全国政治情形与党的发展的报告》（1926 年 9 月 20 日），中央档案馆编：《中共中央文件选集》第 2 册，中共中央党校出版社 1983 年版，第 240、第 245、第 261 页。

存于胸中，而担负与能力之是否相称，则不能不有所度量。盖不量力而偾事，与畏难而卸责，其咎维均。一年以来，弟之不能胜任国民政府委员会军事委员会及政治委员会等职，至三月间而至显明。弟即使病愈勉强复职，于政治、军事有害而无利，弟个人不足惜，诚不愿政治、军事之进步为之阻滞也。兹尚在给假休养期间，再申前情。伏祈允准辞去政治委员会、国民政府委员会、军事委员会诸职，俾弟销假以后或在粤、或在别处为党服务，一切危难均不敢辞。耿耿至诚，惟祈监察。专此敬请公安，汪精卫复。7月16日。①

　　蒋介石在国民党内和国民革命军内，本来不是什么一致归心的人物。蒋之上台，只是他以非正当的手段、走非程序的小道打拼的结果，而不说明他已为多数人所接受。在许多国民党人的心目中，蒋是一颗骤然上升的不祥之星。他的多疑、狡诈、冷酷的性格以及野心勃勃、锋芒毕露的气派，早在不少人士当中引起了不安。在反蒋情绪日益张扬的情况下，汪从海外寄来的自请复职的信，在广州各界引起很大反响。经何香凝等人提议，《广州民国日报》于8月25日公布了汪的来信，随后又刊出《汪精卫先生病状近闻》，谓汪患糖尿病、慢性盲肠炎等，"非无故放弃其职位也"。广州各机关、社团，全省、全国各地和海外国民党党部"迎汪"的呼声，一浪高于一浪。黄埔军校也以"全体党员"名义，发出《请汪党代表销假电》。请汪销假，迎汪复职，很快变成了一场"运动"。

---

　　① 汪精卫：《致国民党中央常务委员会函》（1926年7月16日），《广州民国日报》1926年8月25日。

广州联席会议与"迎汪"复职

1926年7月中旬，中共中央在上海举行四届三中（扩大）全会。会议认为："中山舰事件"和"整理党务案"后，在广东掌握政权者为"武装的中派"，此时的广州政府是"中派政权"。这时，陈独秀再次提出共产党员应退出国民党，力图拓展党的独立性，但为共产国际所否定。在这种情况下，上海会议确定的处理国共关系的方针，是反对"共产党应当与国民党完全脱离组织上的关系"，也反对"共产派应当包办国民党"，而主张"联合左派并中派，向反动的右派进攻"。会议并强调"共产派"必须与左派分开，"只能扶助左派而不能代替左派；只能联合左派控制中派使之左倾，而不能希图消灭中派。"① 按《中央政治报告》的解释，左派是指汪精卫、甘乃光；中派即新右派，指戴季陶、蒋介石；右派指李福林、冯自由等。上海会议主要的精神，是扶助左派，控制中派使之左倾，打击右派。

是年七八月间，已经成为北伐后方基地的广州，环境复杂，斗争尖锐。在蒋介石的远程操纵之下，张静江等公开压制工农运动，打击革命分子，制造反共气氛。在这种情况下，黄埔军校于八月间以"中央军事政治学校全体党员"的名义，发出了《请汪党代表销假电》。后来，《黄埔日刊》还出版"迎汪"专号，并发表《促汪销假复职宣传大纲》。作为蒋的"发迹"之地的黄埔军校，在"迎汪"中起了领先的作用。张静江、叶楚伧对此十分

---

① 《中央局关于最近全国政治情形与党的发展的报告》（1926年9月20日），中央档案馆编：《中共中央文件选集》第2册，中共中央党校出版社1983年版，第116页。

恐慌，蒋介石尤其不能容忍，认为"迎汪"就是"倒蒋"，就是捣乱后方，故当他在江西北伐前线听到有关的消息后，立即电示黄埔四期生，谓"迎汪比倒蒋还坏"，"中正必辞却一切以达诸位倒蒋目的也"。①然而"迎汪"气氛并不因蒋持反对态度而有所减缓，反而越来越强烈。国民党的许多上层人物都赞成"迎汪"，连黄埔军校教育长方鼎英也发表了《刻不容缓之汪党代表销假复职问题》的文章。②

起初，中共广东区委和鲍罗廷"认为现时军事上及各方面均无准备，若做得太早则中派必先尽除左派，汪回来亦无用"，故不太主张"迎汪"。但陈独秀则认为：通过帮助汪精卫复职，可以达到扶助国民党左派，造成左派核心的目的，因而赞成"迎汪"。当时蒋介石派人见陈独秀，"请 C.P. 勿赞成汪回"，理由是汪回来后将为小军阀利用，同他捣乱，从而分散国民革命势力。陈此时明确答复说："我们赞成汪回"。然而，陈独秀却又担心因迎汪而刺激蒋介石，因此又主张既迎汪，又拉蒋，促成汪、蒋之间的"合作"。9月和10月间，中共中央按照"迎汪复职、蒋汪合作"的方针，连续给中共广东区委发出了一系列指示信，要求慎重做好"迎汪"的宣传、组织和其他有关的工作。

1926年10月15日至26日，国民党中央执行委员暨各省、各特别区、市、海外各总支部代表联席会议在广州召开（广州联席会议）。出席会议的中央委员34人，各地党部代表52人，其中有宋庆龄、何香凝、张静江、谭延闿、戴季陶、李济深、邓泽如、徐谦、陈友仁、孙科，以及吴玉章、恽代英、于树德、毛泽东、

① 王一飞致中共中央函（1926年11月13日），《王一飞传略文存》，中共党史出版社1988年版，第86页。
② 方鼎英：《刻不容缓之汪党代表销假复职问题》，《黄埔日刊》1927年3月23日。

邓颖超、杨匏安、许甦魂、宣中华、谢晋、江浩等。谭延闿、徐谦、张静江、宋庆龄、吴玉章为主席团成员。

会议召开之前，蒋介石曾布置张静江抵制迎汪，声称他的主席的地位"决不能动"。张静江说："请汪复职，不啻拥汪倒蒋，余誓以去就争。"张还"申言（迎汪）系个人的事，不用过于张皇"，甚至"扬言提出欢迎胡汉民以为抵制"。10月18日，江苏、上海、安徽、浙江4个党部联名提出《请汪精卫销假复职案》，山西、山东等25个党部附署。迎汪的问题，终于不可阻挡地在广州联席会议上提出。

"迎汪"议案提出之后，张静江仍以"不知何处可以寻汪"为辞，反对派代表出国迎接汪精卫。① 只是在不得已的情况下，他才公布了蒋10月3日发来的请汪"从速销假，共肩党国巨任"的电报。

由于出席会议的共产党员和国民党左派人士团结一致，"每日会商一切"，终于使《请汪精卫销假复职案》全票通过。会议为此发表通电及致各级党部函："联席会议为革命之利益，念党国之前途，察同志之仰望，因于本月十八日一致决议，请汪同志销假复职。"② 并向汪精卫本人发出通电，请他"即日命驾回粤"。

联席会议还通过了国民政府发展案、中国国民党最近政纲案、民团问题案、执行本党纪律及肃清反动分子案、请办沈鸿慈案等。

10月广州联席会议通过的迎汪决议案，是中共中央指导方针的体现，基本的精神是"迎汪"和蒋，希望促成蒋、汪之间的"合

---

① 《K.M.T.中央地方联席会议经过情形》，《广东区党、团研究史料》，广东人民出版社1983年版，第466页。

② 荣孟源主编：《中国国民党历次代表大会及中央全会资料》，光明日报出版社1985年版，第278页。

作"。会议发给各级党部的通告写明:"蒋介石督师前方,党务、政治任务繁重,汪同志亟宜销假,共同负责。"会议给汪精卫的电报也说明之所以请他回来是要他同蒋"共肩党国巨任"。在通过"迎汪"案的同时,会议还通过《电慰蒋总司令决议案》,向蒋解释"因工作之扩大,筹画之需人,特决议促汪精卫同志销假,与执事共负党政重责。"①可见联席会议一方面迎汪,一方面拉蒋,企图使"迎汪"不触及蒋的利益,不引起蒋的反对,并达到促成蒋、汪合作的目的。

"迎汪"运动的第一个回合产生这样的结果不是偶然的,这是因为:

(一)当时广东各地虽有强烈的反蒋气氛,但由于北伐战争还处在初起阶段,前方战事正在激烈进行,这就使得北伐营垒中各种对蒋介石持有不满和反对态度的人都不能不对他们的言行作了克制或约束。试图用一种折中的办法,在不打乱国民党政治秩序的情况下来提出"迎汪"的问题。

(二)北伐开始后,国民党左派不满现状,要求恢复左派在政治上的指导权,"起来自负其责,直接与右派斗争"。当时,他们的群众基础虽然有所扩大,但他们迫切需要解决的问题却在于"无有力的领袖",因而急于请汪回任。由于他们本身力量的不足,同时由于广州仍是蒋系势力控制的地方,他们因此也缺乏公开与蒋对垒的决心和勇气。这就形成了"迎汪的空气非常浓厚",但却"没有明显的反蒋"的格局。②

(三)1926年7月,中共中央扩大会议确定对国民党的政策

---

① 荣孟源主编:《中国国民党历次代表大会及中央全会资料》,光明日报出版社1985年版,第278页。

② 《广东区党、团研究史料》,广东人民出版社1983年版,第414—417页。

是"只能扶助左派而不能代替左派；只能联合左派控制中派使之左倾，而不能希图消灭中派。"基于这种认识，中共中央对"迎汪"所产生的政治问题，从一开始就是十分谨慎的。一方面从巩固广东、造就一个左派核心着想，赞成"将党权和军权分开，请汪精卫回粤，党权交与汪精卫"。另一方面又从北伐需要着想，不希望因"迎汪"而加剧蒋、汪之间的矛盾，以导致蒋"离开北伐前线"。这样，陈独秀等人就在"迎汪"的同时极力拉蒋，极力将"迎汪"作出对蒋无害的解释。陈独秀对蒋派来的使者说明"迎汪"的好处是：第一、可以增加国民政府的力量；第二、可以缓和蒋与各种实力派的矛盾冲突；第三、可望整顿广东政治。陈还担心一旦少了蒋介石，继蒋而起者也未必"可靠"。中共中央一开始就强调"迎汪"必须在得到蒋的赞同的情况下才能提出来，并对"迎汪"运动作了严格的限制：一是蒋汪合作，不是"迎汪"倒蒋；二是维护蒋的总司令地位，不许别的军人拥汪倒蒋；三是不推翻"整理党务案"。中共中央的这种态度，给"迎汪"定了基调。

（四）蒋介石的本意是反对汪精卫回国的，但由于种种原因，他不得不表示"赞同"汪精卫复出。这主要是"迎汪"的呼声太高，不仅前方将士、后方民众、各级党部的函电纷至沓来；而且如李济深一类人物，也亮出"迎汪"的招牌"向蒋进攻"。同时，也由于蒋在前方处于不利的形势。当时唐生智先占长沙而得湘，后克阳夏而据鄂，实力骤增，大有取蒋而代之势。而蒋亲率的部队在前线纪律荡然，遇敌即溃，使他的名声一落千丈。在这种情况下，蒋不得不发出"赞成"迎汪的通电。蒋的这一通电当然并非出于真心，但"迎汪"既得到他公开的赞同，那么"迎汪"运动也就不可能一开始就以抑蒋或反蒋的姿态出现了。

"迎汪"运动的第一回合在一定程度上抵制了蒋介石的军事

独裁，打破了自"中山舰事件"和"整理党务案"以来的沉闷空气，然而运动的指导者却未能因势利导，而只是一厢情愿，从良好的愿望出发，用严格的自我限制、自我束缚的措施去安蒋氏之心，对蒋一味迁就和退让，未能抓住他的弱点开展斗争，结果，不但未能抑制蒋的政治野心、军事实力的扩张，而且使整个斗争形势变得更为尖锐复杂。

迁都之争与"迎汪"抑蒋

广州10月联席会议虽然作出"迎汪"复职的决议，蒋介石也"赞同"迎汪，但问题并没有解决，"迎汪"运动继而以新的形式，在更大范围内持续开展。

国民革命军占领武汉后，武汉逐渐成为全国国民革命的中心。两湖工农运动迅猛发展，革命力量日益壮大，国民党左派和共产党人的势力在武汉居于优势。到1926年底，武汉工会组织发展到三百多个，工会会员达30万人；34个县建立了农会，农会会员人数也将近三十万人。

北伐军攻克武昌后，两湖战事遂告结束，北伐的重心移到了江西。这时，北伐战争的形势发生了重大的变化。蒋介石将他的嫡系部队布置于江西、福建一带，到处收编地方军阀部队，扩充个人实力，抢占地盘，干涉地方行政。北伐军占领南昌（11月8日）后，蒋摆脱了北伐初期他所陷入的被动地位，走出了困境，野心顿时膨胀，要将南昌变成同武汉对峙的另一个中心。这说明随着北伐战争的进展，国民革命营垒内部的分化将更为尖锐和激烈；说明蒋在军事独裁的道路上，将越走越远。广州联席会议所作的"迎汪"复职、蒋汪合作的决定，只成为一厢情愿的东西，对蒋根本不起作用。这样，"迎汪"运动便由汪蒋合作变成为"迎汪"抑蒋。

"迎汪"抑蒋，就是以汪精卫来抑制蒋介石，压制他的军事独裁，抵制其权力扩张。这主要是围绕着"迁都"问题而展开的。

1926年10月22日，针对广州联席会议关于国民政府仍暂设广州的决定，蒋介石曾发出通电，明确提出要将国民政府和国民党中央党部迁至武汉。蒋的这一通电，包含有阻汪回任的意图。11月8日，在武汉革命中心形成的情况下，国民党中央政治会议为"适应革命时势之要求"，决定广州国民政府和国民党中央党部迁往武汉。这一决定反映了国民党中央欲改变偏安广州之一隅，"到武汉适中地点去指导全国"的要求；在反蒋势力来说，也包含有"逼蒋"和给右派"一个下马威，使他们有所顾忌"的目的。12月3日，《广州民国日报》发表《中央军人部对中央党部国民政府迁移武汉宣传大纲》，阐明中央党部和国民政府迁汉的意义。

从11月16日起，在粤中央委员和政府委员分两批北迁。先行赴汉的宋庆龄、陈友仁、徐谦、孙科、宋子文、鲍罗廷等，于是日从广州起程，23日到达江西南康，12月2日到南昌。是月4日，宋庆龄等与蒋介石同赴庐山，次日召开了由在此地的政府各委员暨前敌各军军长、师长参加的庐山牯岭会议，讨论了财政、军事、迁都和"迎汪"等问题，制定了收复东南军事之实施计划，提出了统一财政方案，认为国民政府应早日迁武汉，敦请汪精卫回国，担任政府首脑，蒋介石均表赞成。会后，蒋仍返南昌，各委员往武汉。国民党中央和国民政府于本月7日停止在广州办公。赴汉各委员于12日到达汉口，受到武汉三镇民众热烈欢迎。

鉴于广州党、政各部门已经停止办公，而政治、军事等问题急需解决，第一批抵汉之中央执行委员、政府委员及有关方面代表于13日召开谈话会，认为有设一临时机构的必要，遂决定将谈话会改为中央执行委员会、国民政府委员会临时联席会议（武汉中央联席会议），在中央委员会政治委员会未在鄂开会前，代行最高职权，作为处理重要问题之机关。出席人员，以中央执行委员、国民政府委员及湖北省政务委员会主席、汉口市特别党部、湖北省党部各一人为限。组成人员有徐谦、孙科、宋子文、陈友仁、鲍罗廷、宋庆龄、邓演达、吴玉章、王法勤、唐生智、詹大悲、董用威（必武）、于树德、柏文蔚、蒋作宾等；以徐谦为主席，鲍罗廷为总顾问，叶楚伧为秘书长。当中央临时联席会议在武汉成立时，蒋介石"来电赞成并且致贺"。①

由谭延闿、顾孟余、何香凝、彭泽民、丁惟汾等组成的第二批北上人员，从 12 月 11 日起从广州出发，随行人员达数百人。到韶关后，中央各部职员取道湖南；谭延闿及各部长则取道江西赣州，于 12 月 31 日到达南昌。武汉中央临时联席会议闻讯第二批两委委员已到达南昌，便宣布从 1927 年 1 月 1 日起正式在武汉办公，同时决定将于 3 月 1 日在武汉召开国民党第二届中央执行委员会第三次全体会议。历时一个月左右的中央机关迁移工作接近完成。

这时，蒋介石截留第二批由粤赴汉的两委委员谭延闿等十多人于南昌，于 1 月 3 日召开"中央临时政治会议"，不顾一些与会者的反对，决定将国民党中央、国民政府设于南昌，计划在"定夺东南"后再迁至南京；并决定将于 3 月 1 日在南昌召开国民党二届三中全会，声言此举是出于"政治军事顺利发展之需要"。从而挑起一场"迁都之争"。

---

① 荣孟源主编：《中国国民党历次代表大会及中央全会资料》，光明日报出版社 1985 年版，第 300 页。

1月6日，徐谦、宋庆龄、孙科、陈友仁等致电南昌，坚持"中央党部及国民政府宜照已定策略来鄂"。次日，武汉联席会议又致电南昌，说明中央机关所在地点"应俟中央执行委员会决定，在未决定时期，武汉政局有维持之必要。"①12日，蒋介石到达武汉，联席会议成员及武汉各界纷纷抵制他的迁都南昌的意见。鲍罗廷说："革命要依靠群众，实行民主，独裁是不行的"。蒋此行之意本来是争取支持者，但他在武汉没达到目的。返回南昌后，他更是一意孤行，继续阻挠在南昌的两委委员赴汉，与武汉方面分庭抗礼。蒋于21日以"政治会议"的名义，22日与张静江联名致电武汉，谓武汉"联席会议无庸继续"，应即成立政治会议武汉分会，齐赴南昌商决中央驻地问题。蒋还说："中央已在南昌开始办公"，武汉联席会议"既为中央停止办公期内之代行最高职权之机关，则名义上应予取消。"随后，蒋又派戴季陶由赣赴汉为之游说。

一贯主张迁都武汉的蒋介石，此时突然提出迁都南昌，显然是想将国民党中央和国民党政府置于他的控制之下，"挟天子以令诸侯"。这是发生于北伐途中的以军制党、以军干政的严重事件。国民党"党权"、"政权"的权威，面临着来自军方实力派的非同寻常的挑战。

蒋介石的专横行径，在国民革命阵营内激起了极大愤慨。武汉联席会议认为，迁都武汉是坚定不移的"既定策略"，不能因蒋的反对而改变。26日，联席会议派何香凝、顾孟余、邓演达赴南昌，敦促蒋介石及在南昌的两委委员来汉。一场以武汉为中心，以反对蒋的篡权和独裁为目标，有广大民众参与的抗争运动广泛

---

① 《武汉临时中央党政联席会议第11次会议》，1926年11月7日。

开展了起来。宋庆龄、徐谦、孙科、陈友仁、吴玉章、于树德、邓演达、董必武、唐生智、张发奎等纷纷发表呼吁定都武汉的通电。共产党人同国民党左派组成行动委员会,在各地组织大规模的民众集会,要求提高党权,反对个人独裁,实现党的民主化,迅速迁都武汉。《汉口民国日报》《汉声周报》等传媒刊登了许多批驳蒋氏的言论,要求对蒋的行为加以制裁,认为如果不这样做的话,"袁世凯必将重见于中国"。1月24日,李大钊代表北京政治分会致电徐谦等,对武汉联席会议予以支持:望"公等力持大计,毅然决议设都武汉,以定人心而安国本,则党国是幸"。

为反对蒋介石的篡权和独裁,革命营垒提出了实行民主、反对独裁、提高"党权"、扶助工农运动的口号。其中心的口号是提高"党权",这是用以抑制蒋的"军权"的。当时,汪精卫作为"党权"的象征而出现,随着"党权"口号的高涨,"迎汪"的口号再次高涨。人们在各种场合、以各种形式,呼吁汪精卫速出。他们致电汪精卫,列举蒋"摧毁党"的种种行为,请汪立即回国。武汉三镇处处贴满了"迎汪"的标语,"请汪复出的函电,如雪片飞来","提高党权的呼声不绝于耳。"[1]人们把汪当作蒋的"克星",把抑制蒋,扭转大局的希望,寄托在汪的身上。大有"斯人不出,如苍生何"的味道。如果说,前一段的"迎汪"是为了促成汪、蒋合作的话,那么这时的"迎汪"就是"迎汪抑蒋",抬出汪精卫来抵制蒋介石。[2]这种情形,虽然暴露了武汉革命营垒的弱点与不足,说明人们并没有找到真正可以制伏蒋的东西,

---

① 荣孟源主编:《中国国民党历次代表大会及中央全会资料》,光明日报出版社1985年版,第300页。

② 《中央局关于全国政治情形及党的策略的报告》(1926年12月5日),中央档案馆编:《中共中央文件选集》第2册,中共中央党校出版社1983年版,第376页。

但作为策略，确实也打到了蒋的痛处，使他一度陷入被动。因为逼汪去职正是蒋的一块政治疮疤，正如中共中央的文件指出：蒋介石"在全国迎汪高潮中，对汪只能有暗斗，而不能有明争，更不至于有武装的冲突。"

在南昌，被蒋滞留的两委委员中有不少人是主张速往武汉的，有的人还冲破阻挠，毅然离赣赴汉，蒋介石陷于孤立。2 月 8 日，在南昌的两委委员议决："中央党部和国民政府迁至武汉"，"中央全体会议俟东南战事告一段落，另定日期召集"。至此，"迁都之争"以蒋的失败而告终。

"党权"与"军权"再较量

当反对蒋介石独裁、篡权的斗争深入开展时，1927 年 3 月10 日至 17 日，中国国民党在汉口召开第二届中央委员会第三次全体会议。

出席三中全会的国民党中央委员共 33 人，多数是国民党左翼人士，并有中共党员恽代英、夏曦、于树德、毛泽东、吴玉章、林伯渠、董必武、许甦魂等。蒋介石对三中全会在武汉的召开作了多番阻挠，最后与张静江、李烈钧拒绝到会。

国民党二届三中全会仍以提高"党权"，反对个人独裁和军事专制为中心。会议坚持国共合作，在《对全体党员的训令》中指出"容纳国内最急进的共产党分子与之亲密合作"。这一训令并以严厉的措辞揭露、斥责蒋介石的独裁行为，其中说：

自北伐军兴，军事、政治、党务之集中个人，愈使政治之设施，不能受党的指导，而只受军事机关之支配。此种制度，弊害甚多，不但使党内之昏庸老朽盘据于内，官僚市侩及一切投机分子乘机而入，因此纵成个人独裁、军事专政之谬误，妨害中央执行委员会在政治上之权威，形成党内投机腐化之倾向。且使军事呈纷争之象，而不能收整齐统一之效。①

三中会议通过了谴责蒋介石的军事独裁，统一国民党的领导权，统一革命势力等一系列决议案。决定"使一切政治、军事、外交、财政等大权，均集中于党"，提高国民党"党权"的权威。在提高"党权"的原则之下，改组国民党中央领导机构，主要措施是：

（一）改选中央常务委员会，以汪精卫、谭廷闿、蒋介石、顾孟余、孙科、谭平山、陈公博、徐谦、吴玉章为委员，依党章不设主席。

（二）改选中央各部部长，汪精卫任组织部长，邓演达任农民部长，顾孟余任宣传部长，陈公博任工人部长，陈其瑗（王法勤）任商人部长，何香凝任妇女部长，彭泽民任海外部长。

（三）新选中央执行委员会军事委员会，由16人组成，采取主席团制，由汪精卫、谭廷闿、蒋介石、唐生智、程潜、邓演达、徐谦组成，实行集体领导。

（四）改选国民党中央政治委员会，宋子文、陈友仁、邓演达、林祖涵、王法勤、宋庆龄当选为政治委员；由这6名政治委员加上9名中央常务委员组成新的中央政治委员会；由汪精卫、谭廷闿、孙科、顾孟余、徐谦、谭平山、宋子文组成中央政治委员会主席团，实行集体领导。

（五）改选国民政府委员会，选出汪精卫、谭廷闿、冯玉祥、谭平山、宋庆龄、吴玉章等28人为委员；孙科、徐谦、汪精卫、

① 荣孟源主编：《中国国民党历次代表大会及中央全会资料》，光明日报出版社1985年版，第313页。

谭延闿、宋子文为常务委员；汪精卫任主席，陈友仁任外交部长，谭平山任农政部长，苏兆征任劳工部长。3 月 11 日，武汉国民政府宣告成立。

三中全会以上的举措，实际上免去了蒋介石的国民党中央常委主席、中央组织部长、国民政府军事委员会主席等项职务。这时，"中山舰事件"已过去一年，这次全会是对蒋制造的"中山舰事件"和"整理党务案"的否定。北伐"迎汪"运动，达到了请汪恢复职务，并削去蒋的部分权力的目的。从整体来看，这是国民政府成立初"统一军政"方针的继续，是将军队纳入党和政府的管治轨道的再一次尝试。

然而，蒋介石并没有收敛他的所作所为。三月下旬，蒋离开南昌往上海，沿途摧残工农运动，屠杀革命者。进入上海后，立即准备将绞杀革命的血腥计划付诸实施。这样，蒋介石终于走到了国民革命的对立面，喊着"打倒军阀"的口号，走进了军阀的行列。革命人民反对蒋的斗争，也从抑制蒋的权力、反对他搞军事独裁，发展成为讨伐已经背叛国民革命，成为新军阀的蒋介石的斗争。

当蒋介石紧锣密鼓策划反共政变的时候，汪精卫于 4 月 1 日回到上海。这时，蒋介石极力要把汪拉到他的一边，在汪回国前就说："查汪精卫同志之复职，中正为主张最力之一人。披肝沥胆，叠电促归。今幸回国有期，群情可慰。"① 汪一回国，蒋即发表《拥汪通电》，其中说："汪主席在党为最忠贞之同志，亦为中正生平最敬爱之师友"；"此后党务政治既已负责有人，后顾无虑，中正唯当专心军旅"；"所有军政民政财政外交诸端，必须在汪主席

---

① 蒋介石：《致中央并答长沙市党部之要电》，国民革命军中央军事政治学校政治部编：《蒋校长最近之言论》，1927 年 5 月 3 日出版，第 28、第 29 页。

指挥之下，完全统一于中央"；"务仰各军官长遵照此意，对于汪主席完全服从，竭诚拥护。"①4月3日至5日，蒋拉汪参加吴稚晖、何应钦、陈果夫、李宗仁、白崇禧等人的秘密会议。很显然，在新的形势下，蒋的态度已由拒汪变成拉汪，企图将昔日的政敌变成今日的伙伴，变成他搞反共清党的同盟者。

这时，武汉革命营垒也加紧做争取汪精卫的工作，当务之急是揭破蒋拉汪的企图，不使汪被蒋利用，阻止蒋汪结盟。鲍罗廷向武汉国民党政治委员会提出："我们要设法使精卫同志不被他们利用"。②武汉地区"迎汪"的呼声不仅比过去高涨，而且包含了要汪认清形势、参加反蒋的意思。《汉口民国日报》的文章说："（汪）亲承总理遗训，经此一发千钧，危机四伏，众望喁喁，民众拥护，救党救国，望慨然复职，策应时艰。"③欢迎之中带有告诫的意味。4月5日，陈独秀、汪精卫"联合宣言"公开发表，"申国共合作之旨"，宣称将"建立一个各被压迫阶级的民主独裁来对付反革命"。从陈独秀来说有拉汪反蒋之意，从汪来说则是他从国外回来后的首次政治亮相。4月6日，汪离沪赴汉，用他的行动揭示了一场尖锐的政治角逐的分晓。

汪精卫当时离沪赴汉不是偶然的。（一）武汉方面一直以汪为政治领袖，武汉国民党中央和国民政府的重要人物大多是拥汪的，共产国际和共产党人也认为汪是左派领袖。汪到武汉可以重掌大权，与蒋争雄天下。相反，如果留在上海，他势必失去最有力的政治支持而成为蒋的附庸。（二）武汉当时仍然是革命中心，

---

① 蒋介石：《拥汪通电》（1927年4月3日），引自司马璐：《中共党史暨文献选粹》第五部，第10页。

② 《鲍罗廷在中国的有关资料》，中国社会科学出版社1983年版，第200页。

③ 《汉口民国日报》1927年4月3日。

与上海的对立虽然一触即发，但武汉地区工农革命力量仍很大。他可以借助于这种形势，重登权力之巅。（三）汪蒋矛盾很深，积怨很多，汪深知蒋之为人，知道蒋在"拥汪通电"中的话不过是一堆假话，最后仍会被蒋一巴掌打下去。所有这些，都促使汪不得不离蒋而去，到武汉作新的政治投机。

到汉之初，汪精卫仍以"左"的面目出现，公开表示坚持国共合作，继续北伐。4 月 12 日蒋介石发动反共清党后，汪先是发出斥蒋通电，接着又于 17 日以国民党中央常委和国民政府主席的身份，主持开除蒋的党籍，免去其本兼各职，以反革命罪缉拿查办。随后，汪还委冯玉祥为北伐军总司令，唐生智为副总司令，继续北伐。武汉国民政府还授权张发奎率第四军、第十一军准备东征讨蒋。

然而，此时国民革命的失败已成定局，武汉讨蒋"高涨"的形势，只不过是大革命失败的一种回光返照。而汪这时种种慷慨激昂的表演，也不过是他动摇、走向反动及同蒋合流的前奏曲。持续多时，举世瞩目的"迎汪"运动，至此降下了帷幕。

几 点 认 识

北伐时期蒋、汪关系的纠结，是"中山舰事件"以来蒋、汪权力角逐的继续。蒋以制造"中山舰事件"而逼汪去职，又通过"整理党务案"而进一步实现了以蒋代汪，这样一来蒋不仅缺乏足够的正统性依据，北伐初期蒋在两湖江西所身陷的困境，也说明蒋的资源有所不足。然而，说到"迎汪"运动，虽然从表层看是对"中山舰事件"和"整理党务案"的否定，却不是单纯的蒋、汪之间的利害冲突。这里虽有汪主动要求复职、以求东山再起的因素，但运动的主体却是共产党人、左翼国民党人及其所掌握的广大民众。从"迎汪"复职、"迎汪"抑蒋到"迎汪"讨蒋,动员面十分广泛,参与的人数也相当多,高潮一个接着一个,场面煞是壮观。这场反对蒋介石独裁的运动,却以形成蒋介石集团的独裁局面而告终,其结局是耐人寻味的。

(一)北伐开始时,对处理国共关系,中共中央确定采取"联合左派并中派,向反动的右派进攻";"联合左派控制中派使之左倾,而不能希图消灭中派"的政策。所谓"中派",或"武装的中派",指的就是蒋介石。这时,将"迎汪"作为策略,即作为"控制中派使之左倾"的策略,应是较为合乎理性的选择。正如中共中央所判断:蒋对此只能暗斗,不能明争,更不至于有武装的冲突。然而,"迎汪"运动的指导方面对蒋的本质存在模糊认识,对他在北伐中的作用估计过高,特别是害怕一不小心,使蒋翻脸而去,从而影响北伐的大局。这样,他们就对"迎汪"作了种种自我限制。陈独秀一开始就强调:"('迎汪')虽成为前方将领后方民众的一致呼声,明知蒋无力反对,然而我们还是先得蒋有一表示方发动。"陈并主动以不推翻"整理党务案"、维护蒋的地位及帮助蒋发展为条件,去换取蒋对"迎汪"的赞同。①这是捆自己的手脚,求蒋氏之安心。他们对"联蒋"、"和蒋"显得主动、热衷和积极,在很长一段时间内把"迎汪"限定在促成汪蒋合作和促蒋左转的范围内,而不想越此雷池一步;而对抑制蒋介石的权力扩张,则处处显得被动和软弱,为蒋的态度所左右,让他牵着鼻子走。对蒋委曲求全的结果,不但不能"控制"蒋使之左倾,反而使蒋在独裁扩张的道路上越走越远。

---

① 《中央局关于全国政治情形及党的策略的报告》(1926年12月5日),中央档案馆编:《中共中央文件选集》第2册,中共中央党校出版社1983年版,第376页。

（二）指导方面对汪精卫其人，也缺乏正确的认识。主要表现为将汪理想化、定型化，没有看到他过去与现在的区别、表面与本质的区别，结果将策略上的"迎汪"搞成政治上的崇汪和拥汪，犯了方向性的错误。"中山舰事件"后，身为国民政府主席和军事委员会主席的汪精卫，屈服于蒋的军事压力而消极隐退，这表明作为资产阶级的政治代表，汪是软弱无力的，表明了他的历史作用已经完结。另一方面，汪政治上的所作所为带有极大投机性和强烈的领袖欲，对共产党和人民群众，在本质上是对立的。指导方面看不到中国阶级关系的复杂性，用僵化的、一成不变的眼光去看待昔日的同盟者，忽视汪在"中山舰事件"前后的变化，忽视了表面现象背后的本质问题，不恰当地抬高了汪的地位和作用。他们不是把"迎汪"作为动员争取群众、发展革命运动的策略手段，而是把扶汪复职当作解决中国革命问题、挽救革命危机的灵丹妙药，以为汪一旦重新上台，一切问题就会迎刃而解。这样，他们就把胜利的希望寄托在汪一人身上，这就不可能将革命引上正确的道路。

（三）蒋介石在北伐中以"军权"抵制、抗拒"党权"的所作所为，是军方对革命党、革命政府的权威的严重挑战。面对着实力日益扩张的蒋介石，无论是鲍罗廷还是汪精卫，这时都已经拿不出什么可以制衡、约束他的资源。中共中央提出的"控制"蒋而使之左倾的政策，只有到工农商学运动中和北伐军的新兴力量中，才能找到落实的基础。但指导当局却忽略了这个根本的问题。他们不是采取正确的步骤去壮大工农运动，而是试图以限制工农的举措，去争取蒋的由右向左。这不但不可能使蒋向左转，反而严重障碍了工农运动的发展。

北伐前期，迅速发展起来的是国民革命军第八军、第四军、第七军。"以唐之第八军实力最雄厚，合一、二、三、六军之总合始能及八军,湘、鄂实力均在唐手。"① 由于多数将领同属于"保定系"(保定军校)的关系,唐生智还受到第四军、第七军的支持。革命指导方面本来可以运用这几个军的力量去制衡、约束蒋介石,进而建立由党和政府来掌控军队的机制,实现"党权"、"政权"、"军权"的合理配置。但当时却没有这样做。他们先是抑制唐生智,试图以此取得蒋的信任,提出不许有的军人(主要是指唐)拥汪倒蒋和取蒋自代;然后又提出"我们现时对于蒋、唐的冲突,不去助长,也不去消灭,只维持其平衡。"② 他们还以为,让蒋介石东下取得浙、闽、赣三省,听其自成局面,就可以消除蒋、唐的地盘冲突,使他"不必再回汉口与唐生智冲突,回广东与汪精卫冲突。"③ 这些做法不是对蒋介石的"控制",反而是对反蒋军人加以"控制",其结果势必导致最终对蒋的完全失控,使国民党及其政府完全置诸蒋的军队的控制之下。

北伐"迎汪"运动,革命营垒"迎"回了本已败出广州政坛的汪精卫,让他复职掌权,重新坐到国民党的最高位置上,但是最后既不能抑制权势日益扩张的蒋介石,也不能将国民党引上正道,更不能挽救国民革命的危机。事态的进一步发展,是1927年7月15日汪精卫的"分共"。"迎汪"抑蒋就这样一步步演变为汪蒋合流,革命营垒用了许多气力"迎"回来的人物,至此又站到了革命的对立面上。这一结局,真是令人扼腕而叹。

---

① 《中央局关于全国政治情形及党的策略的报告》(1926年12月5日),中央档案馆编:《中共中央文件选集》第2册,中共中央党校出版社1983年版,第374页。文中的"唐"是指唐生智。

② 《中央局关于最近全国政治情形与党的发展的报告》(1926年9月20日),中央档案馆编:《中共中央文件选集》第2册,中共中央党校出版社1983年版,第240页。

③ 《中央局关于全国政治情形及党的策略的报告》(1926年12月5日),中央档案馆编:《中共中央文件选集》第2册,中共中央党校出版社1983年版,第365页。

1925 至 1927 年胡、汪、蒋三角关系

——读史随笔

岔道口上的历史

公元 1925 年，中华民国十四年，以干支纪年为乙丑年。这一年对于中国国民党来说，确实是不比寻常的一年。

这一年，在国民党内和国民党所管治的南方，发生了孙中山逝世，东征讨陈（炯明），讨伐杨（希闵）、刘（震寰），帅府改组，省港大罢工爆发，廖仲恺被戕，整治粤军，驱胡（汉民）逐许（崇智），驱逐川军，统一广东，党内分裂（"西山会议"召开）等事件。有的民国史学者将这一年称为事态百变、暗潮迭起、波谲云诡的一年。这一年中心的事件，一为中山之死，一为仲恺被戕。盖孙、廖之死均出于不豫（"廖案"尤为突发事件），使国民党的权力杠杆发生了倾斜；使党内各种固有的矛盾和分歧，得以引发或激化。已经有数十年奋斗的历史、拥有相当军队和掌握了南方政权的国民党，遂被置于十字路口。国民党向何处去？成为很现实、也很尖锐的一个问题。这一年成为"多事"的一年，其由在此。

与以往的历史相比较，中国在十九世纪末、二十世纪初，陡然崛起了两种新的势力：一谓军队，二谓党。到了二十世纪二十年代后期，此两种势力合而为一，此即蒋介石所控制之党军与党

国的由来。笔者有意对国民党发展、演变之内因、外因，试作一番梳理，遂将视线首先对准 1925 年的时空。此无他，仅因这一年乃国民党由孙中山时代向蒋介石时代转向的开始。

孙中山是中国国民党和中华民国的缔造者，是"三民主义"、"五权宪法"的创立者。他的地位、作用当然是没有人可以替代的。中国国民党当时的领导体制，是"委员制"兼"总理制"。中国国民党第一次全国代表大会通过的《中国国民党总章》，专门设立第四章"总理"，内容如下：

第十九条，本党以创行三民主义、五权宪法之孙先生为总理。第二十条，党员须服从总理之指导，以努力于主义之进行。第二十一条，总理为全国代表大会之主席。第二十二条，总理为中央执行委员会之主席。第二十三条，总理对于全国代表大会之议决，有交复议之权。第二十四条，总理对中央委员会之议决，有最后决定之权。

对此，中国国民党中央执行委员会委员、常委、中央宣传部部长戴季陶作过如下之"解释"——

此次本党改组，乃以独裁制改为合议制之起点；然同志在主义上之训育既未成熟；组织之能力，尚无表现。在历史的精神上，在主义的权化上，孙先生实为吾同志之人格的模范；亦为吾党主义的导师。故在制度上，于委员之外，兼用总理制。而此总理制之精神所在，实在于主义之确立。故有孙先生而后有总理，总理产生三民主义，三民主义产生总理，一而二、二而一者，不可分也。故总理制之在吾党，为特殊精神之表现，为主义之人格化，与普通之所谓总理制者，绝然不同也。

戴季陶并对"总理"一章的具体条文作了"解释"，说：第十九、二十两项，"则为吾国革命历史精神之表现，更无一毫假借者，盖含舍中山先生存在外无总理制之存在也。"①

总之，孙中山的地位是在历史上形成的，是在"党章"上作了明确规定的。有孙中山才有"总理"，舍孙中山存在之外，无"总理"。因孙中山之死，国民党最高领导人缺位。1925年后国民党内的许多问题，是由这一点引发的。

"代帅"制收盘

1925年3月12日孙中山逝世，国民党最高权力的过渡及继承问题，是复杂而难以理顺的问题。当时在党内权重一方的胡汉民、汪精卫诸人，虽然各有自己的资历、地位和影响，但要作为最高领导的人选，他们又各有自己的弱点和不足，在复杂的政治局势中，他们之中无论哪一位，都难以成为各个派系都能够接受的人物。

作为大元帅大本营总参议、广东省省长的胡汉民，在孙中山1924年11月北上后留守广东，代理大元帅职。胡汉民无疑是一位资历深、地位高、富于政治经验的"元老"，是国民党内的头号人物，由他来继承孙中山的地位，似是顺理成章的。然而，长期在孙中山身边工作的汪精卫，在国民党内也有他的地位和影响，其声望足可与胡比敌。孙中山死后第一轮权力角逐，是在胡、汪之间展开的。

1925年4月27日，廖仲恺、许崇智、蒋介石及苏联顾问加伦，远离广州，在东征前方的汕头市召开秘密会议，决定东征军回师

---

① 戴季陶：《国民党的继往开来》，《中国国民党改组纪念》，《民国日报特刊》，1924年。

广州，讨伐杨（希闵）、刘（震寰）。从此后变动的事态来看，这次会议所"密定"的各项大计，似不仅仅指关于杨、刘的问题。是月底，廖、许、蒋致电在北方的汪精卫，促其返粤。5 月 5 日，汪应邀返至香港，此时他不直接回去广州，而是拐往潮汕，先行于 5 月 8 日会见蒋介石，"倾谈党事，并谋个人行止，欲得公（指蒋）一言而决。"① 然后又于 5 月 13 日与许、蒋、廖、朱培德、加伦等召开会议，"密筹整个策略"。② 由是观之，在潮汕，在避开"代帅"胡汉民的情况下，汪、许、廖、蒋诸人实际已经形成某种政治联盟，他们所谓的"整个策略"也者，很可能就包括改组大元帅府，调整国民党中央的权力架构等问题。

胡汉民觉察到潮汕的动向，感到问题严重，欲争取主动，抢先改组政府，以巩固他在党内和政府中的地位。但杨、刘事件爆发，东征军迅速回师，胡大势已去。汪取得了廖、许、蒋及苏联顾问的支持，形成了他的优势。当国民党政治委员会讨论政府人选时，汪"当选"为国民政府委员会主席和军事委员会主席；胡失去"代帅"地位，并失去广东省长一职，仅被安排为外交部长。

胡、汪的对立遂明朗化，亲胡派把他们的愤怒摊到了桌面上。当汪将改组政府的有关决议案先交报章发表，然后再交国民党中央执行委员会"表决"时，汪遭到了胡派干部的斥责，其情形被载入了会议记录。国民党第九十一次常务会议记录记载胡派邹鲁的话说："此等重要法案，应先付表决而后发表，不能以紧急事件为诿。"胡汉民还责问汪："政府组织名单，原来已这样定了。我还没有知道，外面却已宣布，这是闹什么虚玄？我与你们之间，

---

① 《蒋介石年谱初稿》，档案出版社 1993 年版，第 352 页。
② 《蒋介石年谱初稿》，档案出版社 1993 年版，第 353 页。

就历史关系来说，也不应这样相欺。"胡还以"不懂外语，出任外交部长迹近玩笑"为辞，"当即发怒离席"。总之，广州国民政府的成立，不等于国民党内权力过渡的问题已经解决，不表明汪在国民党内的"最高"地位已经巩固。

"廖案"与汪蒋合作

廖仲恺当时任国民政府财政部长，在政府改组中持拥汪的态度。1925年8月20日，廖突遭谋杀。"廖案"是一宗在当时未完全侦破，扑朔迷离，留下了许多疑点的案件。从当时的环境及案情资料分析，这一案件同反对联共、破坏省港罢工有关，同时也是与反对汪派掌权联系在一起的。"廖案"的发生，使国民党内的权力斗争更加尖锐化和复杂化。

"廖案"发生当日，国民党中央执行委员会、国民政府委员会、军事委员会举行联席会议，在鲍罗廷的策划和参与下，决定由汪精卫、许崇智、蒋介石三人组成特别委员会，"授以政治、军事、警察全权"。这个以应付紧急事态、保卫国民政府为由而成立的"特委"，其性质有如苏联肃反时的"契卡"，实际上取代了国民党的最高权力。权力重心的转移，再次排挤、削弱了胡汉民。因为当三人"特委"成立之日（8月20日），仅知此案涉及朱卓文、梅光培、郭敏卿，而未知涉及胡汉民的堂弟胡毅生。胡毅生是8月23日因李福林的"检举"才名列案中的。可见此时仍名为国民党中央政治委员会主席的胡汉民而未得加入三人"特委"，并非因为他的堂弟涉嫌本案之故，而是出于鲍、汪的有意排斥。

在权力变动中得益最大的，则是黄埔军校校长蒋介石。盖因蒋在办黄埔军校和东征中虽然扩展了他的势力，但当国民政府成立（1925 年 7 月 1 日）时，蒋还不是国民党中央委员和国民政府委员，而只是国民政府军事委员会中的一员，在军事委员会汪、胡、许、谭、廖、朱、伍（朝枢）、蒋八名委员中，蒋排名最后一位，他还未进入国民党中央和国民政府的领导圈内。蒋是因为这个三人"特别委员会"而羼入了最高领导层的。8 月 24 日，蒋又出任广州卫成司令。凡此，无论是从国民党还是从蒋介石的历史演变来看，都是带关键性的契机。汪、蒋在特殊机遇中的"合作"，由此进入实质性的阶段。

由汪、蒋、许三人组成的"特委"，一开始即形成为汪、蒋联手共同对付许崇智的局面。

许崇智在广州政府改组时本是炙手可热的一人，不仅被任为国民政府委员、常务委员和军事委员会委员，还被补充为国民党中央政治委员会委员，而且出任广东省务会议主席，后又成为三人"特委"成员。早有忌许之心的蒋介石，在"特委"成立之始即与许不相合作，而处处摆出咄咄逼许的姿态。8 月 25 日，"特委"决定派兵捉拿"廖案"疑犯时，蒋介石即明言不仅要捉胡毅生等几个无聊政客，而且"要剪除谋叛军队"，也就是要向许部粤军开刀，逮捕了许部军官张国桢、梁士锋、谭启秀、梁鸿楷、杨锦龙等人，出兵解散了许在省城和西江的粤军。其中逮捕张国桢，是蒋"未曾商准许总司令"而一手搞出来的。从整个来说，8 月 25 日的行动给许部粤军予沉重的打击，置许崇智于十分被动的地位。

但蒋的所作所为并未到此为止。他要利用这时波谲云诡的形势，并利用"统一军政"的机会进一步并吞粤军，以取许而代之。9 月 18 日，蒋宣布全城戒严，出兵包围了许崇智的住宅，致函崇智，指斥许"空谈革命，口是行非，信用已失，名誉扫地"等，

"劝"其"暂离粤境"，实际是以武力迫其出境。同时，蒋以"经手数目不清"，"侵蚀国帑，接济反革命军队"之名，拘留广东财政厅长李基鸿（廖仲恺死后李接任是职，到任不足一个月）、军需局长关道。蒋还派兵围缴了许部粤军莫雄、郑润琦两师的枪械。

当其时也，汪因为要争取蒋共同对胡，故对蒋的所作所为，采取了支持的态度。当许的住宅被包围时，许曾打电话给汪，询以何故。汪回函谓："余虽一书生，但敢信非威力所能屈。余决不因在卫戍司令威力之下，便妄赞同蒋氏此项措施。实为认定此事，非如此解决不可。"又谓："余敢信介石对公事虽毫不假借，不讲感情，但决非余不讲感情之人。为先生计，为大局计，亦莫善于暂行赴沪，一任介石将此一切难题，及感情上不能解决之难题解决后，即请先生回。"汪事实上是同蒋沆瀣一气，软硬兼施，逼许就范。有记者问汪："君对于近日解散反革命军队，完全与蒋介石同意否？"汪答云："岂但同意，余当同负责任"。"然党中或党外，若因此事有不谅于介石者，余愿分其谤也"。①

这次解散许部粤军，驱逐许崇智的行动，是一次带军事政变性质的行动。这一事件虽然发生在侦查"廖案"期间，但受此打击的许崇智、许济、郑润琦、莫雄等人，事实上都与"廖案"无关。这些人和他们所管治的军队，无疑有这样那样的问题（此时在广州的其他军队包括蒋介石的军队，也不同程度地存在这样那样的问题），而称之为"反革命军队"，则显然没有足够的证据。这是蒋介石（在汪许可的情况下）利用查办"廖案"的机会，用武力向他的顶头上司夺取军权的行为，是蒋扩张军事独裁、篡夺国民党军事以至党政大权的发端。有此一端，便有随之而来的因

---

① 《汪精卫先生之重要谈话》，《广州民国日报》1925 年 9 月 26 日。

禁熊克武、驱逐王懋功和逼汪去职等事端的发生。国民政府整顿军事、统一军政的计划，遂遭破坏，变成蒋排斥异己，扩张个人势力的工具。军人干政和军队在野心家的控制下介入政争、党争的现象，以新的形式越发严重地继续着。汪精卫欲挟蒋自重，把蒋变成他的反胡同伴和政争盟友，殊不知，他却把一位最危险的反对者拉上台。往后的事实表明，汪不但不能控制蒋，反过来却为蒋的武力所掣肘，而最终被蒋逼走。他无异于为自己酿造了一杯苦酒。

"请"胡出局

汪精卫助蒋驱许，目的是要蒋同他一起反对胡汉民。逐胡与驱许是同时进行的。许之被驱之日，也是胡被逐之时。驱许与逐胡这两件事，相得益"彰"。

8 月 25 日，以李福林的"检举"（胡毅生等"口口声声说非杀廖仲恺不可"）为由，汪、蒋决定逮捕胡毅生，派兵包围了胡汉民的住宅。胡毅生时已逃走。胡汉民"微受惊恐"，移住黄埔，曾受蒋的讯问。胡谓："将指我为主谋耶？如果我欲杀仲恺，何必待至今日。此案毫不知情。"又说这是"以'莫须有'三个字，置我予死地。"① 当时，戴季陶发表谈话委婉为胡辩护，说胡是个很平和的人，但"上有愚兄，下有劣弟"，胡与他的兄弟不能相提并论。而汪、蒋则于 9 月 1 日决定胡汉民出洋。9 月 15 日，在国民党中央第一零八次常务会议上，汪说："胡毅生此次谋杀廖仲恺同志举动，汉民同志事前毫不知情，何能代为负责？"汪

---

① 《申报》1925 年 9 月 9 日。

将胡汉民与胡毅生"区别"了开来，但宣布请胡"往外接洽"，实际是将胡放逐海外。18日，《广州民国日报》发表《欢送胡展堂先生》一文，谓胡汉民"姑息养奸，姑纵劣弟酿成大祸"；"我不杀伯仁，而伯仁由我而死。胡先生良心上因不胜歉疚，而毕生忠于为党为国的历史，也未尝不因是而减色。"这篇由孚木署名的文章，没再讲"区别"，没给胡汉民面子，而是直接要胡为他的堂弟的行为负责，话中之意是：你之所以被请出广州政治舞台，那是咎由自取，谁叫你没管好你弟弟？

当胡去国之日，有记者问汪："君与汉民同患难共生死二十余年，近日得毋稍有芥蒂乎？"汪在答话中借讲《孟子》不可以私害公的大道理，要胡汉民为胡毅生的行为"埋单"。将株连这种惯技引进党内上层斗争，汪可能有发明权。胡受其堂弟的牵连而被汪请出局，而胡毅生究竟是否杀廖的凶手，却至今仍是个谜。胡毅生逃走后在上海发表《告内外同志书》，申明自己与"廖案"无关。抗日时期胡毅生被任为国民政府委员，被安排在国民党的"党史编委会"工作，可见他那个涉嫌"廖案"的历史问题，国民党本身并未替他作出结论。

但是不管怎么样，胡是被"请"出去了，汪终于实现了排胡的目的。"拔了萝卜地皮宽"，国民党的权力架构，这才较明确地从胡的"代帅"制，转为汪的主席制（汪蒋合作制）。

风 波 迭 起

这时国民党内部的矛盾，不仅仅表现为胡、汪、蒋之间的瓜连蔓引。当广州国民党当局为省港大罢工、"廖案"等问题而大伤脑筋时，戴季陶抛出了他的"主义"。戴曾经是汪等人的合作者，在孙中山逝世后的国民党一届三中全会（1925 年 5 月）上，戴还起草了关于"容共"的训令，表明他那时仍然与汪等人在政治上保持一致。但离异随之产生，当国民政府在广州成立时，戴名列为政府委员却不到广州赴任，这说明他与汪等已经不站在同一条路线上。不久，戴那本集反共思想之大成的小册子《国民革命与中国国民党》出版，什么"共信"、"互信"之论，"道统"之说，以及"统一性、独占性、支配性、排他性"等论点，盛行一时。虽然戴的锋芒主要是针对共产党的，但汪等决非可以置身事外，汪的执政方针、政策以及地位都受到严重的挑战。汪遇到的麻烦不是可以轻易摆脱的。

继戴季陶的"主义"出现之后，国民党部分中央执、监委员绕过在广州的中央党部，在北京召开所谓一届四中全会（"西山会议"）。这次会议不仅决定在国民党内排除共产党，而且决定开除汪的党籍（六个月），停止广州国民党中央党部的职权，另立中央于上海等。国民党内在联共问题上和由谁接班问题上的分歧，已发展成组织上的分裂。随后，"西山会议派"还在上海召开所谓"国民党第二次全国代表大会"，将分裂活动推向最高的形式。

不难看出，所谓"西山会议派"云云，是孙中山逝世后国民党党内的矛盾公开化、尖锐化的深刻表现。众所周知，国民党内部在改组方针及对俄、对共等问题上历来有重大的分歧。孙中山逝世后，谁接班的问题则未完全解决，汪精卫虽然作为亲俄、亲共人物而置于"最高"地位，经过"廖案"一场风波，政治上胡派势力和军事上许派势力已经被削弱，然而，谁都知道这种局面是暂时的，汪的地位是不稳固的。"西山会议派"的形成，正是由上述原则分歧和权力斗争发展而来的，其目的就是通过分共、排俄，彻底改变孙中山的既定政策，根本扭转国民党的政治方向，并改变汪派掌权的局面。由于这一切均是诉诸非组织的手段，因而它已经超出了党内斗争的范围。

汪这时的处境真如广州话所说的"周身蚁"，但是来自反派的压力也对广州国民党人的"团结"起了一定的促进作用。在反击"西山会议派"的斗争中，汪固然须站在前台摇旗呐喊，蒋也未甘落后，蒋在汕头发表的《为西山会议忠告海内外各级党部同志书》，在当时对"西山会议派"的大批判文章中，算得上是最有力度、并最切中要害的一篇。如果说驱许、逐胡是汪蒋合作的"蜜月"的话，那么反击"西山会议派"也是他们情投意合、脉脉相契的一个时期。令人注目的是，受到汪蒋的排斥、这时已经远放到苏俄的胡汉民，也发来了驳斥"西山会议派"的电报，谓对怀疑革命和不革命的分子，"固主张听其退出"。[①]这等于在关键的时刻，对汪投了赞成之票。这可能是汪始料不及的。

然而，汪这时所受的打击绝非是无关痛痒的。最初列名"西山会议派"的 15 人之中，有 10 名中央执行委员，2 名候补中央执行委员，3 名中央监察委员（其中 3 名同时是国民政府委员）。这一阵势表明，在国民党第一届中央执行委员会委员（原 24 人）中，汪的支持者实在不多。严重的问题还在于"西山会议派"隐然以"尊蒋抑汪"为策略，要分化汪蒋，这将进一步置汪于不利的境地。等待着汪的，将是更加不妙的前景。

蒋从拥汪转向忌汪

在汪精卫陷入政治问题的泥潭难以解脱的时候，蒋介石的道

---

① 《广州民国日报》1925 年 12 月 9 日。

路却是颇为顺畅的。第二次东征的胜利使他的实力再一次得到扩展，他的"铁腕"形象树立起来了。蒋一贯性格阴鸷，猜忌心重，爱弄权柄，是一位野心勃勃、一心一意要以军事实力和政治谋略去敲开权力大门的人物。当力有未逮和时机未到时，蒋是能够忍而不发的；而一旦有了相应的条件和机会，他则不可能安于无为。这就注定了蒋、汪之间，不可能有长久的合作。

1926 年 2 月 26 日，蒋介石以"图谋不轨"为罪名，用对付许崇智的那种手段，突然拘捕了第一军第二师师长兼广州卫戍司令王懋功，派副官陈师曾押送，登轮离粤赴沪。王懋功被逐事件的锋芒，实际上是针对汪精卫的。这是蒋向汪发难的开端。

蒋在后来（1926 年 4 月 21 日）的一次讲话中说：国民革命军的番号，各军都有安排，唯独把第七军空着，暗示我的部下反叛我，推倒了我，然后拿第二十师编成第七军，即以第七军军长报酬我的部下反叛的代价，这是不可掩饰的事实。蒋的这段话是为解释王懋功事件的由来而说的，这里所说的"部下"，指的是王懋功。那么究竟是谁以第七军军长的位置为诱饵，引诱王懋功叛蒋呢？共产党决做不到这一点，正如陈独秀所说："只有国民政府尤其是政府的军事委员会，才有权决定这种军队的编制与名称，政府委员及军委中都没有中国共产党分子，无论此事内幕如何，当然和我们无关。"① 很显然，这样的事只有国民政府主席和军事委员会主席汪精卫才能做得到。蒋抓的是王懋功，而矛头是指向汪精卫，这是最明显不过的。

汪是否真有此意现已难以查考，但作为事件主角之一的王懋

---

① 陈独秀：《给蒋介石一封信》（1926 年 6 月 4 日），《陈独秀书信集》，新华出版社 1987 年版，第 408 页。

功，却对此留有他自己的"说法"。当年 3 月 7 日，当王懋功被逐上海时，他曾致书张静江，说"此事因何发生，始终未奉介公明示。"也就是说他还被蒙在鼓里，不知因何获罪。王还以为这是因为他"未从孙文主义学会勾结西山会议派反共"才遭到忌恨，致有这一下场。王在这封信中对自己在广州的政治表现作了一番自我剖白，所言完全与所谓第七军沾不上边。由是观之，蒋指责汪以第七军军长的位置诱王叛蒋，乃是一宗未经证实的公案。

周恩来指出，蒋介石把王懋功赶走，是"向汪精卫做了第一次示威"，[①] 这话点中了蒋的要害。蒋自己对这件事的"说法"是："凡事皆有要着，要着一破，则一切纠纷不难自解。"这明白说出他是把这件事作为"要着"，即作为向汪发难的突破口来处理的。蒋以他的军队为后盾，制造事端，对汪的政治动向及对汪的权力的稳定性作了一番试探，无论如何，这是一种以军干政、玩弄军权的行为。

或者是因"西山会议派"问题的烦忧而回不过神来，或者是对政治问题近于麻木，汪对蒋处心积虑设置的"要着"，竟然没有作出什么反应。蒋的"问鼎"遂有了结果，秤出了汪到底有多少斤两，看出汪不足以成为他的对手。这预示着下一步的角逐，将更加是尖锐的和无情的。

逼 汪 去 职

蒋介石 1926 年 3 月 20 日在广州制造的"中山舰事件"，其具体的内容，包括武力占领中山舰，逮捕代理海军局长李之龙，

---

① 周恩来：《关于一九二四至二六年党对国民党的关系》，《周恩来选集》上卷，人民出版社 1980 年版，第 120 页。

下令全城戒严，逮捕各军共产党员、政工人员及其他"不稳分子"（八十余人），包围省港罢工委员会，收缴工人纠察队武器，包围苏联顾问寓所，收缴其卫队枪械。此外，有的史料还说蒋派兵包围了汪的住宅，有一本题名《陈洁如回忆录》的书甚至说蒋"逮捕"了汪。

"中山舰事件"打击的锋芒当然是对准共产党和苏俄顾问的，而细绎有关史料和分析蒋当时的心态，可知蒋的出发点和落脚点在于逼汪。当蒋一棍子打来的时候，陈独秀等人从自己身上找原因，找来找去，不知因何受过，特别是不知道李之龙闯出什么乱子，因而招来大祸。陈独秀这时所写的文章曾就蒋讲到的一些问题"对号入座"，为共产党辩白一番，而蒋明确答复说："三月十八号中山舰案，是与中国共产党本部没有关系的。……我绝不承认三月十八日那天的事件，共产党有什么阴谋在内。……我可以再声明白，三月二十日的事件，完全与共产党团体是没有关系的！"①陈显然对错了号，文章做得文不对题。蒋既然说共产党没有搞什么"阴谋"，等于指出另外有人在搞"阴谋"，问题的症结是在这里。

读 1926 年上半年蒋介石的史料（如《民国十五年以前之蒋介石先生》等），可知蒋当时对汪抱有诸多的怀疑和猜忌。是年初，俄顾问季山嘉提议蒋赴北方练兵，汪予以同意。蒋认为这是季、汪合谋有意排斥他。2 月中旬，蒋提出欲"再度赴俄"，对汪作了试探；2 月 27 日蒋向汪提出撤季山嘉；3 月 8 日蒋与汪谈话，季山嘉很快知道有关的内容，这引起蒋的猜疑；3 月 14 日蒋与汪

---

① 《校长训话》（1926 年 6 月 28 日），中共广东省委党史研究委员会办公室、广东省档案馆编：《中山舰事件》，1981 年，第 238 页。

谈话，"倾聆季新（汪）言，有讽余离粤意。其受谗已深，无法自解，可奈何"。蒋也向汪夫人陈璧君作过试探，以为汪蓄意诱蒋使俄。可见，蒋一直对汪有所防范，以为汪要调虎离山，不知哪一天会将他请出广东。

3月18日，中山舰来往于广州——黄埔之间。据蒋自谓，蒋本日连续接到汪的三次电话，问去不去黄埔。蒋由是怀疑这是汪要将他"劫持"上船，送往俄国海参崴，因此迅雷不及掩耳地于3月20日作出了上述一系列军事行动，制造了震惊中外的"中山舰事件"。这就很清楚，这一事件起于蒋对汪的猜忌心理，是蒋汪矛盾的大爆发，蒋的矛头是冲着汪而来的。蒋所说的搞"阴谋"的人，指的就是汪。蒋再三说："我要讲也不能讲"；"因为这种内容太离奇太复杂了，万万所想不到的事情，都在这革命史上表现出来"；"我因为这全部经过的事情，决不能统统讲出来，且不忍讲的"；"还有很多说不出的痛苦，还是不能任意的说明"；"今天还有我不忍说的话，我只有我个人知道"，这些话，每一句都是针对汪讲的，只有放到汪的身上，才能得到合乎逻辑的解读。

汪当然也已认识到蒋的矛头是指向他的。3月22日，在国民党中央政治委员会临时特别会议上，汪指出军事当局非奉党的政治领袖命令不得擅自行动，对蒋介石事先未征求其意见所采措施表示不满。汪并说："我是国府主席，又是军事委员会主席，介石这样举动，事前一点也不通知我，这不是造反吗？"

史学家们已经就汪精卫、俄顾问和共产党当时有无"劫持"蒋介石的行动这一问题作过多方面的论证，许多人的结论是：蒋是杯弓蛇影，神经过敏，作法自惊。蒋当时大肆搜捕，但始终找不出可以证明确有此事的证据来，事情过了一个月，蒋在4月21

日的讲话中只好这样说："现在这事情还没有十分明白"，"我也不能完全相信"，并将事件的主角李之龙予以释放。读 1926 年 10 月 25 日《中共广东区委军事报告》，还读到这样的话：当北伐军围攻武昌（1926 年 9 月）时，"蒋在彼曾与加伦同志曰：三月二十做错了"。台湾学者蒋永敬说：尽管事件背后的各种令人怀疑之因素确实存在，尽管汪精卫态度暧昧存心令蒋因之自去，但李之龙并没有绑架蒋的企图。总之，蒋发动"中山舰事件"的那个"理由"（"挟持"蒋到海参崴）是根本不存在的。

读《蒋介石年谱初稿》可知，当年 3 月 3 日至 5 日，蒋曾研读《革命心理》一书，并写下这样的"心得"："今而知革命心理，皆由神秘势力与感情作用以成者。而理智实极微弱条件"。"憎恶，嫉妒，虚荣热忱，为性格变迁之原因，亦甚有深意"。"恐怖与憎恶二者，乃为暴动之动力，感情与神秘之势力，在革命心理学中占一重要地位，而宗教式的信仰亦革命心理惟一之要素耳"。蒋这个时候读这样的书，有这样的"心得"，这与"中山舰事件"的酝酿和发动，不应没有联系。

探讨这个问题，还应看到蒋是王阳明信徒这一事实。阳明哲学短于逻辑，而长于行事之决断。以行动代替知识，用不着左右思量，顾虑多端，迟疑不决，更利于打开局面。蒋十八岁而知有王学，对阳明仰慕深切。他之"制裁"中山舰，也似是王学学风的运用。

总之，蒋将他对汪的猜忌、怨恨诉诸武力，策划了一场四面出击的军事行动。蒋的棍子打在共产党身上，而实际上除反共、排俄之外，其主要矛头对准了汪精卫，要逼汪去职，夺汪之权。这是一场对中国国民党、国民政府的领导人发动的突然袭击。这一事件虽然已以蒋的"赢局"而告终，但在中国国民党和中华民国的历史上，这是武力介入政治，以暴力改变国民党的政治路线、改变国民政府组织和驱逐政府首脑的行为。

广州国民政府成立初曾在"统一军政"的口号下，对军队实施治理和整顿，但当时的治理、整顿并不得法，基本上沿袭了以军制军的老路。这不可能消除军中的隐患，而只是为野心家扩张个人势力提供了机会。蒋介石正是凭借他在整军和其他机会中迅速扩张起来的军事势力，来同他的竞争伙伴较量，并抢占了上风的。这是国民党、国民政府历史发展的重大转折，也是国共两党从合作到破裂的重大转折。

鲍罗廷联蒋

"中山舰事件"发生时，汪精卫说："我在党有我的地位和历史，并不是蒋介石能反对掉的"。他说得过于自信。事实上，蒋因制造"中山舰事件"而惹出许多麻烦，他不外乎是将以往驱许、逐胡、囚禁熊克武那一套手段，用来对共、对汪和对俄。但兴师动众，却扑了一空，没搞到什么"罪证"，蒋这一关是不容易过的。4月2日，蒋从虎门回来，邓演达斥责他"疑近于反革命行动"。蒋却说："如他人为之，则为反革命，而以余与总理为之，则无论何人，应认为革命应取之态度。"强词掩盖不了其内心的空虚。汪自以为没有把柄给人抓着，他的自信也不是全没道理的。

事件发生后，汪精卫"请假"就医，实际上是用消极办法，同蒋较量。他躲在广州，随时都可以销假复职，这是对蒋十分不利的，因此蒋十分注意窥测汪的动向，"甚恐夜长梦多"，极力堵塞汪的出路，急于解决汪的问题。4月15日蒋与谭延闿、朱培德商谈"改选主席问题"。16日蒋又与张静江、谭延闿、朱培德、李济深"审议改选主席事"。是日下午，蒋策划召开中央党部、国民政府"联席会议"，"推选"谭延闿为政治委员会主席，蒋介石为军事委员会主席。但汪却于 18 日以"军事委员主席"身份发出"皓电"，表明他并不认为 16 日"联席会议"为有效，这使蒋介石"颇为骇异"，说"政治症结与危象，洵难臆测也。"

为进一步打击汪的威信，消除汪的影响，蒋终于赤膊上阵，亲自出马，于 4 月 21 日在送别退出第一军的党代表和共产党员晚宴上发表长篇讲话，不点名地把矛头指向汪精卫。这是一篇讨汪檄文，逼汪下台，取而代之的用心，了然纸上。

在汪、蒋的较量还未最后见分晓时，鲍罗廷从海参崴回到了广州。鲍返粤之前，留在广州的俄顾问斯切潘诺夫等根据他们的认识初步确定"联蒋"的方针，在汪、蒋的天平上，已倒向了蒋的一边。莫斯科也在此时对"中山舰事件"定了为蒋开脱的调子。所谓的"联蒋"，另一面的意思就是"弃汪"。4 月 29 日，鲍所乘坐的商船抵广州，蒋登上船楼"亲迓之"，并将鲍"邀至要塞部叙谈"。他们谈话的中心是"会商国共合作问题"，"订定整理党务办法"等。5 月 4 日，续聘鲍罗廷为高等顾问的"决定"以国民政府名义发表，这意味苏俄在广州的地位没有改变。6 日下午苏俄援华军事物资运到黄埔，鲍将这批物资全部给了蒋介石。蒋不仅得到了大批俄援，而且抓到了苏俄这把"尚方宝剑"，表明他的所作所为是得到苏俄支持的。大局终于"澄清"，蒋赢得满盘满钵。

此时蒋介石、鲍罗廷两人的政治交易，实质是以"弃汪"为前提，转而实行"联蒋"，在国民党演变的历史上，这是影响至深的一步。汪并非"最高"的合格人选，对汪当然不是不能"弃"，而鲍此时对汪之"弃"，实在是不得其由、行非其时、换非其人。

鲍罗廷抛弃了由他一手扶上去的、并经过国民党二大确定的政坛首脑，实质上就是对军事压力的屈从，是对野心家以军乱政的支持。鲍以其苏俄代表、高等顾问的身份，并以其皮包中的俄援确认了"以蒋代汪"的政治格局，推波助澜地将国民党、国民政府的历史推向以蒋介石为轴心的时代。

胡、汪同时败出广州

当胡汉民被汪、蒋放逐于苏联时，胡发表了一系列讲演和文章，这是胡一生中言论"最激进的时期"。而胡与鲍罗廷联翩来归后，胡即收回他在莫斯科公开发表的拥俄、拥护第三国际的调子，反而以亲见亲闻的"资格"，游说拒俄与排共。胡到穗翌日（4月30日）即同蒋介石谈话，有的资料说他这时向蒋提出要"扣留鲍罗廷"的建议。胡这时的心态，应是以求一逞，东山再起。

从一般情况来看，此时的胡汉民有可能成为蒋介石的政治伙伴，但蒋之逼汪是出于"彼可取而代也"，造成由他一人独断的局面，而非迎胡主政，也不是要搞蒋、胡合作，让胡来分尝他的一杯之羹，故胡欲于此时东山再起，实在是打错了算盘。胡的拒俄游说，特别是他对蒋提出那"扣留鲍罗廷"的主意更提得不是时候。蒋这时不但需要俄的物资援助，更需要俄的政治支持，在蒋、汪摊牌时，这一切对蒋来说实在是太重要了。是故，老牌政治家胡汉民，认认真真地讨了一场没趣，满怀希望而来，再次遭人遗弃而去。

1926年5月9日，在广州政坛败出的汪精卫、胡汉民，同时离开了广州，两人在开往香港的一艘轮船上，不期而遇。他们挟蒋自重的结果，只是把蒋捧到台上，虽然拱倒了自己的对立面，却把自己赔了进去。这真是一个历史性、戏剧性的场面。《蒋介石年谱初稿》写道："叹曰：异哉，冤家逢对头也。"蒋同时挫败他的两位政敌，以他的"军权"，左右开弓地挫败了胡、汪的"党权"和"政权"。

搞掂汪、胡之后，蒋于 1926 年 5 月中旬通过操纵国民党二届二中全会，运用国民党的组织机制，公开地限制、排斥共产党，在两党仍有合作关系的情况下公然对共产党进行污蔑、歧视和压迫；会议并"选举"张静江为国民党中央常委主席。"合法"地实现了蒋处心积虑地排胡、去汪，由蒋派掌权的目的。国民党的权力体制，遂从汪蒋合作体制，变成由蒋专权的体制。

"迎汪"——戏剧性的插曲

蒋介石制造"中山舰事件"，其始也铤而走险，卒而全面得逞，但不等于蒋的权力已经得到巩固。随后，形势与环境发生变化，挑战即冲着蒋而引发，蒋的日子，过得并非顺风顺水。

这主要是由蒋本身的原因引起的。北伐开始后，蒋将党权、政权、军权揽于一身，"蒋所在地，就是国民党中央所在地，国民政府所在地；蒋就是国民党，蒋就是国民政府，威福之甚，过于中山为大元帅时。"然而形势的发展却很快使蒋陷于被动，北伐初期迅速崛起的不是蒋亲率的军队，两湖的军事、政治和民众运动蒋都插不上手，而他所亲率的两个师（王柏龄、刘峙），在北伐战场上表现不佳，大砸他的北伐"总司令"的招牌。蒋的处境不利，"名声一落千丈"。这就使早已潜在着的反蒋情绪申张了开来，并发展成为一场抑制蒋的军事独裁的斗争。

败出广州政坛的汪精卫，远涉重洋。他在去国途中所作的

《杂诗》，流露出来的是对蒋既怨恨，又无可奈何的心情。诗曰：

> 处事期以勇，持身期以廉。责己既已周，责人斯无嫌。
> 水清无大鱼，此言诚詹詹。污潴蚊蚋聚，暗陬蛇蝎潜。
> 哀哉市宽大，徒以便群金。烛之以至明，律之以至严。
> 为善有必达，为恶有必歼。由来狂与狷，二德常来兼。[①]

汪其实时刻关注着国内的动态，1926 年 7 月 16 日，他看准时机致函国民党中央，要求回国，恢复他的职务。汪的政治动作与国内的反蒋气候十分合拍，北伐时期那场"迎汪"运动因之开场，蒋、汪的权力角逐又以新的形态出现。

国民党内的反蒋势力，这时总算做了一篇切中要害的文章，以"迎汪"为旗帜痛痛快快地揭了蒋的政治疮疤。蒋只能暗斗，不能明争，更难于动用武力，情急之下，蒋竟向共产党求助，派人去走陈独秀的"后门"，请求共产党不要介入"迎汪"运动。而陈独秀回答说："我们赞成汪回"。"迎汪"运动得天时地利，突飞猛进，无可抵挡。蒋又授意张静江极力阻挠，声言他的地位"决不能动"。张明确说："请汪复职，不啻拥汪倒蒋，余誓以去就争"；甚至"扬言提出欢迎胡汉民以为抵制"，也就是想以"迎胡"来抵制"迎汪"，但一切都不起作用。当年 10 月国民党在广州召开的"联席会议"上，以不可逆转之势通过了《请汪精卫销假复职案》。汪呼之欲出，蒋的地位遂告危急。

蒋抗争的办法是企图将国民党中央党部和国民政府置于他的控制之下，在国民党中央已经决定迁移武汉、而蒋也表示过赞同

---

① 汪精卫：《双照楼诗词稿》，1930 年，第 59 页。

的情况下，出尔反尔提出定"都"南昌，反对迁"都"武汉。这一被历史学家称作"迁都之争"的事件，实质是控制国民党最高权力的斗争，是"军权"同"党权"、"政权"的再次较量，也是蒋以军队介入党争、政争的再次表演。蒋的所作所为受到猛烈抨击，反蒋的口号是"提高党权"、"迎汪复职"。汪这时人不在国内，但他是"党权"的象征，此时的革命中心武汉到处贴满了"迎汪"的标语，"迎汪"的口号响彻云霄。人们把汪当作是蒋的"克星"，把制服蒋、扭转大局的希望，寄于汪的身上。"斯人不出，如苍生何"？这在汪、蒋的角逐中，加重了汪的重量。

"迎汪"抑蒋的结果，是蒋不得不取消他的迁都南昌的计划。在 1927 年 3 月于汉口召开的国民党二届三中全会上，又削弱了蒋的部分权力，决定请汪复职。这时，"中山舰事件"恰恰过了一年。政局真像是一个巨大的舞台，上演着令人眼花缭乱的大活剧，剧情出现令观众出乎意表的变化。

并未终结的角逐

但是武汉国民党人的处境是不容乐观的。在江西战场上，在北伐军占领南昌之后，蒋已经摆脱了他在北伐初期所陷入的政治困境。1926 年，对胡、汪、蒋以及中共领导人陈独秀来说，都不是顺风顺水、心想事成的一年，所不同的是，胡、汪及陈独秀均未能解开他们面临的政治难题，未能走出困谷；而蒋却将他所遇到的麻烦一一推给了他的对手们，并从困境中走了出来。北伐军九江、南昌之役告捷，蒋等于越出了难关。所以，武汉国民党二届三中全会的决议虽然写得很好，但对蒋已经不起作用；"党权"喊得再响，而无奈"军权"之何。三中全会后，蒋扬帆东去，取南京而据上海。

这时，汪精卫真的被"迎"回来了。蒋刚到上海（1927年3月26日），汪所乘坐的轮船也从欧洲驶至沪上（4月1日）。两人从广州分手，绕了个大圈子，现在又同在一座城市中相聚。蒋、汪关系，当然不可能波浪不兴。当是时也，蒋的愿望是把汪拉到他的一边，以达到两人携手共同对付武汉，一起反共清党的目的。蒋一改以往的腔调，在汪回国前就说："查汪精卫同志之复职，中正为主张最力之一人。披肝沥胆，叠电促归。今幸回国有期，群情可慰。"又说："如我中正想一个人把持党，不要汪精卫回来，中正便是没有人格，谁都可以杀我"。汪一回到上海，蒋又发表《拥汪通电》："汪主席在党为最忠贞之同志，亦为中正生平最敬爱之师友"；"此后党务政治既已负责有人，后顾无虑，中正唯当专心军旅"。4月3日至5日，蒋拉汪参加秘密会议，商讨解决党务纠纷问题，向汪摊出了驱逐鲍罗廷和武力"清党"这两张底牌，并表示请汪留沪领导。在新的形势下，蒋的态度显然已由拒汪变成拉汪，要将往日的政敌变成今日伙伴，变成他策动新的政治阴谋的同盟者。

汪这时成为待价而沽的热点人物。但是在上海、武汉之间必须作出选择的时候，汪选择了武汉。4月5日，《汪陈联合宣言》发表，次日汪离沪赴汉，以实际行动在政治舞台上亮了相：不与蒋合作。汪作出这样的选择固然是因为他在武汉是"众望喁喁"的人物，将成为左派的中心、政治的中心和党的中心，在汉可重掌大权，称雄于天下；而从汪、蒋关系来看，两人裂痕很深，积怨太多。汪深知蒋的所谓"拥汪"不过是一句假话，最后仍会被蒋一巴掌打下去。说到底，这是对国民党最高权力的独占欲、支配欲、排他欲诱使的结果。

1927 年 4 月 12 日，蒋在上海发动反共政变，4 月 18 日在南京成立国民政府，与武汉国民政府崭然对立。这时，胡汉民与蒋走在同一条道上，成为南京政府的"主席"（或称"代主席"）。汪遂以武汉国民政府主席的身份，在汉发动了军事讨蒋。宁、汉之间的对峙，是蒋、胡联手与汪精卫的对峙。蒋、汪、胡的三角关系，又出现戏剧性的变化。

蒋、汪、胡的权力角逐并未到此为止，后来还有接连不断的、形形色色的对立、纠纷与倾轧。直到 1936 年 5 月 12 日胡汉民逝世，"自然减员"；1938 年 12 月汪精卫潜赴河内，投靠日本，充当汉奸，蒋在中国国民党内，才完全排除了胡、汪。

不应简单地说国民党的历史就是一部党内斗争史，但孙中山逝世后的国民党，其内部确实充满了激烈的斗争。立党难，治党更难。蒋介石常说：入党是"牺牲个人的自由，服从领袖的意志"，"牺牲个人的利益，服从团体的利益"。历史事实表明，蒋、汪、胡都是那种对别人讲"服从"党的利益，而对自己则是另搞一套的人物，他们均未能做到将一己的思想、意志、欲望统一于党。由他们这些人主导的党，当然只能是钩心斗角，尔虞我诈，虚伪不堪。党内无派，千奇百怪，对国民党来说，一点不假。

中国国民党本来是有希望的党。孙中山逝世时所留下的干部班底，其阵容是颇为可观的，党、政、军，老、中、青兼备，称得上人才济济，梯队井然。但是这个党的历史却出现了逆转，党的肌体发生的质变，最后不但未能对中国政治和社会的进步起到推动的作用，相反起了障碍的作用。读这段历史真是发人深省。全面看国民党发展演变的历史，可知蒋、汪、胡对国民党的质变，须负主要的责任。他们围绕最高权力而展开的角逐，不但将他们曾经追随孙中山革命的历史蒙上了耻辱，从而步步走向革命的反面，而且将很有希望的国民党，拖向了革命的反面。

西方学者艾克顿曾说：权力倾向于腐败，绝对的权力倾向于绝对的腐败。这句话被普遍认同的意思是，权力不受监督，意味着腐败。吾人读史而有感焉，稍作补充如是：为实现一己之利益而产生的对权力的占有欲、支配欲、排他欲，也意味着腐败。

关于广州起义评价的党内论争

——以 1928 年春中共广东省委三次会议为视点

1927 年 12 月 11 日，根据中共中央临时政治局的决定，中共广东省委组织领导了震惊中外的广州起义。这是共产党人为反抗国民党蒋介石集团、汪精卫集团的叛变而举行的大规模的武装起义，在中国革命史上与南昌起义、秋收起义并称为三大起义。广州起义前后三天，卒以失败而告终。

广州起义酝酿、准备的时间比较长，各地共产党人和革命者对它抱有莫大的期望，因而，这次起义的失败在党内外引起的震动也很大。如何总结、评价这次起义，显然是备受各方关注的问题。可以这样说，起义硝烟未散、死难者的血痕未干，有的人就开始搜集资料和思考这些问题了。然而，囿于当时的环境、条件，由于指导思想的不同，加上其他复杂的因素，因而对广州起义的评价一开始就产生了严重的分歧和激烈的论争。

本文以 1928 年 1 月和 2 月中共广东省委在香港召开的三次会议为主要观察点，参阅当时有关的材料，对广州起义失败后党内评价分歧的产生及论争的情况试作一番梳理，并提出若干不成熟的看法，请读者指正。

羲皇台会议的风波

　　1927 年 12 月的中、下旬，当广州起义失败的善后工作还在紧张进行时，广州、香港方面就着手收集和反映有关的情况。12 月 19 日，留驻香港的中共广东省委常委张善铭、秘书长沈宝同等向中共中央报告了广州暴动的简要情况，并且以转述"同志及群众重要意见"的口吻，指出起义中存在发动的时间太早、群众动员不广、肃反不力和撤退慌乱的问题。[①]12 月 20 日，中共中央政治局候补委员李立三以中央巡视员的身份到达香港，当晚召开在港的广东省委委员临时会议，讨论广州起义失败的原因和当时广东各地暴动的形势，并于次日向中共中央作出书面报告，其中也涉及对广州起义的总结、评价问题。[②]28 日，李立三致信中共中央临时政治局，又以反映参加暴动同志意见的方式，指出暴动过程中存在的一些问题。[③]

　　1928 年 1 月 1 日至 5 日，在李立三的主持下，中共广东省委全体会议在香港举行。广东省委常委黄平、恽代英、张善铭、黄谦、陈郁；省委委员王强亚、罗登贤、黄钊、何潮；候补委员沈青、吴毅；秘书长沈宝同以及团中央巡视员陆定一等人参加了会议。这次会议在香港西环羲皇台 23 号举行，暂且称之为羲皇台会议，是广州起义失败后不久中共广东省委在极其困难的条件下召开的

---

　　① 《广东报告（一）》（1927 年 12 月 19 日），广东革命历史博物馆编：《广州起义资料》上册，人民出版社 1985 年版，第 174—180 页。

　　② 《广东报告（二）》（1927 年 12 月 21 日），广东革命历史博物馆编：《广州起义资料》上册，人民出版社 1985 年版，第 186 页。

　　③ 《立三给中央的报告》（1927 年 12 月 28 日），广东革命历史博物馆编：《广州起义资料》上册，人民出版社 1985 年版，第 204 页。

一次全体会议。

　　羲皇台会议的中心议题是总结广州起义。这时，在上海的中共中央临时政治局正在草拟《广州暴动之意义与教训》，这篇决议案在 1 月 3 日通过。广东省委会议的主持者李立三这时并不清楚中央将如何评价广州起义，他是凭自己到港十多天的观察，按照自己的认识和判断来指导和影响会议的；黄平、恽代英、吴毅、陈郁以及沈青、王强亚等人是广州起义的领导者或亲历者，他们刚从腥风血雨中走过来，带着许多复杂的情绪而步入会场；有的与会者虽然未曾到达起义现场，但也是起义的间接参与者，并通过不同渠道得知起义的不少情况，也有各自的认识和感受。为期 5 天的羲皇台会议，争辩激烈，风波迭起。

　　（一）李立三对起义领导机关和负责人的指责。李立三到港后，从种种见闻中得出了起义存在准备不足与领导不力的看法，因此，会议一开始他就对省委常委兼广州市委书记黄平等人发起了指责。

　　据羲皇台会议的知情者李沛群口述：第一天会议，李立三讲了几句开场白后，就猛烈批评黄平，拍台大骂，指责他不发动群众，不负责任，惊慌失措。李立三后来在他的文章中写到了这次会议的情况，也自称他"批评了起义领导，认为他们没有充分发动工人群众，没有组织总罢工，没有把群众充分武装起来，把赌注全部押在军事艺术上等等。"[1]李立三批评的锋芒不只是黄平一人，实际上是指向起义的整个领导机关。[2]

---

　　① 李立三：《我的声明——致苏联内务部审查部部长》（1939 年 10 月 26 日），中共中央党史研究室第一研究部编：《李立三百年诞辰纪念集》，中共党史出版社 1999 年版，第 94 页。

　　② 广州起义的最高领导机关为 1927 年 11 月 26 日成立的"革命军事委员会"，书记张太雷，委员张太雷（兼管军事）、黄平（兼管广州市委）、周文雍（兼工人赤卫队总指挥）。

会议因此发生了激烈的争辩。当李立三批评黄平时，"黄平不甘示弱，顽强地顶了回去，弄得李立三非常气愤，火气冲冲"。广州市委委员吴毅也站在黄平的一边，对李立三作了"辩驳"，会场的气氛极其紧张。李立三对黄平说："你还不肯承认错误，我以政治局候补委员资格，向共产国际控告你！"他还当场宣布："我现在决定，撤销黄平广州市委书记职务。"①

（二）工农干部对知识分子的围攻。在严厉指责起义领导人的氛围中，各种因失败而产生的激愤情绪陆续宣泄。会议的第二天，沈青、罗登贤、黄谦、王强亚四人联名写了一份书面意见给李立三。这四人中沈青是广州手车夫中共支部书记，而手车夫是广州起义中最为踊跃、死伤最多的群体；罗登贤是省港罢工的骨干分子，香港市委常委，在广州起义中任工人赤卫队第一联队队长；黄谦长期在广州市南郊从事农民运动，率领农军参加广州起义；省委委员王强亚是一位印刷工人。他们书面意见的内容，主要是指责知识分子在广州起义中"动摇"和"靠不住"，将矛头指向了知识分子。

据沈宝同说："第二天情形，开首沈青、强亚、登贤、黄谦四同志一个严重的提议，会议情形完全变更，大家都比较热烈起来"。因为沈青等人是以工农干部的身份联名发表意见的，是对李立三指责起义领导者的响应，因此当即受到李立三的肯定，在会上宣读了他们的这篇意见书。"于是，会议掀起了一阵反知识分子风"（李沛群语），"差不多说知识分子完全靠不住"（黄钊语）。会后省委发出的第一号通告说："在各处暴动以及此次

---

① 李沛群：《省委羲皇台会议》，中共中央党史资料征集委员会等编：《广州起义》，中共党史资料出版社1988年版，第603页。

广州暴动当中充分表现指导机关，特别是知识分子，到了紧张的时候，便摇摆不定，畏懦退缩。"① 省委内部刊物《红旗》发表文章说："是知识分子欺骗我们致此牺牲如此之大"（吴毅转述）。传达会议精神时有人又进而引申说："知识分子是布尔维克化的当然可准他在党内工作，其他退缩、动摇、投机的知识分子，只让他们滚蛋。"②

（三）省委全会通过了由李立三起草的《关于广州暴动问题决议案》，主要内容包括：第一，指出广州起义有四点意义、六点影响，在原则上对广州起义作了肯定。第二，总结了八条失败原因和教训，包括：知识分子缺乏指挥能力，没有执行省委的以群众为中心的策略，把暴动变成军事投机，工人尚未发动起来，农民很少参加，赤卫队力量小，未积极做士兵的工作，参加起义的军队少，党组织未发挥作用，党员自由行动无法指挥，偏重武器和军事等；而指导机关的错误则有十条，主要有镇反不力，军事指挥不统一，各种工作组织得不好，退却时毫无计划，酿成莫大的牺牲等。第三，追究政治责任，分别对黄平、周文雍、陈郁、杨殷、恽代英、吴毅、叶挺、徐光英、雷荣朴九人作出了不同处分。③

（四）会议决定改组省委常委，撤销了黄平、周文雍、恽代英、陈郁的省委常委职务，由李立三、张善铭、李源、沈青、罗登贤、王强亚、黄谦组成新的省委常委，由李立三任书记。

---

① 《中共广东省委通告（第一号）》，中共中央党史资料征集委员会等编：《广州起义》，中共党史资料出版社 1988 年版，第 291 页。

② 黄钊在中共广东省委扩大会议上的发言（1928 年 2 月 9 日），中共中央党史资料征集委员会等编：《广州起义》，中共党史资料出版社 1988 年版，第 309 页。

③ 《中共广东省委关于广州暴动问题决议案》，1928 年 1 月 1 日至 5 日全体会议通过，中共中央党史资料征集委员会等编：《广州起义》，中共党史资料出版社 1988 年版，第 247—253 页。李立三在他的"自述"中称这篇决议案是他起草的。

本月间，广东省委还发出两份"省委通告"，指出广州起义具有"莫大的意义"，当中有"莫大的教训"，领导机关犯了"莫大的错误"，强调要从错误中吸取教训，改变知识分子"包办"指导机关的状况，改造党的组织。①总之，这次会议对广州起义的总结，基调并不高，虽然原则肯定了起义的意义和影响，但着重点却在于批评错误和追究责任，表达对起义领导者的不满和愤激。

总之，羲皇台会议是广东省委在广州起义失败的阴云尚未散去时，并且是在尚未知悉中央的有关精神的前提下召开的会议，它对广州起义的讨论总结带有自发的性质，会上非当事者（李立三）与当事者（黄平等）之间的争论，不同层次的起义参加者（工农干部与知识分子）之间的争论，实际上只是事态未经冷却时广东方面的各种人士的不同情绪的宣泄，是对同一事件的不同观感、不同认识的相互撞击。会议对广州起义的评价，当然还谈不上深思熟虑与客观公允。

1·16 会议：以省委决议"修正"中央决议

当广东省委羲皇台会议激烈争辩时，中共中央临时政治局召开会议，于 1928 年 1 月 3 日通过了《广州暴动之意义与教训》的决议案（"1·3 决议"）。这篇文章长达二万七千多字，总共十五节，其中五节说明广州起义的背景、原因和准备，三节叙述起义的经过，一节分析失败的原因，六节论述起义的意义、革命

---

① 《中共广东省委通告（第一号）》、《中共广东省委通告（第二号）》，中共中央党史资料征集委员会等编：《广州起义》，中共党史资料出版社 1988 年版，第 289、第 293 页。

前途和党的任务。①这是一篇调子很高，极尽渲染能事的洋洋大文，对广州起义作了至高无上的评价。其总的基调是认为起义的时机选择得好，形势极为有利，起义的条件具备，准备充分，组织领导严密，政策、策略正确；失败的原因是敌强我弱。结论是意义重大，特别是具有伟大的国际意义，影响深远，等等。

例如，在说到广州起义的形势和时机时，文章写道：

到十二月初旬，便已经有了可以胜利的无产阶级暴动的条件，列宁所指示的那种条件……这些条件之下，只有胆怯的机会主义者会认为这次暴动是过早的行动，是盲动，是军事阴谋。这种机会主义者在广东共产党党部之中是没有的，在中央委员会之中也是没有的。……本党广东省委员会决定十二月十一日的暴动日期，是很正确的。②

文中高度评价了起义的组织领导工作，其中说：

广东党部，组织指导十二月十一日广州暴动时的政策，完全是和马克思列宁所说一样，就是"暴动是艺术"。党部及工会在几星期以来，将全力都放在准备直接暴动之上，暴动的开始，恰恰在革命军事委员会所规定的时刻：十二月十一日午前三时三十分——工人和士兵同时发动。

……

这次胜利的暴动的基础，无疑的是共产国际在中国革命中历来政策之正确。……共产党对于暴动，真能象艺术一样，很有系统很细心的组织他，注意一切现有的条件，建立自己的政策于正

---

① 《广州暴动之意义与教训》，1928年1月3日中国共产党中央临时政治局会议通过的决议案，中共中央党史资料征集委员会等编：《广州起义》，中共党史资料出版社1988年版，第254—286页。

② 《广州暴动之意义与教训》（1928年1月3日），广东革命历史博物馆编：《广州起义资料》上册，人民出版社1985年版，第229页。

确的估计各阶级力量的相对关系，估计一般的政治形势及当地的政治形势。①

应当指出，中央临时政治局的"1·3决议"是按照共产国际代表的调子写出来的。中共中央1928年1月4日"致广东省委信"说明："关于广州暴动之意义与教训，中央根据国际代表自广州参加暴动回来后的报告，通过了一个议案大纲。"②邓中夏的讲话指出："中央听到参加暴动的国际代表报告后，便决然下一个决议。"③当时，接替罗易、鲍罗廷而来华指导中国革命的共产国际代表是罗明纳兹，他是广州起义的上层决策者；亲到广州参加起义的则是纽曼。周恩来谈到纽曼在广州起义的表现时指出："他主张起义后坚守广州，建立苏维埃。……叶挺在起义的当夜主张把队伍拖出去，纽曼大骂叶挺动摇，说广州起义是进攻的，应该'进攻、进攻、再进攻'。"④聂荣臻说：纽曼"不懂得打仗，主观武断，说搞暴动只能前进，不许后退。"⑤与羲皇台会议决议的低调子相反，按照罗明纳兹、纽曼等人的意图所写的"1·3决议"，是一篇无原则唱高调和送高帽的文章：以张扬"意义"、"影响"来掩饰失败，以罗织空话来代替客观分析，将失败的原因推向客观因素，并以此来为他们的决策与指挥

① 《广州暴动之意义与教训》（1928年1月3日），广东革命历史博物馆编：《广州起义资料》上册，人民出版社1985年版，第233、第243、第244页。

② 《中央致广东省委信》（1928年1月4日），广东革命历史博物馆编：《广州起义资料》上册，人民出版社1985年版，第270页。

③ 邓中夏在中共广东省委扩大会议上的讲话（1928年2月9日），中共中央党史资料征集委员会等编：《广州起义》，中共党史资料出版社1988年版，第302页。

④ 周恩来：《关于党的"六大"的研究》，《周恩来选集》上卷，人民出版社1980年版，第174页。

⑤ 聂荣臻：《广州起义的回忆》，《广东文史资料》第27辑，广东人民出版社1983年版，第13页。

的失误作辩解。李立三当时就说：国际代表是以"虚报中央来掩饰自己的错误"。① 当然，这篇文章的主旨是要以广州起义的"正面意义"和"重大影响"为瞿秋白、罗明纳兹的"左"倾盲动主义鼓劲和打气。

总之，"1·3决议"与羲皇台会议决议大相径庭。这两篇各自独立写作、同时产生的决议案，对同一事件的评价观点不同、判断不同、结论也不相同。中共党内关于广州起义评价的分歧，遂从广东省委的内部之争，变成广东省委与中央临时政治局之争。香港与上海之间，信使络绎，函件交驰。各种决议、通信及讨论记录稿，刊登于党内刊物《省委通讯》及《中央政治通讯》，这场论争在中共党史上显然是极不寻常的。

对"1·3决议"，反应最为强烈的是李立三。他事后说："与此同时，中央也公布了广州起义的决议，提出广州起义是起义艺术的典范，这种评价与广东省代会的决议完全不同，引发了长期的争论和中央与广东省委（即我与瞿秋白）之间的斗争（当时我给中央写了十多封信）。当我得知[中央]决议是由罗明纳兹起草的，我便立即通过中央给共产国际转寄了一份声明，指责罗氏领导广州起义时犯下严重错误。"② 李立三将反击的锋芒，直接指向了罗明纳兹。

1928年1月16日，中共广东省委召开常委会议（"1·16会议"），讨论临时中央政治局的"1·3决议"，于16日通过了《中共广东省委对中央政治局会议通过之"广州暴动之意义与

---

① 《立三同志致中央政治局信》（1928年1月16日），广东革命历史博物馆编：《广州起义资料》上册，人民出版社1985年版，第286页。

② 李立三：《我的声明——致苏联内务部审查部部长》（1939年10月26日），中共中央党史研究室第一研究部编：《李立三百年诞辰纪念集》，中共党史出版社1999年版，第94页。

教训"的决议案之决议》。① "1·16会议"通过的决议案同意"1·3
决议"对于广州暴动前之中国一般状况、广东省内的政治情形、
广州暴动之国际意义和中国革命之前途这几部分的分析，而对其
夸大其词、虚而不实的部分，则作出了"修正"。"1·16决议"
写道：

　　这个决议（"1·3决议"）对于暴动前的经过及事前的准
备部分描写得非常之好，差不多有列宁创造俄国"十月艺术"一
样。如果真的是这样，我们相信可以支持比较长时的苏维埃的政
权，意义和影响还要更加扩大。可惜与当时的事实有很多不相符
合的地方，所以这样的描写，必然是得不出正确的报告；否则，
便是知识阶级的虚伪——就是上海工人骂我们的"吹牛皮主义"。
这样一来，使我们得不着正确的教训，将要使我们甚至影响群众
将要走入更深的机会主义式的军事投机的方面。的确是重大的问
题。②

　　"1·16决议"列出了"1·3决议"中的十六条"关系重大
的"、"不合事实"的条文，并一一加以澄清和辩正。此外，"1·16
决议"还表明不同意将失败的原因多推在客观方面，认为这样写
不但有"不符合当时的事实"之处，而且"几乎是替当时指导机
关掩饰错误"。文中最后写道：

　　我们根据事实，对于这个决议（"1·3决议"），要求中
央依照《广东省委全体会议对于广州暴动决议案》修正。因为这

---

① 《中共广东省委对中央政治局会议通过之"广州暴动之意义与教训"的决议案之决
议》，中共中央党史资料征集委员会等编：《广州起义》，中共党史资料出版社1988年版，
第295页。
② 《省委对中央政治局会议通过之〈广州暴动之意义与教训〉的决议案》（1928年1月
16日），广东革命历史博物馆编：《广州起义资料》上册，人民出版社1985年版，第280—281页。

个决议案，是从多数参加这次广州暴动的同志所发表的意见和经过事实的报告的结晶。……所以省委对中央政治局通过的广州暴动的意义与教训大纲，要求修改。①

同一日，李立三致信中央临时政治局说："政治局通过《广州暴动之意义与教训》的确与当时事实多不符合，把我们正确的教训完全蒙蔽了。……我以中央政治局候补委员的资格，坚决的提议中央根据广东的决议案重行讨论修改发出。如已发出即须更正。否则对于全党尤其是广东的党不单是得不到教训，并且有极不好的影响。"李立三并向政治局提议：应向共产国际建议"惩罚"那位以"虚报中央来掩饰自己的错误"的参加暴动的"外国同志"。②广东省委还专门派省委常委罗登贤到上海向中共中央陈述关于广州起义评价的意见。③

省委"1·16会议"的不同寻常之处，在于它通过决议来"修正"中央临时政治局会议的决议。李立三说明：此次省委与中央意见不同，并不是对抗中央，"不过因为理论上的辩论，……因此才有决议之决议的发表。"④然而，"1·16决议"虽然有在共产国际、中共中央面前辩论的勇气，虽然指出了"1·3决议"的某些夸张失实之处，但是却强烈坚持羲皇台会议决议的偏见，实际上只是以一种偏见去修正另一种偏见，当然也不可能达到纠偏的

---

① 《省委对中央政治局会议通过之〈广州暴动之意义与教训〉的决议案》（1928年1月16日），广东革命历史博物馆编：《广州起义资料》上册，人民出版社1985年版，第284页。

② 《立三同志致中央政治局信》（1928年1月16日），广东革命历史博物馆编：《广州起义资料》上册，人民出版社1985年版，第300页。

③ 《广东省委报告（四）》（1928年1月16日），广东革命历史博物馆编：《广州起义资料》上册，人民出版社1985年版，第285页。

④ 李立三在中共广东省委扩大会议上的发言（1928年2月9日），中共中央党史资料征集委员会等编：《广州起义》，中共党史资料出版社1988年版，第307页。

目的。

2·9会议：服从前提下的申辩

也就在这个时候，中共中央收到广东省委羲皇台会议的决议，发觉在广州起义评价的问题上，广东省委的基调与中央存在甚大的差距，即于1月18日发出了《中央告广东同志书》，指出广东省委全体会议的决议是"根本错误"的，并且有针对性地作出了九条"严重指示"。[①]1月25日，中央收到广东省委的"1·16决议"和李立三的来信之后，又发出了致广东省委信，更为严厉地批评广东省委对广州暴动所作出的"不正确结论"，指出"这无异在客观上为敌人张目，与举世反革命派特别是蒋介石、吴稚晖所攻击我们的论调相类。""并为敌人做了反宣传机会"。表明"中央很坚决不同意于省委决案和省委全体会议的根本精神和其主要结论。"

这两份文件着重向广东指出了如下的问题：

第一，羲皇台会议受了部分同志失败后愤激情绪的影响，将讨论中心和注意力转移到追究失败责任和查办当事人的方向去，从而掩盖和抵消了广州暴动的伟大意义。

第二，广州暴动因情势所迫和情势所许，没有走先举行工人罢工和农民示威，然后才转入武装暴动的"常轨"；而是采取了"以群众的军事行动汇合城市工人、乡村农民直接行动起来，夺取革命的政权"的做法，这是事实上所需要的。这种行动"不应妄指

---

① 《中央告广东同志书》（1928年1月18日），广东革命历史博物馆编：《广州起义资料》上册，人民出版社1985年版，第278页。

为军事投机"。

第三，关于失败原因，客观、主观双方都应论到，不应专责备于主观上指导的错误，不能把总结经验教训变成"着重于党内争论"。

第四，"1·3 决议"是根据国际代表的报告而作的，有些事实的确没有叙到。然而所谓不合事实的地方，大都只是程度深浅、数量多寡和言论上出发点的差别，并非原则上的冲突或是故意捏造，至多只能看作事实的补充，而不能动摇"1·3 决议"的根本精神。

第五，在广州暴动中，指导机关和负责同志不仅坚决地执行党的暴动政策，而且尽了不少力量，羲皇台会议对他们的处分决定不能成立，不能因群众的激愤而严惩负责同志。

接到中央 1 月 18 日的来信后，李立三于 1 月 24 日致信瞿秋白，表示理解和接受中央对广州起义"不应妄指为军事投机"的观点，申明"我始终没有这样的意见"，只是羲皇台会议决议"遗漏了几个关系重要的字"才造成误会。广东省委于次日发出第七号通告，将羲皇台决议"遂把这次暴动变成军事投机"一语更正为"遂把这次暴动计划，变成军事投机的方法"。① 但是李立三这封信的重点是对中央 18 日来信中防止"着重于党内争论"的说法提出申辩，明确表示"不同意这样的说法。我觉得现在的确要唤起同志注意党内的问题，改造党的组织尤其是指导机关。"否则，"党将无法改造"。李立三强调，他之所以在广州暴动的评价问题上持有不同的意见，关键仍在于"总的问题"没有解决，这就是他

① 《中共广东省委通告（第七号）》，中央档案馆、广东省档案馆编：《广东革命历史文件汇集》甲 8，1982 年，第 187—188 页。

坚持认为要改变知识分子"包办"党的指导机关的现象，改造党的组织。李立三还将这个问题称为"我现在系统的政治路线"，逐条作了阐述，并说："如果中央留我在粤，一定是坚决的执行这样的政治路线"。[①] 由此可知，收到中央 18 日来信后，李立三仍坚持他一贯的观点，同中央的看法仍有分歧。

中共中央 1 月 25 日致广东省委信指出："省委必须服从中央的意见，停止省委决议案在各级党部的讨论，速将中央决议案散布下去。"同时，中央决定调李立三来沪面谈，另派邓中夏代理省委书记。

2 月 7 日或 8 日，代理广东省委书记邓中夏从上海到达香港。2 月 9 日广东省委常委扩大会议在香港举行（"2·9 会议"），邓中夏主持会议，出席者有吴毅、黄钊、李源、王强亚、恽代英、聂荣臻、沈宝同、张善鸣、罗登贤、李海筹、叶耀球（广州代表）、卢永炽（香港代表）、袁炳辉（青年团代表）等，李立三列席。这次专门为解决对广州起义的认识及评价的分歧而召开的会议，开得也不是风平浪静。

邓中夏在讲话中说：中央"1·3 决议"同八七会议决议、中央临时政治局会议（1927 年 11 月）的决议一样，是最近半年来"本党很重要的决议"，是写得"很周到"、"很圆满"的文件，其"根本精神不能动摇"。并宣布了中央关于停止讨论的"命令"。李立三及上述与会者均作了发言，有的人讲了多次，总的基调是在"服从"的前提下提出保留意见，并有所申辩，综合起来主要是：

第一，关于广州起义失败的原因。发言者多数认为广州起义

---

① 《立三给秋白的信》（1928 年 1 月 24 日），中央档案馆、广东省档案馆编：《广东革命历史文件汇集》甲 8，1982 年，第 179—186 页。

之所以失败，客观原因不是主因，缺乏群众基础才是主要的。本来，当广州起义还在酝酿时，策划者预定的举行起义的三个条件是：南昌起义南下部队到达了石滩（广州市东郊）；全市发动了总同盟罢工；军阀战争已打响，反动军队无法返顾，事实上这三个条件均未具备。当时，起义领导机关所能号召的人数"最多不及二万人"，"各地农暴（农民起义）的确无发动起来"，只有一些近郊农民参加，说明起义时机未到，准备工作也未做足。①会议上恽代英、沈宝同、聂荣臻、吴毅、黄谦等人都说到起义的动员、发动不广泛，参加的群众不多，并认为这是导致起义失败的"一个主要原因"。李立三说："中央说暴动准备很好，群众又很多且团结，何以又会失败呢？"他们实际上是对广州起义的社会基础是否成熟、取胜的条件是否具备、所选择的时机是否正确提出了严重的质疑。

第二，在组织领导方面有重大的失误。主要是：1、缺乏周密的计划。恽代英指出起义"没有一个全盘精密的计划"，连张太雷都"以为先干一干再说"，"大家都是糊里糊涂去工作"，"一切工作都失却主脑"。李源说："无组织系统，临时改变赤卫队的组织，军事上无统一指挥，全盘工作非常之糟"。聂荣臻说："只有军事行动，一切工作都停下来"。2、退却慌乱。李源说：退却时"的确表现慌乱，不根据事实便决定跑！跑！跑！"吴毅说："退却是12日晚上决定，敌人13日下午才来，有这样长久的时间，我们却没有一个很好的计划。"王强亚说："退却完全没有经过精密的讨论，定出很好的计划，只由几个负责谈话式决定就算了。"

---

① 《罗登贤、黄平关于广州暴动前后情况的谈话》（1928年1月21—22日），中共中央党史资料征集委员会等编：《广州起义》，中共党史资料出版社1988年版，第209页。

聂荣臻说：退却的决定"各部分军事同志和赤卫队负责同志甚至红军总指挥也不知道"。

第三，"1·3决议"中确有与事实"不符"、"吹牛皮"的地方。多位发言者都说，如果不改写，群众一定会说这是假的，会失去群众的信任。

第四，"政治纪律不能取消"，"改造党仍是要积极做去"。卢永炽说：在香港有人反映说对当事者的处分"太轻"了，认为省委的处分决定不能取消，连文字都不必修改。

广东省委"2·9会议"虽然表示"立即根据中央根本精神宣传下去"，"依照中央根本精神做一个《广州暴动的经过》报告给中央"，① 但从上述申辩的情况来看，会议实际上并没有消除思想认识的分歧。李立三当时说："到现在我个人对中央意见还有很多不同的地方"。对邓中夏所作的会议结论，李立三也表示不满意。会后，李立三离港赴沪，"用妥协的办法解决问题，即中央发表补充决议接受省委的一些建议，省委便取消了自己的建议。"②

李立三这里所说的"补充决议"，指的是中共中央1928年2月26日《"广州暴动之意义与教训"的决议案之补充》，并与《中央通告》第三十五号发出。这个"补充"对若干事实作了更正，而结论性的意见是：不但不应将广州暴动指为"军事投机"，而且不应指为"运用军事投机的方法"；政治纪律即对领导者的处分决定"根本不能成立"；不能将"党的改造同广州暴动混在一起"；

---

① 《中共广东省委常委扩大会议记录》（1928年2月9日），中共中央党史资料征集委员会等编：《广州起义》，中共党史资料出版社1988年版，第302—327页。

② 《李立三自述》，1940年，中共中央党史研究室第一研究部编：《李立三百年诞辰纪念集》，中共党史出版社1999年版，第584页。

并将党内在广州起义评价的分歧意见和争论经过通告全党。①

两点认识

1928 年春季，是"左"倾盲动主义形成并在全党取得统治地位的时候。这种错误主要表现为无视革命处于低潮时期，将客观形势夸大为"不断高涨"，不但不组织有秩序的退却，反而在各处发动没有胜利希望的起义。当时党内各方面对广州起义的评价，显然都受到这种错误的支配和影响，各种观点、意见似有较大的距离，纷争不已，但略加分析，均无实质的不同，实际都是同一个"左"的思想框架中派生出来的。

第一，在"左"的轨道上的赛跑。由于指导思想的偏颇，论争各方尽管在某些具体问题上各自持有一些较为合理的意见，但是均未能通过对广州起义的总结反思而得出有益于革命运动的新认识。

从瞿秋白方面说：几次信函、通告虽然指出了李立三及羲皇台会议的一些偏见，纠正了对起义领导者的处分，但他们主要的用意仍在于防止失败后"消极"情绪的滋长，因此，他们不但未能从敌强我弱的实际出发改变对于形势的盲目乐观的估计，反而再三肯定"中国的总形势，仍旧是直接革命的形势"，再三指示和布置全国各地"应当以广州暴动为模范"，"夺取一省或几省政权"。

从李立三方面说：他们虽然看到了起义条件不成熟、准备不足和指挥失误等问题，但也不愿意正视敌强我弱的现实，而固执

---

① 《中共中央通告（第三十五号）》（1928 年 2 月 26 日），中共中央党史资料征集委员会等编：《广州起义》，中共党史资料出版社 1988 年版，第 329—335 页。

于那种"成功的把握是有的，问题就在于知识分子指挥不力"的偏见上。李立三多次说："现在广东的客观情形，革命仍是高涨"；"革命的客观条件的确已十分成熟，所欠的就是主观的条件太弱"；"省委绝对反对任何失败观念"。他们并没有从广州起义失败的痛惜中得出对中国革命基本问题的新认识，未能越出"左"倾盲动主义者对于形势、任务的一套看法，从而放弃那些毫无意义的暴动、骚动计划，转而组织有秩序的退却，反而"决定继续暴动之策略"，"发动暴动造成一县或数县割据的局面，形成包围广州之形势"。

李立三后来说，他在论争中所发表的意见，对政治形势的估计，与"左"倾盲动主义者的论调"是完全一致的"；然而他又说：由于他对起义领导者作了批评，"所以在实践中避免了一些盲动，使广东的工会组织所遭受的暴动主义危害小于其他省份。"①这后一句话是经不起史实的检验的。就在1928年1月羲皇台会议后不久，在会上受了处分的周文雍被派回广州。李立三交给周的使命，是要他在反动派四处追杀起义者的时候，在白色恐怖正在笼罩着广州的情况下举行所谓"春季骚动"。结果，周文雍于1月27日被捕，2月6日与陈铁军一同被枪杀于广州红花岗。羲皇台会议另一位受处分者吴毅，跟着被派回广州，不久也被捕牺牲。此间广州及广东全省各地因"左"的错误指导而被反动派追捕、被杀害者，难于计数，谈不上"避免了一些盲动"。

总之，当时关于广州起义评价的论争，实际上是在"左"的思想指引下的一场赛跑，比试谁更"左"一些，谁在"左"的轨

---

① 《李立三自述》，1940年，中共中央党史研究室第一研究部编：《李立三百年诞辰纪念集》，中共党史出版社1999年版，第584页。

道上跑得更快一些和走得更远一些。"左"倾祸党的教训，可谓
发人深省。

第二，国际"钦差大臣"误导中国革命。作为反抗国民党蒋
介石集团、汪精卫集团的背叛和挽救中国革命的英勇壮举，广州
起义当然具有不可磨灭的意义，起义者的奋斗精神更永远值得纪
念。然而，对共产国际代表高调评价广州起义的"影响"和"意义"
的动机，则是应当作点分析的。

据黄平回忆："记得纽曼曾经说过，苏共就要开大会，如果
广州[起义]能支持八天，也可以在大会上产生极大的影响。"①
可见，那些人搞什么暴动，要的只是想造成他们所需要的"影响"
和"意义"。

广州起义失败后，《共产国际》曾经刊登了雷贝尔格的一篇
文章，其中较为客观地说："广州起义遭到了而且不可能不遭到
失败。其原因就是：起义的社会基础不够广泛，广州和广东省起
义的取胜条件不够成熟，革命和反革命的军事力量的实际对比不
十分有利于起义，起义的时机（12月11日）选择不当。"针对
这种"共产国际队伍内"在"评价广州起义上的动摇"，那位曾
经在华指导中国革命，并主持起草中央临时政治局"1·3决议"
的罗明纳兹，在莫斯科召开的共产国际第六次代表大会上（1928
年7月28日）对雷贝尔格的文章作了辛辣的指责，不但一如既
往地坚持他的高调评价，而且还将雷贝尔格的言论同"托洛茨基
反对派诽谤"相提并论。罗明纳兹断言："当革命高潮暂时还有
一线希望持续下去的时候，就应当象去年十二月中国同志那样去

---

① 《黄平对广州起义的回忆》，中共中央党史资料征集委员会等编：《广州起义》，
中共党史资料出版社1988年版，第433页。

行动。"① 他们实际上是要通过对广州起义的评价，继续左右中国革命的行程。

　　在当年的资料上可以查到的数字，因参加广州起义而死难的，达五千七百多人，其中共产党员有二百多人。人们不禁要问，如果只是为了造成某些人所需要的"影响"和"意义"而付出如此沉重的代价，到底又有什么"意义"？ 1928 年 6 月至 7 月，中国共产党第六次全国代表大会在莫斯科举行，针对大会决议案广州起义"是必要的英勇的尝试"这一断语，编号为 114 号的代表在 7 月 6 日的发言中说："说到广东的暴动，决议案上说，广东暴动是一种英勇的尝试，所说'尝试'，结果杀了我们很多的同志。这种'尝试'，在湖南也杀了很多的同志。将来再'尝试'下去，我党的同志，就要'尝试'完了。"② 这篇出自中共六大发言席的沉痛发言，他所表达的情感，难道不是对"国际"钦差大臣误导中国革命的愤慨吗?

---

　　① 《罗明纳兹在共产国际第六次代表大会第十四次会议上的发言》（1928 年 7 月 28 日），中共中央党史资料征集委员会等编：《广州起义》，中共党史资料出版社 1988 年版，第 339 页。

　　② 《第一百一十四号刘义在政治委员会上的发言》（1928 年 7 月 6 日），中共中央党史研究室、中央档案馆编：《中国共产党第六次全国代表大会档案文献选编》下卷，中共党史出版社 2015 年版，第 765 页。

参 考 文 献

文献、档案

中央档案馆编：《中共中央文件选集》，1，2，3，4，中共中央党校出版社1989年版。

中国第二历史档案馆编：《中华民国史档案资料汇编》第4辑（上、下），江苏古籍出版社1986年版。

荣孟源主编：《中国国民党历次代表大会及中央全会资料》，光明日报出版社1985年版。

中央档案馆编：《中共中央政治报告选辑》，中共中央党校出版社1981年版。

中央档案馆、广东省档案馆编：《广东革命历史文件汇集》甲1，甲2，甲3，甲4，甲5，甲6，甲7，1982年。

中华全国总工会中国工人运动史研究室编：《中国历次全国劳动大会文献》，工人出版社1957年版。

广东省档案馆编：《广州起义前后的全国时局——粤海关情报记录译辑》，1982年。

广东省档案馆编：《民国时期广东省政府档案史料选编》，1987年。

报纸、刊物

《广州民国日报》

《新青年》

《劳动者》

《中华民国国民政府公报》

中国国民党中央执行委员会农民部印行：《中国农民》

中华全国总工会省港罢工委员会出版：《工人之路特号》

中国青年军人联合会：《中国军人》

陆军军官党校特别党部革命军社：《青年军人》（后名《革命军》）

黄埔同学会宣传科编辑股：《黄埔潮》

国民革命军中央军事政治学校政治部出版：《黄埔日刊》

《广东群报》（选辑），油印本，中共广东省委党史研究委员会办公室，1964 年。

《广东中华新报》（选辑），油印本，中共广东省委党史研究委员会办公室，1964 年。

《人民周刊》（选辑），油印本，中共广东省委党史研究委员会办公室，1964 年。

文集、著作

中共中央文献研究室编：《毛泽东年谱》，人民出版社、中央文献出版社 1993 年版。

《周恩来选集》上卷，人民出版社 1980 年版。

中共中央文献研究室编:《周恩来年谱(1898—1949)》,人民出版社、中央文献出版社 1990 年版。

广东社会科学院历史研究室编:《廖仲恺集》(增订本),中华书局 1983 年版。

中共中央党史研究室:《中国共产党历史》第 1 卷,中共党史出版社 2002 年版。

中共广东省委党史研究室编:《中共广东党史大事记》(新民主主义革命时期),中共党史出版社 1993 年版。

中山大学历史系孙中山研究室、广东省社会科学院历史研究所、中国社会科学院近代史研究所中华民国史研究室编:《孙中山全集》第 8 卷、第 9 卷、第 10 卷、第 11 卷,中华书局 1986 年版。

《鲍罗廷在中国的有关资料》,中国社会科学出版社 1983 年版。

[苏]亚·伊·切列潘诺夫著,中国社会科学院近代史研究所翻译室译:《中国国民革命军的北伐》,中国社会科学出版社 1981 年版。

[俄罗斯]阿纳斯塔西娅·卡尔图诺娃编,张丽译:《来到东方:加伦与中国革命史料新编》,广东人民出版社 2017 年版。

《谭平山文集》,人民出版社 1986 年版。

中共珠海市委党史研究室编:《杨匏安文集》,中央文献出版社 1996 年版。

周士第:《周士第回忆录》,人民出版社 1979 年版。

包惠僧:《包惠僧回忆录》,人民出版社 1983 年版。

胡允恭:《金陵丛谈》,人民出版社 1985 年版。

罗章龙:《椿园载记》,生活·读书·新知三联书店 1984 年版。

熊巢生编:《中国大革命中的熊雄》,江西人民出版社

2002 年版。

任建树：《陈独秀传》，上海人民出版社 1995 年版。

唐宝林：《陈独秀全传》，社会科学文献出版社 2014 年版。

水如编：《陈独秀书信集》，新华出版社 1987 年版。

张隐韬：《张隐韬日记》，中国革命博物馆党史研究室编：《党史研究资料》，1988 年。

杨天石：《蒋氏秘档与蒋介石真相》，社会科学文献出版社 2002 年版。

余沈阳主编：《王一飞传略文存》，中共党史出版社 1988 年版。

马叙伦：《马叙伦自述》，中国大百科全书出版社 2012 年版。

中共广东省委宣传部学习室、广东省档案馆选编：《阮啸仙文集》，广东人民出版社 1984 年版。

邓中夏：《中国职工运动简史》，人民出版社 1949 年版。

钱义璋：《沙基痛史》（1925 年），广东人民出版社 1995 年版。

陈公博：《苦笑录》，东方出版社 2004 年版。

少侯编：《汪精卫文选》，上海仿古书店发行，1936 年。

王仰清、许映湖注：《邵元冲日记》，上海人民出版社 1990 年版。

海隅孤客（梁冰弦）：《解放别录》，台湾文海出版社 1968 年版。

蒋永敬：《国民党兴衰史》，台湾商务印书馆 2009 年版。

毛思诚编：《民国十五年以前之蒋介石先生》，香港龙门书店，1965 年影印本。

中国第二历史档案馆编：《蒋介石年谱初稿》，档案出版社 1993 年版。

国民革命军中央军事政治学校政治部编：《蒋校长最近之言论》，

1927 年 5 月 3 日出版。

吕芳上主编:《蒋中正先生年谱长编》,台湾"国史馆",2014 年。

中华民国史事纪要编辑委员会:《中华民国史事纪要》(1925年 7 月至 12 月),中华民国史料研究中心 1975 年印。

容鉴光、叶泉宏:《黄埔军校一期研究总成》,2003 年。

史料汇编

中共广东省委党史研究委员会办公室、广东省档案馆编:《"一大"前后的广东党组织》,1981 年。

中华全国总工会中国工人运动史研究室编:《中国工运史料》,工人出版社 1981 年版。

广东省档案馆、中共广东省委党史研究委员会办公室编:《广东区党、团研究史料》,广东人民出版社 1983 年版。

《共产国际、联共(布)与中国革命档案资料丛书》,1、2,3,4,5,北京图书馆出版社。

中共广东省委党史资料征集委员会、中共广东省委党史研究委员会办公室编:《广东党史资料》,广东人民出版社。

中国人民政治协商会议全国委员会文史资料研究委员会编:《文史资料选辑》,文史资料出版社。

中国人民政治协商会议广东省广州市委员会文史资料研究委员会编:《广州文史资料》,广东人民出版社。

中国人民政治协商会议广东省委员会文史资料研究委员会等编:《广东文史资料》,广东人民出版社。

中国人民政治协商会议全国委员会文史资料研究委员会编:

《第一次国共合作时期的黄埔军校》，文史资料出版社 1984 年版。

广东省政协学习和文史资料委员会编：《广东文史资料存稿选编》，广东人民出版社 2005 年版。

广东省政协文化和文史资料委员会编：《广东文史资料精编》，中国文史出版社 2008 年版。

中共中央党校党史教研室编：《中共党史参考资料》，人民出版社 1979 年版。

中共东莞市委党史研究室编：《袁振英研究史料》，中共党史出版社 2014 年版。

广东革命历史博物馆编：《中共"三大"资料》，广东人民出版社 1985 年版。

广东革命历史博物馆编：《黄埔军校史料》，广东人民出版社 1982 年版。

广东革命历史博物馆编：《黄埔军校史料》（续篇），广东人民出版社 1994 年版。

毛泽东同志主办农民运动讲习所旧址纪念馆编：《广州农民运动讲习所资料选编》，人民出版社 1987 年版。

广东省立中山图书馆、广州市社会科学院、中山大学图书馆编：《黄埔军校史料汇编》第 2 辑第 35 册，广东教育出版社 2013 年版。

广东省档案馆编：《广东青年运动历史资料》，1986 年。

中共惠阳地委党史办公室、中共惠阳县委党史办公室编：《叶挺研究史料》，广东人民出版社 1987 年版。

中共广东省委党史研究委员会办公室、广东省档案馆编：《中山舰事件》，1981 年。

广东革命历史博物馆编：《广州起义资料》上册，人民出版社 1985 年版。

中共中央党史资料征集委员会、中共广东省委党史资料征集委员会、广东革命历史博物馆编：《广州起义》，中共党史资料出版社 1988 年版。

中共中央党史研究室第一研究部编：《李立三百年诞辰纪念集》，中共党史出版社 1999 年版。

其他资料

中共广东省委党史研究委员会办公室：《中共广东党史访问资料》，油印本。

中共广东省党史研究委员会办公室选印：《大革命时期广东工、农、青、妇等运动参考资料》，油印本，1964 年。

中共广东省党史研究委员会办公室编印：《关于农民运动讲习所和劳动学院的资料》，油印本，1964 年。

中共广东省党史研究委员会办公室编印：《五四时期广东爱国运动资料选辑》，油印本，1964 年。

中共广东省党史研究委员会办公室编印：《中山舰事件参考资料》，油印本，1981 年。

中共广东省党史研究委员会办公室编印：《关于无政府主义参考资料选辑》，油印本，1964 年。

徐彬如、赖先声、饶卫华、郭瘦真、王克欧、吴铁若、林增华、梁秉枢、罗明、张元恺、黄平等人的口述（访谈）资料，手写，复印件。

方鼎英：《我的一生》，手写，复印件，1974 年。

本书作者撰著

《国共合作与国民革命》，广东人民出版社 1989 年版。

《广州国民政府》，广东人民出版社 1996 年版。

《中国共产党广东地方史》第 1 卷，主编，中共广东省委党史研究室著，广东人民出版社 1999 年版。

《共产党人与黄埔军校》，广州出版社 2004 年初版，2013 年修订版。

《国民革命与广州》，广州出版社 2011 年版。

《黄埔军校》，中国民主法制出版社 2011 年版。

后　记

　　从中共三大至 1927 年，通常称为大革命时期，广州一度是全国革命运动的中心。中国社会主义青年团一大、中共三大、国民党一大和二大、前三次全国劳动大会，均在广州召开；风起云涌的工、农、学、商、妇女运动，特别是震动中外的三次工人罢工（香港海员罢工、沙面洋务工人罢工、省港大罢工），广州是主阵地，或称指挥中心；农民运动讲习所、黄埔军校、东园（省港罢工委员会）、广东大学（1926 年改名中山大学），被称为广州四大革命活动基地，为海内外进步青年所衷心向往；党的领导人和著名革命者陈独秀、李大钊、毛泽东、瞿秋白、周恩来、刘少奇、陈延年、张太雷、邓中夏、罗亦农等，在广州留下了他们革命的足迹。大革命时期广州的历史，是中共党史、中国革命史重要组成部分，是一页辉煌的篇章。

　　广州大革命，波澜壮阔。在这一舞台上，为推进革命运动，共产党人从实际出发，开展了多方面的探索与开拓。

　　统一战线：在广州召开的中共三大，是党史上开统战工作先河的会议。三大之后，中共以"党内合作"的形式，同国民党合作，从而将党的工作推向全新的进程。广州是国共两党联系最密切、既有联合又有斗争的地方。在实践中，共产党人逐步加深了对统一战线内部的复杂性的认识，加深了对统战中必须坚持又联合、又斗争的原则的认识。在统战工作方面,广州不仅先行一步,而且对其中正反两方面的经验,有切身的体会与认知。

武装斗争:共产党人懂得武装斗争的重要性,是从黄埔军校开始的。中共在黄埔军校造就了大批党的军事、政治干部;开始独立掌握革命武装的尝试,中共广东区委通过统一战线,组建了铁甲车队、工团军、农民自卫军、叶挺独立团;更为重要的是,共产党人在参与黄埔军校创建、建军的实践中,对创建党领导军队的制度(党代表制)和开展军队政治工作,作了大量积极而有意义的开拓,开展了军校政治教育、军队政治工作和战时政治工作的实践。广州无疑是党的最早一批军事干部的诞生地,是共产党人从事革命武装斗争的始发点。

党的建设:大革命时期的中共广东区委,辖区广,党员多。广东全省党员从创建时的几个人,1926 年 9 月发展至五千人,1927 年春夏发展至近万人。在广东从事各项革命活动的党员,不但有广东本地的,还有来自海内外各地的;不但有工农干部,还有知识分子。广东区委重视加强党的自身建设,特别是重视开展党内教育,很早办有党校、党刊(《人民周刊》和《我们的生活》),并定期举办政治报告会。区委重视组织建设、制度建设,设主席团制,实行集体领导;区委之下,设"军委"和担负纪检之责的"监委",这两种机构,为当时各地党组织所未有。在党的建设方面,广东区委的许多工作,亦是具有开创性的。

由上可知,广州大革命运动中,在建立革命统一战线、开展武装斗争、加强党的建设这几个方面,已开始积极的探索与开拓,迈出了坚实的一步。毛泽东指出:"统一战线,武装斗争,党的建设,是中国共产党在中国革命中战胜敌人的三个法宝,三个主要的法宝。"广州大革命运动的实践,对中国革命的进程,产生了深远的影响。广州大革命运动虽遭到了失败，但其开创意义及久远影响，则应充分肯定。

收入本书的各篇文稿，涉及广州二十世纪二十年代若干历史问题。笔者长期从事中共党史、中国革命史的教学与研究，重点做广东地方党史的征研工作。任职数十年，除撰写或参与撰写了几本书之外，并陆续写了一些关于广东地方党史（包括广州大革命史）的文章。广州市委宣传部组织编撰《中国共产党与大革命丛书》时，有朋友建议我从涉及广州大革命史的文章中，选出若干篇，编为"丛书"之一种。我接受了这一建议。主要是考虑到其中引用了较多的档案书报史料及访谈资料，含毫咀思，寻坠绪之茫茫，千虑一得，对推进广州大革命史的研究，或多或少有参考的作用。此为《广州大革命史论丛》一书之来由也，愿读者鉴之。

本书各篇文章分别写作、发表于不同的时间，有的是阅读札记，有的是经过整理的讲稿或谈话记录稿，有的是论文。此次刊出，笔者除补充了一些新发现的史料之外，并订正了若干史实，变动了一些标题和用语，统一了全书的注释，还在文字上作了或多或少的修饰，有的文章（如《"中山舰事件"剖析》）补充、改动得还比较多，这是需要说明的。

笔者毕业于中山大学历史系。早年曾在毛泽东主办农民运动讲习所旧址纪念馆工作过，之后任职于中共广东省委党校，随又调任中共广东省委党史研究室。多年来与历史问题打交道，搜检故纸，鉴往觅旧，梳扒史料。笔者研治的对象，属于小时段、区域性的历史，涉及的时间、地域有限，但深感到要取得进展，也非容易。正如恩格斯所说："即使只是在一个单独的实例上发展唯物主义的观点，也是一项要求多年冷静钻研的科学工作。因为很明显，在这里只谈空话是无济于事的，只有靠大量的、批判地审查过的、充分掌握了的历史资料，才能解决这样的任务。"时光荏苒，几十年一晃过去。检点平生，只感到对许多历史问题，仍然涉足未深，知之不多。语云：食愈饥，学愈愚。这是今天的真实感受，值得与友朋共享。

曾庆榴

2020 年 9 月

图书在版编目（CIP）数据

广州大革命史论丛 / 曾庆榴著. —北京：中央文献出版社，2021.11
（中国共产党与大革命丛书）

ISBN 978-7-5073-4843-9

Ⅰ. ①广… Ⅱ. ①曾… Ⅲ. ①新民主主义革命—革命史—广州
Ⅳ. ①K296.51

中国版本图书馆CIP数据核字（2021）第195336号

广州大革命史论丛
（中国共产党与大革命丛书）

著　　者：曾庆榴
责任编辑：田雪鹰　司文君

出　　版：中央文献出版社
地　　址：北京西四北大街前毛家湾1号
邮　　编：100017
网　　址：www.zywxpress.com
发　　行：中央文献出版社
销售热线：010-83072509 / 83072511 / 83089394 / 83089404 / 83072503
电子邮箱：zywx5073@126.com
排　　版：北京中献唐人数字技术有限公司
印　　刷：广东新华印刷有限公司

700×1000mm　16开　22.25印张　257千字
2021年11月第1版　2021年11月第1次印刷

ISBN 978-7-5073-4843-9　定价：66.00元